내 마음속 조용히 살어리랏다

지은이 | 윤재근(尹在根)

경남 함양 출생.
마산(馬山)고등학교 졸업. 서울대학교 영문학과를 졸업하고 같은 학교 대학원 미학과에서 석사 학위를, 경희대학교 대학원 국문학과에서 박사 학위를 받았다.
서울 동성고등학교 영어 교사, 계간 《문화비평》, 월간 《현대문학》의 편집인 겸 주간을 지냈으며, 한양대학교 국문학과 교수, 한국미래문화연구소 소장을 역임했다. 현재 한양대학교 국문학과 명예교수이다.

저서 : 《文藝美學》《詩論》《문화전쟁》《萬海詩와 주체적 詩論》《萬海詩 '님의 침묵' 연구》《동양의 본래 미학》《樂論》《莊子 철학 우화》(전3권)《論語 愛人과 知人의 길》(전3권)《孟子 바른 삶에 이르는 길》(전3권)《老子 오묘한 삶의 길》(전3권)《古典語錄選》(전2권)《생활 속의 禪》《살아가는 지혜는 가정에서 배운다》《인물로 읽는 장자》《먼길을 가려는 사람은 신발을 고쳐 신는다》《자벌레는 왜 몸을 움츠리는가》 외 다수

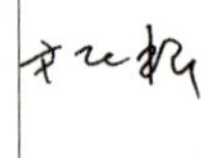

내 마음속 조용히 살어리랏다

초판 1쇄 발행 | 1999년 6월 10일
개정판 1쇄 발행 | 2007년 2월 10일

지은이 | 윤재근
펴낸이 | 양동현

펴낸곳 | 도서출판 나들목
출판등록 | 제6-483호
주소 | 서울 성북구 동소문동4가 124-2
대표전화 | 02) 927-2345 팩시밀리 | 02) 927-3199
이메일 | nadeulmok@nadeulmok.co.kr

ISBN | 978-89-90517-49-4 04150

www.nadeulmok.co.kr

내 마음속 조용히 살어리랏다

윤재근 지음

나들목

나를 내가 살펴보려면 침묵하는 길밖에 없다. 마음속으로 말해야 나를 다스릴 수 있는 까닭이다. 마음속으로 말할 때 남은 없고 나뿐이어야 한다. 이처럼 침묵은 나 홀로 있기 위함이다. 날마다 이러한 시간이 많을수록 살기가 쉽고 편안하다. 그렇지 못하면 날마다 살기가 어렵고 불안하다.

성현(聖賢)의 말씀은 침묵하는 방법을 가르쳐 준다. 그래서 성현의 말씀은 소중하다. 돈이나 명성만 소중한 것이 아니다. 그런 것보다 더 소중한 것이 성현의 말씀이다. 성현의 말씀은 나를 소중하게 하고 귀하게 하기 때문이다.

삼가(三家)는 유가(儒家)·불가(佛家)·도가(道家)를 일러 말함이다. 그리고 어록(語錄)은 삼가의 성현들께서 남긴 말씀을 귀담아 듣자는 소망을 담고 있다. 공맹(孔孟)의 말씀, 노장(老莊)의 말씀, 그리고 세존(世尊)과 조사(祖師)들의 말씀을 자주 들어 둘수록 사람의 길을 제대로 찾아 당당하고 의젓하게 자신을 다스릴 수 있다.

성현(聖賢)은 성(聖)과 현(賢)의 뜻을 아울러 말해 준다. 성(聖)은 인간의 길을 터주는 분이고, 현(賢)은 그 길로 인도하는 분이라는 말이다. 그러한 성현의 말씀을 자주 듣게 되면 아무리 험난한 세상에서라도 허튼 길을 밟지 않을 등불을 들고 손수 밝힐 수 있다.

캄캄할 때 가장 필요한 것은 빛이다. 그러한 빛이 자기 자신 속에서 생길 때 누구나 현명(賢明)해진다. 지혜로서 자신을 밝힐 수 있다는 것이 현명함 아닌가. 그래서 저마다 등불을 밝힐 수 있게 삼가(三家)의 어록(語錄)을 모아 보았다. 성현의 말씀을 귀담아듣고 수시로 침묵하면서 저마다 지혜의 등불을 밝혔으면 한다.《맛있게 삶을 요리하라》라는 제목을《내 마음속 조용히 살어리랏다》로 바꾸었다. 그러한 소망을 책으로 묶어 준 양동현 사장께 고마울 따름이다.

2007년 2월

차 례

나를 닦는다

수기(修己)하라. 공자(孔子)의 말씀이다.

나를 닦아라. 나를 깨끗이 하라. 나를 더럽히지 마라. 이렇게 하는 일이 무엇보다 급하다. 남이 나를 닦아 줄 수는 없다. 오직 내가 나를 닦아 깨끗이 할 때 세상이 내 앞에서 고개 숙인다. 세상을 무서워할 것 없다. 세상이 나를 존경하게끔 할 수 있는 까닭이다.

나를 닦아 깨끗이 하면 세상은 나를 존경하게 마련이다. 마음이 맑다면 나는 더없이 훌륭하다. 겉을 깨끗이 하자는 것이 아니다. 속을 깨끗이 하자는 것이다. 몸단장은 별 것이 아니지만 마음이 말끔한 것은 매우 귀하고 대단한 일이다. 겉치장이 멋있다고 자랑할 것 없다.

누구나 아침마다 낯을 씻고 이를 닦고 집을 나선다. 이처럼 날마다 마음속을 씻고 닦고 살아가는 사람은 세상을 향해 큰 걸음으로 나아갈 수 있다. 내가 맑다면 겸손하되 의젓할 뿐이다.

살다 보면 마음은 더러워진다. 더러워진 마음이 곧 욕(欲)이다. 욕심(欲心)을 무서워하라. 그래야 내가 나를 지킬 수 있다. 그래서 수기(修己)는 곧 수기(守己)가 된다.

닦을 주(修), 지킬 수(守). 나를 닦아 나를 지켜라. 이렇게만 하면 나는 왕(王)이다. 儒

나는 자유롭다

　무기(無己)하라. 장자(莊子)의 말씀이다.

　이는 나를 없애라는 말이 아니다. 무(無)는 부정이 아니다. 오히려 한없는 긍정일 수 있다. 무엇이 없어서 옹색하다는 뜻도 아니다. 오히려 무(無)는 넉넉해 홀가분하다는 뜻으로 통한다. 나를 자유롭게 하라. 나를 걸림 없게 하라. 나를 넉넉하게 하라. 목숨 걸고 해야 할 일은 하나도 없다. 무엇이 딱해 조마조마한 것인가. 따지고 보면 굽신거릴 것은 하나도 없다. 나를 구속하려는 것들을 생각해 보라. 권력인가 돈인가, 명예인가. 이런저런 것들로 욕망(欲望)이 넘칠 수 있다. 한사코 넘치는 욕망이 나를 구속한다.

　욕망이 감옥인 줄 아는 사람은 탈옥할 수 있다. 바라는 것이 많을수록 감옥은 점점 벽을 두텁게 한다. 바라는 바를 줄이면 감옥의 담장은 낮아지고 갈라진다. 바라는 바를 더욱 줄여라. 그럴수록 욕망이라는 감옥은 허물어진다. 나를 자유롭게 하라. 누가 나를 자유롭게 할 수 있는가? 나밖에 없다. 나를 꽁꽁 묶는 것도 나요, 훨훨 풀어 주는 것도 나 자신이다. 묶이겠는가, 풀리겠는가? 오로지 나 자신만이 결정을 내리고 결판낼 수 있다. 나를 가두려는 감옥을 없애라. 이것이 곧 무기(無己)이다.

　없을 무(無), 나 기(己). 나는 자유롭다는 선언이다. 내가 자유로울 때 나는 자연(自然)이다. 道

내가 건너간다

　자도(自度)하라. 혜능(慧能)의 말씀이다.

　남이 건네주기를 바랄 것 없다. 나 스스로 건너간다. 어디서 어디로 건너간다는 말인가? 어리석은 곳에서 깨우친 곳으로 건너가겠다. 건너가는 데 이보다 좋은 방편은 없다.

　아무도 나를 구해 줄 수 없다. 어리석은 것도 나 자신이고, 현명한 것도 나 자신이다. 어리석은 자는 누구인가? 나만 잘되면 그만이라고 여기는 자다. 그런 자가 되지 않는 순간 나는 현명한 당사자가 된다. 한평생 종으로 살 수도 있고, 주인으로 살 수도 있다. 주인으로 살고 싶다면 상전을 두지 말아야 한다. 내가 상전으로 모시는 것은 무엇인가? 권세인가 돈인가, 인기인가? 이런 것들에 절절 맨다면 주인으로 살기는 글렀다.

　나 자신이야말로 어리석음을 만들어 내는 공장이다. 그 공장에서 만들어 내는 제품을 번뇌(煩惱)라고 한다. 들뜨게도 하고 졸아들게도 하는 번뇌 역시 따지고 보면 욕망(欲望)이다. 이 생각 저 생각 온갖 생각으로 나를 혼란스럽게 하는 번뇌가 곧 욕망이다. 끌려가지 말고 끌고 가라. 번뇌의 강을 스스로 건너가라. 그러면 이글거리던 욕망이 사그라지고, 몸을 달구던 열도 식는다. 부디 욕망의 종이 되지 마라.

　스스로 자(自), 다스릴 도(度). 스스로 번뇌의 강을 건너면 나 또한 불(佛)이다. 佛

남을 편하게 하라

안인(安人)하라. 애인(愛人)하라. 공자의 말씀이다.

다 같은 말씀이다. 남을 편하게 해야 나도 편안하다. 남을 불안하게 하는 것보다 더한 불손(不遜)은 없다. 건방지고 오만한 자는 남을 불편하게 한다. 남을 불안하게 하는 사람은 사랑할 줄 모른다. 비굴해서는 안 된다. 겉과 속이 다른 까닭이다. 겉으로는 공손한 척하면서 속으로는 엉큼한 생각을 품어서야 어찌 선하겠는가. 착한 사람은 어질고 어진 사람은 남을 편안하게 한다.

사랑하는 마음가짐이 곧 안(安)이다. 남의 마음을 돌보지 않고 관능만을 탐하는 것은 결코 사랑이 아니다. 사랑은 무엇보다 남의 마음을 보살펴 편안케 하는 힘이다. 그런 힘을 일러 정(情)이라 한다.

남을 편안케 하는 애정(愛情)은 분노할 줄 모른다. 애증(愛憎)은 속(俗)스럽다. 사랑이 미움으로 돌변한다면 그런 사랑은 처음부터 계산된 짓이다. 나를 사랑해 주면 나도 너를 사랑해 주마. 이런 속셈은 결코 애인(愛人)으로 통할 리가 없다. 애인(愛人)을 연인(戀人)으로 좁혀서 생각하지 마라. 본래 애인의 인(人)은 나 아닌 모든 사람을 뜻하지 어느 한 사람만을 지칭하지 않는다.

편하게 할 안(安), 사람 인(人). 남을 편안케 하여 즐겁게 하라. 그러면 서로 사랑하는 길이 열린다. 佛

함께 껴안아라

포일(抱一)하라. 노자의 말씀이다.

모든 것을 하나로 껴안아라. 사랑하는 것 따로 미워하는 것 따로 편을 가르지 마라. 그대는 달면 삼키고 쓰면 뱉는가? 그렇다면 네 편 내 편이 생기게 마련이다. 그래서야 어찌 참다운 사람〔眞人〕이 되겠는가? 참다운 사람은 누구인가? 그는 검소하고 겸손하며 어머니 같다. 어미 품에 안겨 젖을 빨다 색색거리며 잠자는 새끼를 본 적이 있는가? 그런 모습을 일러 포일(抱一)이라 한다.

천지는 차별하지 않는다. 천지의 입장에서 보면 사람이나 지렁이나 돌멩이나 다 같다. 다만 사람이 이런 것 저런 것 갈라놓고 시비를 걸 뿐이다. 제 욕심대로 안 된다 하여 주먹을 쥐고 멱살잡이로 몰아가려는 사람은 천하에 못난 놈이다. 어찌 내 뜻대로만 세상이 펼쳐지겠는가. 그렇게 바라는 것 자체가 철없고 부질없는 짓이다.

마음을 써서 잔꾀를 부리려 하지 마라. 소박하게 상대를 믿고 용서해 주려고 하면 상대도 나를 향해 그런 정을 쏟게 된다. 그러면 다툴 것도 없고 시샘할 것도 없고, 시기할 것도 없어진다. 이처럼 서로 해치지 말고 그냥 그대로 함께 하자는 것이 곧 포일(抱一)이다.

안을 포(抱), 하나 일(一). 삼라만상을 하나로 품고 있는 자연(自然)을 보라. 자연이야말로 포일(抱一)이다.佛

맛있게 삶을 요리하라

사람보금자리는 마음을 편하게 해 주는 곳을 말한다. 보금자리는 무엇을 요구하는 마음보다 베푸는 마음이 앞서고, 의심을 물리치고 믿음으로 인연되어 있는 곳이다. 그러므로 보금자리에는 사랑이 싹트고, 서로 이해하고 돕는 사람들이 모여 산다.

가족이 있는 가정만 보금자리가 되어야 하는 것은 아니다. 일터 역시 보금자리가 될 수 있다. 일터를 보금자리로 가지는 사람은 두 겹의 행복을 누린다. 가정이 행복하고 직장이 행복한 까닭이다. 세상이 각박하다고 단정하는 사람은 자신의 삶을 각박하게 끌어 간다. 그러나 세상이 훈훈하다고 여기는 사람은 자신의 삶을 따뜻하게 이끌어 간다. 이처럼 인생은 자신의 마음먹기에 달려 있는 셈이다.

삶은 요리를 닮아 있다. 같은 음식거리를 가지고 어떤 이는 맛있는 요리를 만들지만 어떤 이는 맛없는 먹이를 만들기도 한다. 이처럼 맛있는 생활도 있고 맛없는 생활도 있다. 가족의 입맛을 돋우기 위해 정성껏 요리하는 주부처럼, 자신과 주변 사람들에게 따뜻하고 너그러운 마음씨를 지니면 절로 사는 맛이 난다.

생활인은 먼저 세심하면서도 너그러운 마음씨를 지닐수록 좋다. 경쟁에서 이겨야 살아남는 현실이라고 전선에 나가는 병사처럼 일터에 나간다면 그 사람은 각박하기 짝이 없다. 각박하게 살면 살맛이 없어진다. 그러나 너그럽고 세심한 마음은 삶을 더 맛있게 요리할 수 있는 솜씨를 지닌다. 부딪쳐 끝내야 하는 일, 하지 말아야 할 일을 살펴서 성실하게 처리하고 추진해 가는 사람은 마음을 졸이지 않는다. 성실할 뿐 후회하지 않는다.

사람은 삶을 성취해 가는 존재다. 사람은 그냥 주어진 대로 사는 꼭두각시가 아니다. 자신의 뜻을 지니고 할 일을 책임져야 한다. 이러한 주인 노릇을 제대로 해야 자신이 경영하는 삶이 맛을 낸다.

뼈빠지게 일하는데 받는 월급 봉투가 얇다고 불평하기보다는 맡은 일에 대하여 얼마나 성실한가를 자신에게 물어보는 것이 더 도움이 된다. 어차피 세상이란 자신의 뜻대로만 되지 않는다. 한없는 노력과 시련을 겪어야 겨우 성취할 수 있는 기틀을 잡을 수 있다. 생활인은 이러한 사실을 헤아리면서 현실을 마주하고 일 앞에 성실해야 한다.

일에 파묻혀 사는 사람은 일없이 빈둥거리는 사람보다 행복하다. 일을 짐으로 여기고 투덜대는 사람은 마음부터가 게으른 탓이다. 게으름뱅이는 자기를 속이며 사는 사람이다. 남을 속여 사기치는 놈만 사기꾼이 아니다. 오히려 자기를 속이는 놈이 더 큰 사기꾼이다. 그래서 공자께서는 무자기(無自欺)라고 했다. 내가 나를 속이지 않는다는 말씀이다. 자신을 게을러빠진 나귀처럼 팽개치는 자가 곧 자신을 속이고 사는 놈이다.

사람은 무수한 사물을 느끼고 생각하며 살아간다. 산다는 것은 일을 한다는 것이다. 그런데 사람은 기계가 아니므로 수시로 마음과 몸을 쉬어야 한다. 휴식이란 무엇인가? 열심히 일한 뒤에 받는 선물이다. 인생을 즐기라는 말은 결국 열심히 일한 뒤에 편안한 마음으로 쉬는 순간을 가지는 것을 뜻한다. 즐길 줄 아는 자는 낭비할 줄 모른다.

'생존은 고통스럽다.' 이렇게 여래(如來)께서 이미 밝혀 두었다. 왜 인간의 삶은 고통인가? 늙고 병들어 죽어 가야 하는 운명만으로 그렇게 말한 것은 아니다. 인간에게는 꿈이 있고 뜻이 있게 마련이다. 그러한 꿈과 뜻이 성취되는 경우보다는 실패를 맛보는 경우가 더 많은 까닭에 인간들은 한숨을 짓는 것이 아닌가? 이렇게 자신에게 물어보는 사람은 삶의 고통이 무엇인가를 헤아릴 수 있을 것이다. '인생은 한낱 유희가 아니며 연습도 아니다.' 생활인은 이렇게 다짐해 두어야 자신에게 철저할 수 있다.

해바라기가 봄바람을 불러온다는 말이 있다. 이는 허풍을 떨고 허세를 부린다는 뜻이다. 해바라기는 초가을에 피는 꽃이니 봄바람을 불러온다는 말은 거짓이다. 안 될 일을 된다 하고 못할 일을 할 수 있다 하는 사람은 봄바람을 불러오겠다고 호언하는 해바라기에 불과하다. 그러한 사람은 신용을 얻을 수가 없다. 신용을 잃어버린 생활인은 자신의 가정을 서글프게 하고 주변을 쓸쓸하게 할 뿐이다.

돌개바람은 한시를 끌지 못하고 소낙비는 반나절도 버티지 못한다. 뒤꿈치를 들고 있는 사람은 오래 서 있지 못하며, 바쁘다고 발걸음을 재촉하는 사람은 멀리 가지 못한다. 이처럼 성급하고 조급한 사람은 욕심만 앞설 뿐 맡은 일을 깔끔하게 마무리짓지 못한다. 이러한 사람도 생활인으로서 신용을 얻을 수가 없다.

　인생의 신용은 가장 향긋하게 입맛을 돋우어 주는 삶의 요리이다. 인생을 지나치게 엄격하게 조이는 사람은 삶의 요리를 너무 짜게 조리하게 되고, 인생을 낭비하는 사람은 삶의 요리를 너무 싱겁게 해 버리게 된다. 음식이 너무 짜면 맛이 없어지고 너무 싱거우면 맛이 달아나 버린다. 인생 또한 너무 짜게 조리면 괴로워지고 너무 싱겁게 팽개치면 썩어 버린다. 성실하고 듬직한 생활인이야말로 알맞은 맛을 내는 삶의 요리사가 아닌가!

　생활을 맛있고 정갈하게 요리하는 사람은 가정을 삶의 보금자리로 만들고 일터도 둥지로 만든다. 보금자리는 어디인가? 서로 돕고 의지하는 곳이다. 행복은 나누면 두 배가 되고 불행은 나누면 반으로 줄어든다는 그곳. 둥지는 남이 만들어 주는 것이 아니라 내가 만드는 것이다.

변하지 않는 것은 없다

무상(無常)하다. 여래(如來)의 말씀이다.

변함 없이 있다는 생각을 부정하라. 영원히 변하지 않는 것이 있다는 고집을 버려라. 그러면 무상하다는 말씀을 조금은 터득할 수 있다. 무상을 통해 보면 세상물정(物情)이 봄바람에 얼음처럼 녹는다. 고집할 것 없다. 이런 생각이 드는 순간 무상(無常)은 나를 묶었던 구속을 풀어 준다.

무상하므로 덧없다고 여기지는 마라. 무상이 우리를 슬프게 하는 것은 영원한 것이 없음에도 불구하고 영원한 것이 있어야 한다는 우리네 고집 탓이다. 아무리 죽고 싶지 않아도 죽음은 오고야 만다. 이것이 무상이다.

무상을 그대로 바라보라. 이를 정견(正見)이라 한다. 욕심이나 소망, 기대를 떠나 하염없이 그냥 바라보라. 하지만 그렇지 않고 영원을 고집한 탓에 우리는 애달파 통곡할 뿐이다. 울지 마라. 헛짓이다. 무상은 슬퍼하자는 말씀이 아니다. 오히려 괴로움에서 풀려나 기뻐하라는 말씀이다. 생(生)이 있음으로 말미암아 사(死)가 있다. 태어남〔生〕 없는 죽음〔死〕이란 없다. 그런데 왜 우리는 생을 기뻐하고 사를 슬퍼하는가. 바로 이런 희비(喜悲)가 우리를 괴롭게 한다. 무상한 줄 몰라서 우리는 괴로워한다.

없을 무(無), 항상 상(常). 변하지 않는 것은 없다. 그러니 변한다고 괴로워할 것 없다.佛

즐거움은 어디서 오나

낙출허(樂出虛)이다. 장자의 말씀이다.

즐거움은 허(虛)에서 나온다. 허는 텅 빈 것이다. 무엇이 텅 비었다는 것일까? 그것은 마음이다. 텅 빈 마음을 일러 허심(虛心)이라 한다. 『장자(莊子)』「제물론(齊物論)」에서 남곽자기(南郭子綦)라는 인물은 이렇게 말하고 있다.

"지금 나는 나라는 것〔我〕을 잊어버렸다. 너도 그럴 수 있겠느냐? 너는 사람의 퉁소 소리는 들어도 땅의 퉁소 소리는 듣지 못하겠지. 설령 땅의 그 소리를 듣는다 해도 아직 하늘의 퉁소 소리는 듣지 못하겠지."

퉁소 소리는 빈 데가 없으면 나오지 않는다. 빈 통은 울리지만 먹통은 울리지 못한다. 속이 꽉 들어차 틈이 없으면 소리를 내지 못한다. 산천에 바람이 불면 온갖 구멍이 저마다 소리를 낸다. 바람에 응해서 내는 산천의 온갖 소리들은 빈 구멍 따라 그저 그냥 울릴 뿐이다. 여기서 아우성이란 없다. 그러나 인간만이 아우성친다. 속이 들어차 꽉 막힌 마음속이 발버둥치는 소리는 비명일 뿐이다.

왜 인간은 비명을 지르고 아우성을 쳐야 하나? 마음을 비우지 못한 탓이다. 그래서 인간은 천지의 즐거운 퉁소 소리를 듣지 못한다.

즐거울 낙(樂), 날 출(出), 빌 허(虛). 즐거움은 빈 데서 나온다. 텅 빈 마음은 마냥 즐겁다. 욕심을 줄이면 절로 마음은 텅 비고 그만큼 즐거움을 누린다. 道

되돌아와 살펴라

반신(反身)하라. 맹자의 말씀이다.

밖으로 나가지 말고 안으로 들어오라. 밖에는 온갖 사물(事物)이 있고, 안에는 바로 내가 있다. 나를 내가 찾아가 스스로 엄격하게 살펴보라. 내 마음을 아무도 들여다볼 수 없다. 오직 나 스스로만 들여다볼 수 있다. 아무리 마음의 문을 열어도 남이 들여다볼 수는 없다. 그렇기 때문에 사람은 겉과 속이 다른 말을 하고, 속여먹는 짓을 범할 수 있다. 거짓말은 남에게만 할 수 있다. 내가 나에게 거짓말을 할 수는 없다. 천하를 다 속여도 내가 나를 속일 수는 없다. 남을 재판하려 들지 마라. 무엇보다 내가 먼저 나를 재판하라. 죄가 없으면 당당하다. 그러나 죄가 있거든 부끄러워하라. 부끄러울 때 뉘우쳐라. 뉘우친다면 두 번 다시 잘못을 범하지 않게 된다. 이런 다짐을 스스로 단단히 하기 위하여 반신(反身)하라.

남을 탓할 것 없다. 허물이 있다면 나를 내가 탓하라. 그러면 쉽게 허물을 씻어 낼 수 있다. 허물을 감추면 흉하지만 뉘우치면 새로운 뜻이 드러난다. 그래서 떳떳한 사람일수록 자신에게 돌아가 부끄러운 일이 없는지를 반성(反省)한다. 반신하는 사람은 의젓하다. 털어서 먼지 안 나는 사람이 어디 있느냐고 삿대질하는 인간은 반신할 줄 몰라 제 손의 도끼로 제 발등을 찍는다. 儒

칼날을 세우지 마라

좌기예(挫其銳)하라. 노자의 말씀이다.

뾰족한 송곳은 두꺼운 것을 뚫지 못한다. 예리한 칼날은 오래 썰지 못하고 물러난다. 모난 돌이 정 맞는다고 하지만 사람은 저마다 뾰족한 척하려고 덤빈다. 제 성질을 이기지 못해 일을 망치는 사람들이 많다. 나도 그런 유형이 아닌지 따져볼수록 살아가면서 덜 구겨지게 마련이다. 제 성미에 나가떨어지는 사람은 성질머리를 무디게 할 줄 몰라서이다.

감각이 날카롭다고 재지 마라. 잘못하면 신경이 병적으로 날카로워져 부러진 칼날처럼 되기 쉽다. 천천히 숨을 쉬고 차분차분 순서대로 할 일이다. 본래 날카로운 감각이 기승을 부리면 생각이 겉도는 법이다. 생각이 겉돌면 넋 나간 사람이라는 욕을 먹는다. 잘난 사람보다는 듬직한 사람이 오래 간다. 첫눈에 쏙 들어오는 것치고 오래 가는 것 없다. 어디서든 촉새처럼 톡톡 나서기 좋아하는 사람은 모난 돌이 정 맞는 꼴을 당한다. 뾰족한 성질머리를 죽여라. 그런다고 개성(個性)이 죽는 것은 아니다. 개성이란 제 고집대로 하는 것이 아니다. 사물(事物)을 항상 새롭게 느끼고 생각할 때 살아나는 것이지 유별난 체하는 것이 개성은 아니다. 뾰족한 송곳처럼 굴지 마라.

꺾을 좌(挫), 그 기(其), 날카로울 예(銳). 뾰족하게 톡 튀려는 성질머리를 꺾어라. 道

괴로움을 어이하리

석가(釋迦)가 부처가 된 뒤에 이렇게 말했다.

"나는 괴로움이 없었다. 조금도 괴로움이 없었다. 정말 아무런 괴로움 없이 살았다. 내 아버지 사신 곳에 나를 위해 연못이 만들어졌는데 한곳에는 푸른 연꽃이 심어지고 다른 곳에는 붉은 연꽃이, 또 다른 곳에는 하얀 연꽃이 심어졌다."

석가는 왜 이렇게 근심걱정 없이 살 수 있는 왕궁을 떨치고 나왔을까?

"이렇게 필경 괴로움이 없는 처지였음에도 불구하고 고(苦)를 끊을 수 없었다. 어리석은 범부는 절로 늙어 갈 몸이며, 그러한 운명을 면치 못했으면서도 늙음을 외면하고 제 처지를 잊고 부끄러워하기를 싫어한다. 나도 늙을 것이고, 그러한 운명을 면치 못했다. 그러면서도 남의 노쇠를 부끄럽게 여기고 싫어한다는 것은 맞지 않는 일이다. 이를 샅샅이 살핀 뒤, 나의 교만은 남김없이 끊어졌다."

석가는 교만함을 끊었다. 이는 고(苦)를 남김없이 깨우쳤음이다. 누구나 생로병사라는 고(苦)를 끊을 수 없다. 그런 고(苦)를 긍정하면 교만함을 끊게 된다. 영영 살 수 있는 것은 아무것도 없다. 무엇이든 산 것이면 언젠가는 반드시 죽는다. 죽음은 이별이다. 이런 이별을 괴롭다고 모른 척하지 마라. 죽음을 알면 오히려 너그러워진다. 너그러워지면 넉넉해진다. 그러니 고(苦)를 부정하거나 외면하지 마라. 그러면 누구나 겸허해지고 착해진다.佛

더불어 사는 삶

사람은 고독한 단독자인 동시에 사회인이다. 그래서 모든 사람은 두 갈래의 삶을 산다. 한 갈래는 자신만이 간직하는 삶이며, 다른 한 갈래는 남과 더불어 사는 삶이다. 자신만의 삶은 마음속으로 이루어지는 삶이다. 그러나 남과 더불어 사는 삶은 자신의 뜻대로 될 수가 없다. 나와 상대의 관계에 따라 더불어 사는 삶이 이루어지는 까닭이다. 누구나 나름대로 사회인으로서의 구실을 하면서 살아간다.

독불장군인 양 제멋대로 살 수는 없다. 상식에 어긋나는 짓을 삼가라. 나와 남 사이의 관계를 존중할수록 사는 일이 부드럽다. 더불어 사는 생활은 상식을 존중하는 삶이다. 그러면서도 자신만의 삶은 독특할 수 있다. 그것은 남과는 상관없이 자신의 세계를 다듬어 가는 비밀스러운 삶인 까닭이다. 그러므로 자신만의 삶은 침묵의 삶일 수 있다. 침묵은 내가 나 자신과 통화하는 유일한 방법이다.

대화는 상대와 마음을 나누어야 되지만 침묵은 자신이 스스로의 마음속을 만날 때 이루어지는 소리 없는 말이다. 이러한 침묵의 순간을 자주 갖는 사람은 그렇지 않은 사람보다 삶을 더 성찰하게 된다. 성찰하는 삶은 성실하고 겸허하게 마련이다. 성찰은 진실과 마주하게 한다. 자신을 관찰할 때는 숨기거나 감출 수 없으므로 있는 그대로 삶을 마주하게 된다. 이렇게 자신의 내면을 들여다볼 때는 거짓이나 속임수를 부릴 수가 없다. 이처럼 침묵의 삶은 사람을 진실하게 한다.

성찰하는 사람은 사회 생활이 진지하다. 내가 하기 싫은 일을 남에게 시키지 말아야 한다는 것을 알고, 남과 삶을 나눌 수 있는 지혜를 터득한 까닭이다. 남이야 어떻든 나만 잘되면 되지 않느냐고 시치미를 떼는 사람은 결국 자신의 삶을 망칠 뿐만 아니라 남과 더불어 사는 삶도 망쳐 버리게 마련이다. 더불어 사는 삶에서 믿음보다 더 귀한 것은 없다. 내가 남을 믿어 주면 남도 나를 믿어 준다. 이러한 믿음이 튼튼하다면 사회 생활은 순리(順理)에 따라 풀려 간다. 순리는 언제나 상식의 잣대 구실을 한다. 그러나 이러한 잣대를 무시하고 자신에게만 유리하게 치수를 재려고 한다면 남이 그만큼 손해를 보아야 한다. 이렇게 되면 서로 믿지 못하는 일이 생기고 만다.

사람과 사람 사이에 왜 불신(不信)이 생길까? 의리(義利)의 균형을 상실하면 불신은 눈사람처럼 불어난다. 옳은 것[義]과 이로운 것[利] 중에서 의(義)를 앞세우고 이(利)를 뒤로할수록 좋다. 하지만 지금 우리는 그렇게 하기를 한사코 꺼려 한다. 실속만 차리면 그만이라는 속셈을 감추고 사는 셈이다. 그래서 탐욕스럽고 잔인한 욕망이 수그러들 줄 모른다. 서로 숨차고 버겁게 비집고 산다.

욕심은 마음을 장님의 눈처럼 만들어 도둑의 하수인으로 몰아간다. 탐욕의 눈으로는 삶의 길을 제대로 걸어갈 수 없다. 그러나 현대인은 욕망을 행복의 보증수표처럼 여긴다. 욕망은 항상 행복을 부도내고야 만다. 왜냐하면 행복은 햇빛이 그득한 빈 방과 같기 때문이다. 탐욕은 꽉 찬 궤짝 같다.

누구나 행복하고 싶어한다. 그런데 행복을 탐하다 불행을 당하는 일이 너무나 많다. 혹 떼려다 혹 붙이는 경우도 허다하다. 왜 이러한 불상사가 일어나는 것일까? 내 몫은 많고 클수록 좋다는 탐욕 때문이다. 모두가 이러한 탐욕을 부리게 되면 더불어 사는 삶은 혼란스럽고 험하게 되어 버린다. 지금 우리는 그러한 소용돌이 속에서 신음하고 있는 중이다.

미꾸라지 한 마리가 못물을 흐린다는 속담이 절실해진다. 허세와 허영에 놀아나며 오만과 방탕에 젖은 졸부(猝富)들은 넘쳐나지만 사회 생활 구석구석에서 겸허하고 검소한 모습을 만나기는 어려운 지경이다. 왜 우리는 더불어 사는 삶을 이렇게 험한 꼴로 이끌어 가고 있을까? 의리(義利)의 균형이라는 순리의 상식을 잊었거나 잃어버린 탓이라고 할 수밖에 없다.

사회 생활을 여물게 하려면 먼저 자신의 내면적인 삶을 여물게 해야 한다. 먼저 나부터 다스린 뒤에 남을 다스릴 수 있으며, 나를 엄격하게 다루고 남을 관대하게 대할 수 있는 도량을 닦아야 사회 생활이 건전해지고 철이 든다. 이러한 연유로 옛날부터 삶의 분수를 지키는 것을 강조했던 것이다.

누울 자리를 보고 발을 뻗어라. 이것이 수분(守分)이다. 남들은 자리가 좁아 쪼그리고 앉아 있는데 자신만 편하기 위해 억지로 발을 뻗게 되면 남들은 그만큼 더 몸을 쪼그려야 한다. 분수를 모르고 처신하면 남들로부터 따돌림을 받게 마련이다. 더불어 사는 순리는 남의 입장으로 돌아가 나를 생각해 보고 행동하는 데서 이루어진다. 이를 역지사지(易之思之)라고 했다. '내가 좋으니까 남도 좋겠지.' 이렇게 생각할 것이 아니라 '남이 좋으니까 나도 좋다'라고 생각할 때 나라는 자신은 소인배의 기질에서 벗어날 수 있다.

소인은 패를 가르지만 대인은 어울릴 뿐이다. 더불어 사는 삶은 패를 갈라 사는 삶이 아니라 서로 어울려 더불어 사는 인생이다. 이러한 인생은 함께 고생할 때는 함께 고생하고, 함께 즐거울 때는 함께 즐거워한다는 마음에서 이루어진다. 이것이 더불어 사는 삶의 진실이다. 그러나 지금 우리는 더불어 사는 진실에 대하여 너무나 무감각해 사회의 규범이 난맥을 이루고 있다. 이러한 사회생활의 아픔을 치유할 수 있는 약은 어디에 있을까?

밖에 있는 것이 아니라 바로 내 마음속에 있다고 우리 모두가 옷깃을 여미고 다짐해야 한다.

어질게 산다

구인(求仁)하라. 맹자의 말씀이다.

어질게 되려고 노력하라. 무슨 일이 있어도 어진 사람이 되라. 이런 부탁이 곧 맹자의 구인(求仁)이다. 구인(求仁)은 곧 구인(求人)이다. 인(仁)과 인(人)은 같다. 그러므로 어질게 사는 것이 곧 사람이 사는 것이다. 만일 내가 어질지 못하다면 겉만 사람이지 속은 사람이 아니라는 준엄한 선고가 곧 맹자의 구인이다.

구하라. 이는 잃지 말라 함이다. 잃었다면 되찾아야 함이요, 잊었다면 다시 일깨워 내라 함이다. 구하면 얻을 것이요, 버려 두면 잃을 것이다. 무엇을 구하라는 말인가?

그것은 나의 인(仁)이요, 나아가 나의 의(義)일 것이다. 남에게 어질어라 말할 것 없다. 내가 어질면 그만이다. 남에게 의(義)를 요구할 것 없다. 내가 의로우면 그만이다. 인(仁)을 놓고 흥정하지 마라. 네가 선하면 나도 선하겠고 네가 악하면 나도 악하겠다는 생각을 갖지 말라 함이 곧 구인(求仁)이다. 참으로 무섭고 지키기 어려운 말씀이 구인(求仁)이다. 안다는 것과 산다는 것은 참으로 다르다. 인(仁)의 뜻을 알면서도 어질게 살지 못하는 나를 어찌할까?

구할 구(求), 어질 인(仁). 날마다 어질어지려고 노력하는 것만으로도 괜찮겠다.

추구(芻狗)를 아는가

인간도 추구(芻狗)에 불과하다. 노자의 말씀이다.

추(芻)는 이삭을 털어 낸 짚이다. 추구는 짚으로 만든 강아지를 말한다. 천지에 제사를 올릴 때 지푸라기로 개 모양을 엮어 소중하게 모시는 것이 추구이다. 그러나 추구는 제사가 끝나면 길가에 버려진다.

천지 앞에 오만하지 마라. 천지는 인간을 위하여 있는 것이 아니다. 천지는 사람이나 지렁이나 달리 보지 않는다. 지렁이가 천하다면 인간도 천하다. 인간이 소중하다면 지렁이도 소중하다. 그래서 천지의 입장에서 본다면 인간도 추구(芻狗)에 불과하다. 인간은 천지가 마치 인간을 위하여 있다는 듯이 두려워할 줄 모른다. 잘 먹고 잘 입고 잘 마시기 위하여 마구잡이로 만물을 낭비하고 탕진한다. 쓰레기를 버리는 동물은 인간밖에 없다. 예부터 새는 날아도 허공을 더럽히지 않는다고 했다.

인간은 이제 목숨이 소중함을 느끼지 못하고 생각할 줄도 모른다. 겁 없이 물을 더럽히고, 바람을 더럽히고, 땅을 더럽히는 인간들. 천지가 노할 수밖에 없는 지경이다. 하늘이 없어도 살 수 있고 땅이 없어도 살 수 있다는 듯이 미쳐 날뛰는 인간을 향해 노자는 이미 선언했다.

천지불인(天地不仁). 천지는 사람의 것이 아니다. 만물이 다 함께 더불어 얼마간 사는 곳일 뿐이다. 道

가서 차나 마셔라

끽다거(喫茶去). 조주(趙州) 선사의 말씀이다.

알 것도 없고 알릴 것도 없다. 시비를 걸어 무엇할 것이며, 정오(正誤)를 따져 어쩌겠다는 말인가. 알고 모름을 저울질하여 이기고 지는 것을 갈라 본들 무엇할 것인가? 다 물리치고 가서 차나 마셔라. 대담을 버리기 위해 차를 마실 필요는 없다. 담론을 펴면서 차를 주고받을 것도 없다. 다방에 모여 함께 담소하면서 심심풀이로 차를 들 것도 없다. 어디 후미진 데로 물러가 앉아 조용히 혼자 그냥 차를 마시거라. 그러면 내가 나를 만나는 물줄기가 터질지 누가 알랴.

남과 이야기를 나누는 것보다 더 시급한 것이 있다. 혓바닥을 놀려 떠들지 마라. 입을 다물고 침묵하라. 그러니 주둥이를 틀어막기 위해서라도 차를 마실 수 없겠는가? 침묵하라. 그러면 거짓말을 할 수 없다. 내가 나에게 거짓말해서 무엇하겠는가. 가서 차나 마셔라. 그러면 맑고 깨끗해질 것이 아닌가. 비누는 몸에 묻은 때를 씻어내고, 차는 마음에 묻은 때를 씻어낸다. 그래서 명선(茗禪)이라 하지 않던가. 명선은 입을 닫고 마음이 차를 마시자는 분부인 셈이다. 차맛을 두고 왈가왈부하지 마라.

마실 끽(喫), 차 다(茶), 갈 거(去). 혼자 가서 차를 넘기되 소리 내지 마라. 그러면 저절로 침묵하고 제 속을 적신 다음 치렁치렁 묻은 때를 빨 수 있는 빨래터를 잡는다.

예(禮)는 낡지 않는다

　예(禮)의 핵심은 무엇일까? 그 핵심은 경(敬)에 있다. 무불경(無不敬). 불경(不敬)하지 마라. 경을 부정하면 예가 죽는다. 예가 살아야 너도 살고 나도 산다. 예가 없으면 너도 죽고 나도 죽는다.

　선을 넓히고 악을 없애는 것이 곧 경(敬)이다. 하늘을 두려워하고 세상을 무서워하는 마음가짐이 곧 경으로 통한다. 그런 마음가짐을 일러 사천(事天)이라 한다. 사천(事天)은 구름이 흘러가는 텅 빈 허공을 무서워하고 받들어 모신다는 뜻이 아니다. 목숨을 준 심오한 이치를 항상 잊지 말고 받들어 모시라는 말씀으로 새기면 무방하다. 하늘〔天〕이나 도(道) 같은 말씀은 나에게 목숨을 빌려준 주인의 이름이라고 생각해도 된다.

　하늘이나 도는 사람에게만 목숨을 빌려주지 않았다. 모든 것에게 목숨을 빌려주었다. 그러므로 사람이나 나비나 하루살이나 다 같이 하늘의 후손인 셈이다. 하물며 인간끼리 편을 갈라 싸울 일이 있겠는가. 서로 어울려 받들고 모시는 마음가짐으로 살라 함이 곧 예(禮)요, 그 예를 무한히 긍정하자는 것이 곧 경(敬) 아닌가.

　없을 무(無), 아니 불(不), 예의바르게 할 경(敬). 먼저 남을 공경하라. 그리고 존경하라. 그러면 남이 나를 곱절로 대접한다.📖

나를 위대하게 한다

무아(無我). 여래(如來)의 말씀이다.

글자로만 새긴다면 무아는 내가 없다는 뜻이지만 그저 내가 송두리째 없어지는 것은 아니다. 그러므로 '없어질 내가 있다'는 말씀으로 들으면 된다. 없어질 내가 없어지면 새로운 내가 드러난다는 것이 무아(無我)인 셈이다.

나를 억눌러 버리는 것은 무아가 아니다. 나를 없애는 것 또한 무아가 아니다. 나를 잊어버리는〔忘我〕 것 역시 무아가 아니다. 부정해야 할 내가 있다는 것이 무아(無我)인 까닭이다.

자기 발견을 하지 않으려는 나를 부정하라. 그러면 자기를 새롭게 발견하는 내가 태어난다. 나의 재탄생이 곧 무아(無我)일레라. 부처란 곧 자기를 발견한 당사자가 아닌가. 온갖 번뇌로 구속되어 있는 자기를 해방시켜 걸림 없는 자신을 찾아낸 자가 부처 아닌가. 그래서 깨우치면 부처요, 어리석으면 범부(凡夫)라고 한다. 범부를 없애고 부처를 있게 하라. 이런 뜻이 곧 무아(無我)인 셈이다. 자기를 섬으로 삼아라. 그 섬에는 아무도 없다. 의지할 것이라곤 아무것도 없다. 그러니 남에게 의지하려고 하지 마라. 이와 같은 간곡한 부탁을 담아 둔 부처의 말씀이 곧 무아이다. 결국 내가 나를 확립하는 일이 곧 무아의 길이다. 분별(分別)하는 나는 바람 따라 흔들리는 갈대와 같다. 이랬다저랬다 하는 나의 진면목은 어떤 것이냐? 이렇게 질문하는 것이 무아(無我)이다. 佛

욕심의 덫을 부숴라

● ● ●

　무엇이 잘사는 것일까? 요즘은 이런 물음 앞에 마음이 자주 멈추곤 한다. 누구나 살기가 옹색하고 딱해진 탓으로 저마다 나름대로 잘산다는 뜻을 새삼스럽게 되새겨 보려고 한다.

　"나라를 다스리는 일을 아주 작은 생선 굽듯이 하라." 이렇게 노자(老子)가 말해 두었다. 만일 치자(治者)들이 노자의 말을 절반만이라도 새기면서 나라를 다스렸다면 요새처럼 입맛이 쓰지는 않을 것이다. 어느 곳 하나 썩지 않은 데가 없다는 생각이 앞선다. 나라를 한 마리 고래쯤으로 여기고 욕심껏 각을 떠서 훔쳐갔던 사람들이 불려들어갔다. 입으로만 나라를 위해 봉사했고, 뒤로는 나라를 멍들고 병들게 한 작태가 불거져 나와 분하고 치사스럽다.

　작은 도둑은 남의 집 담을 넘어가 돈궤를 훔치지만 큰 도둑은 나라를 통째로 훔친다는 옛말이 있다. 나라를 다스린다는 사람들이 도둑질을 하면 백성은 거짓말을 하게 마련이다. 정직하면 빼앗길 뿐이니 감추고 숨기면서 백성은 권부(權府)와 담을 쌓게 된다. 백성이 등을 돌린 권력은 바람 앞에 나선 촛불이다.

　명예와 지위가 부귀영화(富貴榮華)로 통하는 길이라고 여기면 누구든 욕심의 덫에 걸려들고 만다. 욕심의 보따리는 세상을 다 삼켜도 만족할 줄 모를 만큼 한없이 크다. 그래서 욕심이 사나우면 마음은 태산보다 더 무겁게 나를 짓누르는 법이다.

옛날 중국에 과보(跨父)라는 사람이 있었다. 과보는 어떻게 하면 천하의 재물을 긁어모을 수 있을까를 곰곰이 생각했다. 어느 날 묘안이 떠오르자 그는 쾌재를 부르면서 마을 사람들에게 하늘에 떠 있는 태양을 잡아다 제것으로 하겠다고 큰소리를 쳤다. 태양을 소유하면 온 세상 사람들이 햇빛 값을 내야 할 것이라고 엄포를 놓았다. 과보는 지팡이를 짚고 태양을 잡기 위해 길을 떠났다. 내리쬐는 햇볕을 받으면서 길을 걸으니 목이 말랐다. 황하의 물을 모조리 마셔도 갈증은 풀리지 않았다. 결국 그는 태양을 잡기도 전에 북해(北海)의 물을 마시기 위해 가다가 목이 타 쓰러져 죽고 말았다.

과보는 욕심의 덫에 걸려 생목숨을 앗긴 것이다. 인간이 불행하고 인생이 고(苦)인 것은 거의 다 욕심 탓이다. 어떻게 하면 욕심의 덫에서 빠져나올 수 있을까? 이에 대하여 공자(孔子)는 극기(克己)하라 했으며, 장자(莊子)는 무기(無己)하라 했다. 극기(克己)는 내 욕심을 이겨내라는 말씀이요, 무기(無己)는 내 욕심을 없애라는 말씀이다. 성현(聖賢)들의 말씀은 서로 다르지만 그 속에 담겨 있는 뜻은 모두 한길로 통하고 있다. 욕심을 다스리라는 것이다. 여래(如來)의 무아(無我)도 욕심을 부리려는 나[我]를 없애고 새로운 나를 발견하라는 말씀이다. 우리는 지금 저마다 욕심을 앞세울 뿐 자신을 다스리려고는 하지 않는다. 내 몫은 크고 네 몫은 작을수록 좋다는 탐욕을 저마다의 가슴속에 숨겨 두고 산다. 이렇게 살다 보니 남의 밥에 있는 콩이 더 커 보이고, 사촌이 논을 사면 배가 아프다.

잘사는 삶은 어떤 것인가? 바르게 사는 삶이다. 바르게 사는 삶이란 어떤 것일까? 정신을 차리고 땀흘려 일한 보람으로 당당하고 떳떳하게 사는 삶이다. 예금 통장에 들어 있는 금액이나 아파트 평수, 땅 투기로 몇 평의 부동산을 사 두었느냐에 따라 잘살고 못사는 것은 아니다. 인생을 돈으로 따져 흥정하고 살 수는 없다.

숲에 사는 새는 나뭇가지 하나로 만족하고, 강가의 두더지는 목을 축이는 한 모금의 물로 만족한다. 그러나 인간은 제 욕심의 불길을 잡으려 하지 않는다. 그래서 욕심의 덫에 걸려 날마다 신음하고 산다. 그 덫을 부수면 그날로 편안하고 자유롭다.

명지(明智)라는 것이 있다

안(內)을 알아보는 것이 명(明)이고, 밖(外)을 알아보는 것이 지(智)이다. 안이란 무엇을 말함일까? 내 마음속을 말한다. 밖이란 무엇을 말함일까? 나를 제외한 모든 사물(事物)을 일러 말함이다. 내가 나를 밝히는 것이 명(明)이요, 사물을 알려는 지식이 곧 지(智)이다.

자지자명(自知者明) 지인자지(知人者智). 노자의 말씀이다.

자신(自)을 아는(知) 것(者)이 명(明)이고, 남(人)을 아는(知) 것(者)이 지(智)이다. 나를 밝게 하라. 이것이 명(明)이다. 나를 밝게 한 뒤에 남을 알려고 하라. 그러면 저절로 누구나 현명해진다.

나를 알면 분수를 어기지 않는다. 뱁새가 황새를 흉내내면 가랑이가 찢어진다고 했다. 황새는 황새걸음으로 백 리를 걷고, 뱁새는 뱁새걸음으로 백 리를 걸으면 된다. 이러한 이치를 알면 그것이 곧 명(明)이다. 명은 덕(德)을 밝힌다. 아는 것이 많음에도 부덕(不德)한 자가 있다. 부덕한 사람은 남을 해롭게 한다. 자기를 이롭게 하려고 남을 해롭게 하는 사람이야말로 가장 어리석다. 어리석은 것을 일러 불명(不明)이라 한다. 눈을 뜨고서도 보지 못하고, 귀를 트고서도 듣지 못하는 인간을 벽창호라고 한다. 영리한 놈이 가장 어리석다는 말을 잘 새겨들어야 한다. 지(智)만 있고 명(明)은 없는 놈은 쇠고랑을 차고 감옥 가기 쉽다. 道

노여워하지 않는다

인부지이불온(人不知而不慍). 공자의 말씀이다.

남이 알아주지 않아도〔人不知〕 노여워하지 않는다〔不慍〕. 이런 사람을 군자(君子)라고 한다. 군자는 남을 알아주고 자기를 살펴 삼가고 조심한다. 듣기 좋은 말을 해 주면 해해거리고 듣기 싫은 말을 들으면 불끈하는 사람은 속이 좁다. 못된 사람에게 못됐다고 말해 주면 고칠 생각은커녕 네 놈은 얼마나 잘났느냐며 삿대질한다. 이런 자를 소인(小人)이라고 한다. 소인은 능글맞고 추하기 쉽다. 임금이 소인이면 간신이 충신을 잡아먹고, 대통령이 소인이면 권력은 썩은 고깃덩어리가 되어 너도나도 한 입씩 베어먹자고 온갖 소인배들이 침을 흘려 나라의 주춧돌이 모랫바닥 위에 놓이고 만다. 이처럼 인간세상은 사람 마음먹기에 달렸다.

대인이 많은 세상은 조용하고, 소인이 많은 세상은 항상 시끄럽다. 저마다 저만 잘났다고 아우성을 치는 통에 세상은 바람 잘 날이 없다. 소인은 저만 잘났다고 생각하는 탓으로 귀에 거슬리는 말만 들으면 싸움을 건다. 이런 소인을 보면 대인은 웃고 만다. 못된 송아지 엉덩이에 뿔난다. 소인이 그런 꼴이다. 그러나 대인은 남들이 알아주든 않든 아랑곳없이 자기 할 바를 찾아 충실하게 자신을 다스린다. 남의 눈치를 보고 이래저래 흔들리지 않는다. 군자는 선(善)하게 살려고 스스로 노력할 뿐이다. 儒

열반(涅槃)은 무슨 말인가

　타던 불이 꺼져 버린 상태를 생각해 보라. 연소가 소멸해 버린 상태를 열반(涅槃)이라고 상상하면 된다. 열반은 니르바나(nirvana)를 소리대로 옮긴 말로, 불어서 불을 꺼 버린다는 뜻이다. 꺼야 할 불은 어디서 타고 있는가? 바로 내 속에서 타고 있다. 열반이란 대체 어떤 것을 말함인가? 이에 대하여 사리불(舍利佛)은 이렇게 대답해 준다.

　"탐욕의 소멸, 노여움의 소멸, 어리석음의 소멸. 이것들을 일컬어 열반이라 한다."

　탐욕이라는 불길, 분노라는 불길, 자기밖에 모르는 불길. 이 불길들이 가장 뜨겁고 더럽다. 이런 세 갈래의 불길을 탐·진·치(貪瞋癡)의 삼독(三毒)이라고도 한다. 삼독은 독사의 독보다 더 독해 한번 물리면 살아도 죽은 것과 다를 바가 없다. 탐욕에 시달려 죽어난다. 이리저리 분노하다 혈압만 올라간다. 나만 살면 된다고 발버둥치다 초주검이 된다. 이렇게 살려고 아우성을 치면 지옥이 따로 없다. 이런 삼독의 지옥은 내가 스스로 지었으므로 내가 허물어야지 남이 허물어 줄 수 없다. 삼독의 지옥을 사정없이 허물어 버려라. 그러면 당신은 불어서 불을 끄는 주인이 된다. 이러한 주인을 일러 무아(無我)라 한다. 열반과 지옥은 어디에 있는가? 바로 나에게 있다. 열반에 사는 것도 나 하기에 달렸고, 지옥에 사는 것도 나 하기에 달렸다. 佛

결코 실패하지 않는다

　항상 성공하고 싶은가? 나아가 언제 어디서든 승리하고 싶은가? 그렇다면 '거심(去甚), 거사(去奢), 거태(去泰)' 이 세 마디 말씀만 명심하면 결코 실패하지 않는다.

　심하게 지나치지 마라〔去甚〕. 사치하지 마라〔去奢〕. 오만해서 게으르지 마라〔去泰〕. 노자의 말씀이다. 노자의 이 세 마디를 한 마디로 줄인다면 포박(抱樸)이다. 껴안을 포(抱), 자연스럽고 수수한 박(樸). 겸허하고 검소하게 살라는 것이 포박이다. 이렇게 살면 실패할 리 없다. 망신살이 뻗쳐 흉하게 된 사람들을 보면 거의 다 노자가 밝혀 준 생활의 비법을 무시한 탓에 모진 상처를 입고 앓는다. 그 비법이라는 것이 거심이요, 거사요, 거태라는 것이다.

　세상이 바뀌는 것이지 사람의 근본이 바뀌는 것은 아니다. 그 근본을 일러 인의(仁義), 도덕(道德) 또는 심법(心法)이라 한다. 따지고 보면 한결같은 뜻을 지니고 있다. 서로 어울려 사랑하며 자유롭게 사는 인간이 되라는 것. 이러한 근본은 세상이 아무리 첨단과학으로 변한다 해도 무시되거나 부정될 수 없는 숨결이다.

　숨을 편안히 쉬면서 행복하게 살고 싶은가? 그렇다면 심하게 굴지 말고, 사치하지 말고, 게으르지 마라. 숨기고 감추고 꾸며서 무엇하겠는가? 겸허하고 소박하게 살면 항상 승리한다. 道

날마다 세 번 반성한다

나〔吾〕는 날마다〔日〕 자신〔吾身〕을 세 갈래로 반성한다〔三省〕. 증자(曾子)의 말씀이다.

나는 남에게 불충(不忠)하지 않았는가? 나는 벗을 불신(不信)하지 않았는가? 나는 물려받은 바를 불습(不習)하지 않았는가? 이렇게 날마다 반성한다면 걱정할 일이 없다.

불충(不忠)은 자신을 흉하게 한다. 충(忠)을 부정하면 마음속이 더럽게 되는 까닭이다. 정성을 다하는 마음가짐이 곧 충이다. 건성건성 대충대충 남을 대하는 사람은 저밖에 모른다. 그래서 흉하다. 불신(不信)은 자신을 험하게 한다. 신(信)을 부정하면 마음속이 엉큼해지는 까닭이다. 의심한다는 것은 결국 내가 남에게 솔직하지 못함이다. 남을 믿지 않으면 결국 나도 불신당한다. 그래서 험하다. 불습(不習)은 자신을 멍하게 한다. 습(習)을 부정하면 마음이 엉뚱해진다. 엉뚱하면 허물을 짓고서도 부끄러운 줄 몰라 뻔뻔해진다. 염치없는 인간을 누가 좋아하겠는가? 그래서 부끄럽다. 정성을 다해 살면 날마다 좋은 날이 된다. 서로 믿고 살면 날마다 든든하다. 물려받은 바를 잊지 않고 익히면서 살면 날마다 수월하다. 그래서 반성하는 사람은 넉넉하고 느긋하게 산다. 남을 탓하지 마라. 모든 것을 내 탓으로 돌리고 돌아와 반성해 보라. 그러면 나는 양털처럼 가볍고 부드러워질 수 있다. 영악하게 몰아칠수록 개미귀신의 밥이 되는 법이다. 儒

여물어 가는 삶을 위하여

인생은 하루씩 쌓여 이루어진다. 하루하루를 어떻게 맞이하고 보냈느냐에 따라 삶이 설익어 갈 수도 있고, 여물어 갈 수도 있다. 나무는 열매를 튼실히 맺기 위하여 하루도 헛되게 보내지 않는다. 우리네 삶도 그와 같아 하루하루를 살펴서 맞이하고 보내야 한다. 삶이란 놀이가 아니다. 산다는 것은 일하는 것과 같다. 잠을 자고 쉬는 것도 삶이 바라는 일하기를 하기 위함이다. 갓난아이가 온 힘을 다해 젖꼭지를 붙들고 힘들여 젖을 빠는 모습을 보라. 삶에 있어 힘들지 않는 일이란 없다. 힘드는 일을 끊임없이 요구하므로 사는 것은 가치가 있다.

"하루를 놀았다면 그 하루 동안 밥을 먹지 마라." 백장(百丈) 선사의 말이다. 가만히 앉아서 헛되고 삿된 생각을 없애야 하는 승려도 놀고 먹을 수는 없다는 말이다. 하루하루를 소중하게 맞이하고 소중하게 마감하는 사람은 당연히 밥을 먹어도 된다. 그러나 빈둥거리고 잔꾀를 부리며 편하기만을 바라는 사람은 밥을 훔쳐먹는 것과 같다. 그러니 먹지 말라는 것이다.

날마다 새롭게 삶을 마주하고 온 힘을 다해 성실하게 사는 사람은 튼튼한 나무와 같다. 튼튼한 나무가 향기로운 꽃을 피우고 열매를 여물게 한다. 그러한 나무처럼 사는 사람은 도덕(道德)이 무엇인지를 안다.

도(道)란 무엇인가? 현빈(玄牝)과 같다. 현빈은 어머니를 뜻한다. 어머니의 마음가짐으로 삶의 현실을 마주하는 사람은 결국 도(道)의 이웃이 된다. 행복은 어머니를 닮은 삶이다.

덕(德)이란 무엇인가? 포일(抱一)과 같다. 포일이란 어머니의 품과 같은 것이다. 그대는 그대의 삶을 어머니가 품에 자녀를 안듯이 소중히 하는가? 그렇게 한다면 그대는 슬픔도 기쁨도 삶에서 돋아나는 한 줄기에 불과하다는 것을 알게 되리라. 그러나 하루하루가 지겹다고 투정하는 사람은 늦가을 들판에 서 있는 허수아비와 다를 바가 없다. 스스로 자신을 버려진 존재로 만드는 것은 남에게 있는 것이 아니라 바로 자신에게 있는 법이다. 자신의 인생을 소중하게 여기는 만큼 남의 인생도 소중히 생각하는 삶의 태도가 곧 도덕의 삶이다.

부귀와 명예가 도덕에서 온 것이라면 수풀 속의 꽃과 같다. 그 꽃의 씨앗은 절로 잎을 피우고 뿌리를 뻗을 것이다. 갖은 수작을 부려 얻은 부귀와 명예는 화단 속의 꽃과 같으니 이리저리 옮겨 심어져 흥하고 망하는 일이 잦을 것이다. 만일 권력으로써 부귀와 명예를 얻은 것이라면 꽃병에 꽂힌 꽃과 같다. 꺾여 꽂혀진 꽃은 뿌리가 없어 곧 시들어 버린다.

위와 같은 말씀이 『채근담(菜根譚)』에 나온다. 자신의 삶을 어떻게 가꾸어 이룰까를 곰곰이 생각하게 하는 구절이다. 인생을 한 송이 꽃으로 친다면 들판에 피는 풀꽃일수록 좋으리라. 내 인생은 스스로 피워 가는 풀꽃인가? 그렇다면 나보다 더 행복한 삶의 주인공은 없다. 들판의 풀꽃은 저마다 향기를 내고 꿀샘을 마련한다. 사랑하는 것, 용서하는 것, 이해하는 것 등이 모두 풀꽃 같은 삶의 향기요, 씨앗을 맺게 해 줄 벌과 나비를 불러오는 꿀과 같다. 그러나 만일 내 인생이 정원에서 가꾸어진 꽃과 같다면 그보다 더 부끄러운 삶은 없으리라. 정원에 핀 꽃은 그 정원을 가꾸는 주인의 뜻을 어길 수 없다. 주인의 눈을 맞추어야 하는 꽃은 주인의 눈에 나면 없어질 뿐이다. 남의 비위를 맞추며 살아야 할 인생은 딱하게 마련이다. 직장을 정원쯤으로 여기고 삶의 꽃을 피우는 사람보다는 들판으로 여기고 삶의 꽃을 피우는 자가 인생을 당당하게 마주한다.

아무리 사소한 것일지라도 사랑하는 마음으로 마주한다면 삶은 순리에 따라 펼쳐진다. 시샘하는 것보다는 용서하는 것이 더 행복하고, 오해하는 것보다는 이해해 주는 편이 더 행복하며, 건방지고 오만한 것보다는 겸손해하는 쪽이 더 행복하다. 하루에 한순간이라도 이러한 마음씨를 지니고 삶의 현실을 대하면 거친 가시밭이 아니라 풀밭에서 피는 풀꽃 같은 삶을 마주할 수 있으리라.

선지식(善知識)은 몇이나 있는가

부처는 중생을 다 같은 선지식(善知識)이라고 불렀다.

본래 지식(知識)은 벗이라는 말이다. 요새는 지식(知識)을 지식(智識)과 동일하게 써서 앎의 뜻이 되어 버렸으나 본래 지식(知識)은 벗, 즉 붕우(朋友)를 뜻했다. 선지식, 그 말씀은 참 좋은 벗이라는 뜻이다. 부처는 왜 한량없이 큰가? 모두를 다 벗으로 여기고 삼는 까닭이다.

선지식은 곧 누구나 다 평등하고 자유롭다는 말씀이다. 너와 내가 벗이라면 너와 나는 자유롭고 평등한 우리가 된다. 초기 불문(佛門)에서는 불교를 창시한 부처님은 높고 부처를 따랐던 신자들은 낮다고 생각하지 않았다. 부처든, 제혜가 제일이라는 사리붓다든, 천민 출신인 스니타든, 우둔하기 짝이 없었다는 판타카든, 다 같은 좋은 벗으로 함께 어울렸다.

시비를 걸어 이겨 보겠다고 다짐하는 사람과 다툴 것 없다. 그런 사람은 제가 제일 잘났다고 뻐기는 덜 된 사람이다. 풋열매가 껄끄러운 털을 보송보송 달고 있듯이 덜 된 인간은 아직 여물지 못해 마음 씀씀이가 모나고 떫다. 당신은 남의 말꼬리를 잡고 잘 늘어지는가? 그렇다면 당신은 덜 익어 떫은 열매와 같다. 누구에게도 선지식이 될 수 없어 외톨이가 될 뿐이다. 佛

공자의 도(道)는 어떤가

"삼(參)아, 나의 도〔吾道〕는 한 줄기로 관통해 있다〔一以貫之〕."

삼이 공자께 그러하다고 사뢰었다. 삼은 증자(曾子)의 이름이다. 공자가 나가자 다른 제자가 무슨 말씀이냐고 증자에게 물었다. 선생의 도는 충서(忠恕)일 뿐이라고 대답했다.

공자의 도(道)는 곧 충서(忠恕)이다. 충(忠)은 성(誠)을 다하는 마음가짐이다. 거짓없이 착실한 마음가짐이 성(誠)이다.

남에게 성실하면 곧 자신에게 성실하다. 이것이 곧 충(忠)이다. 서(恕)는 성(省)으로 통한다. 남을 살펴서 이해하고 용서하는 마음가짐이 서(恕)이다. 그러나 서(恕)에 앞서 자신을 살펴서 깨닫는 마음가짐〔省〕을 앞세워야 한다. 그래야 속절없이 남을 용서하고 이해하고 친할 수 있는 까닭이다.

공연히 오해하고 속을 끓이지 마라. 그런 짓은 어리석을 뿐이다. 꽁하니 덮어 두지 말고 서로 속을 터서 용서하고 깨달아 서로의 속을 밝게 하는 편이 현명하다.

현명한 사람은 인의(仁義)를 알고 실천한다. 인의를 알고는 있으면서도 실천하지 않는 것을 일러 병(病)이라고 한다. 어리석은 사람은 고치기 힘든 병에 걸린 환자와 같다. 그런 환자를 소인(小人)이라고 한다. 소인은 충(忠)과 서(恕)를 비껴가고 대인은 그 길로 간다. 儒

세 갈래 부정(否定)이 있다

　나의 것〔我所有〕이란 없다. 소유한다는 것을 완전하게 부정함이다. 소유에 대한 집착을 부정함이다. 이러한 부정을 아소(我所, mama)의 부정이라고 한다. 나는 가진 것도 없고 가질 것도 없다. 그런데 무슨 바람〔欲〕이 있겠는가? 나의 것을 부정하는 것은 나로 하여금 한없는 자유를 누리게 한다.

　절대의 나는 없다. 모든 것이 무상하므로 절대의 나는 없다. 이를 아(我, attan)의 부정이라고 한다. 아집(我執)과 집착(執着), 고집(固執) 따위는 절대의 나를 과시하려는 어리석음일 뿐이다. 나를 부정하라. 그러면 나는 해방이다. 참으로 풀려나면 해탈(解脫)이다.

　나는 아체(我體)가 아니다. 나는 나의 본체가 아니다. 나 역시 무상한 까닭이다. 육체는 가더라도 영혼은 영원히 남아 불변한다는 생각을 부정한다. 이는 곧 아체(我體, meatta)의 부정이다. 내가 죽어 어떻게 될지 나는 모른다. 다만 내 죽음이 있음으로 말미암아 다른 것이 있다는 생각일 뿐. 그래서 나는 겸손하면서도 걸림이 없다. 부처의 부정은 긍정하기 위함이다. 나를 구속하는 것을 부정함으로써 내가 누리는 자유가 긍정된다. 나를 걸고 넘어가는 장애물을 부정해야 걸림 없는 나를 긍정할 수 있다. 그러므로 세 갈래로 나〔我〕를 부정한다고 해서 나를 버리라는 것은 아니다. 오히려 철저하게 나를 찾아 자유롭고 걸림 없게 형성하라 함이다. 佛

노자의 도(道)는 어떤가

　모든 사물은 변화한다. 가만히 그냥 그대로 있는 것은 없다. 허공에 떠가는 구름을 보라. 쉼 없이 끊임없이 제 모양을 바꾸며 흐른다. 무엇이 구름을 흘려서 모양을 바꾸게 하는가? 허공의 바람이다. 구름도 바람도 다 움직인다. 이처럼 만물은 다 변화한다. 노자는 변화를 이끄는 것을 일러 도(道)라고 했다. 노자는 변화를 매우 어렵게 풀어 놓았다.

　"이지러지면〔曲〕 온전하게 하고〔全〕, 굽으면〔枉〕 곧게 하고〔直〕, 움푹하면〔窪〕 차게 하고〔盈〕, 낡으면〔幣〕 새롭게 하고〔新〕, 적으면〔少〕 얻게 하고〔得〕, 많으면〔多〕 잃게 한다〔惑〕."

　온전하면 이지러지고, 곧으면 굽어지고, 가득 차면 움푹해지고, 얻으면 적고, 잃으면 많다. 이렇게 뒤집어 말해도 되는 것이 변화이다. 인생 역시 이런 변화에서 벗어날 수 없다. 그래서 인생을 일러 새옹지마(塞翁之馬)라 하지 않는가. 웃음이 눈물이 되고, 눈물이 웃음이 된다. 성인(聖人)은 누구인가? 노자는 성인을 일러 도를 본받는 사람이라고 했다. 포일(抱一)하는 사람이 곧 성인이다. 하나를 껴안는 이가 곧 성인이다. 물론 일(一)은 도를 뜻한다. 어떻게 도를 본받는가? 성인은 어떻게 도를 본받는가? 자신을 내세우지 않아 현명하고, 자신만이 옳다고 여기지 않아 옳은 것을 드러내고, 공치사를 하지 않으므로 공이 돌아가고, 제 자랑을 하지 않으므로 길이 존경받는다. 이처럼 노자의 도는 우리를 여유 있게 한다.道

맹자의 도(道)는 어떤가

　사람은 선하다. 그러니 죄는 미워하되 사람은 미워하지 말라. 물론 세상에는 좋은 사람도 있고 나쁜 놈도 있다. 그러나 그 나쁜 놈이 어머니 뱃속에서부터 운명적으로 나쁜 놈으로 생긴 것은 아니다. 맹자의 성선설(性善說)을 이렇게 생각하면 된다.

　인(仁)은 무엇인가? 사람〔人〕이다. 인(仁)과 인(人)은 하나이다. 그리고 인(仁)은 선(善)이다. 선과 인은 하나이다. 선(善)·인(仁)·인(人)은 하나이다. 이처럼 맹자는 누구보다도 사람을 믿었고 존경했고 사랑했다. 그래서 맹자는 사람이 잘못되는 것을 몹시 안타까워했다. 어진 것〔仁〕과 사람〔人〕을 합친 것을 일러 도(道)라고 한다. 맹자는 이렇게 단언하고 있다. 노자 역시 영아(嬰兒)를 자연의 극치라고 했다. 갓 태어난 어린 것을 생각해 보라. 선악으로 갈라 어린 것을 심판할 수 있겠는가? 없다. 너도나도 다 선하게 태어나서 선하게만 살지 못하고 악에 물들어 울고 웃는 인생을 그려 간다. 사람을 악으로부터 방지하고 선하게 하는 것을 일러 의(義)라고 했다. 그래서 맹자는 인(仁)을 지키기 위하여 의(義)를 강조했다. 수기(守己)하라. 나〔己〕를 지켜라〔守〕. 선하게 나를 지켜라. 어질게 나를 지켜라. 나를 옳고 바르게 지켜라. 그러므로 나를 구하면 나를 얻을 것이고, 나를 버려 두면 나를 잃을 것이다. 이처럼 맹자는 사람의 도(道)를 잃지 말라 했다. 🈵

시비(是非)가 빚어내는 것들

누구나 옳은 것을 좋아하고 그른 것을 싫어한다. 그러나 무엇이 옳고 무엇이 그른가를 판정하기란 매우 어렵다. 그래서 시비가 멈추지 않는다. 옳고 그른 것을 불 보듯이 가늠하는 방법이나 능력이 인간에게 있다면 시비는 가려지거나 없어질 것이고, 설령 시비가 붙어도 싸움질로 번지지는 못할 것이다. 옳은 것이 이기고 그른 것이 진다는 것을 누구나 인정하는 까닭이다. 그러나 인간에게는 그런 능력이 없기에 시비를 그칠 줄 모른다. 말싸움이 주먹싸움이 되고 패싸움이 되기도 하고 나라싸움이 되기도 해 인간은 전쟁의 동물이 된 셈이다. 사람의 본바탕은 선한가, 아니면 악한가? 이러한 문제를 놓고 맹자(孟子)와 순자(荀子)가 시비를 벌였다. 그러나 맹순(孟荀)의 주장 역시 하나의 시비일 뿐 판정을 내지는 못했다.

순자와 맹자는 사람은 거칠고 잔인해서 악하기도 하고, 부드럽고 섬세해서 선하다고도 보았다. 맹자는 사람의 근본 뿌리를 선으로 보았고, 순자는 그것을 악으로 보았을 뿐이다. 그러나 맹순(孟荀)들 다 사람에게는 방탕할 여지가 있다고 보았다. 그래서 순자는 악을 다스리자 하였고, 맹자는 선을 넓히자고 주장하였다. 이러한 주장은 여전히 시비의 강물처럼 지금껏 흘러오고 있다.

사람이 방탕하면 무엇이 선이고 무엇이 악인지를 분별하지 못하는 지경에 이른다. 그래서 선악의 방탕을 혼란의 극이라고 한다.

지금 우리가 사는 세상은 그러한 극점에서 서로 아우성을 치고 있다는 생각을 버릴 수가 없다. 민주화의 깃발 아래 삶의 선악은 지금 선악의 방탕을 저질러 대고 있는 중이다. 그러나 선악을 시비로 걸고 나오면 아무도 어느 것이 선악인지 분간할 수 없어 딱하다.

"천하에 둘 다 옳고 둘 다 그른 것은 없소. 공의 요새 거취를 보니 시비를 알지 못하고 둘 다 온전히 하려고 드니 심히 불안하오."

이렇게 정철이 율곡에게 시비를 걸자 율곡이 되받았다.

"천하에 둘 다 옳고 둘 다 그른 것이 있지요. 백이(伯夷)와 숙제(叔齊)가 임금의 자리를 서로 사양한 것과, 무왕(武王)과 백이, 숙제가 서로 합하지 않은 것은 둘 다 옳은 것이지만 의(義)를 위한 싸움은 서로 없었다고 맹자가 말한 것은 둘 다 그른 것이지요."

정철은 시비를 걸어 싸움을 붙자는 것이고, 율곡은 시비를 접어두고 싸움을 풀어야 한다는 입장이다. 정철은 시(是)냐 비(非)냐를 짚고 넘어 승패를 보자는 성질이고, 율곡은 시비를 짚기가 어려우니 흥정을 하자는 성질이다.

정철의 성질과 율곡의 성질 중에서 어느 것이 시비를 아는 것인가? 어쩌면 율곡이 더 시비의 생리를 아는 것이 아니겠는가. 그러나 정철이 왜 시비를 모르느냐고 율곡에게 대질렀던 것을 보면 알고 모름의 한계선을 긋기란 여전히 어려운 일이다. 둘 다 옳고〔兩是〕 둘 다 그름〔兩非〕을 앞세워 동인과 서인 사이의 흥정을 도모했던 율곡은 허다한 험담을 받기도 했다. 장삼을 걸치고 머리를 깎았던 중이었고, 지방에 내려가면 노략질을 했던 탐욕의 소인이라고 상소를 당하기도 했다. 율곡을 모함하는 데 가장 잔인한 필봉을 내

두른 자 가운데 송응개(宋應漑)가 있었다. 그는 당시 대사간(大司諫)이었다. 대사간은 오늘날의 감사원장쯤 된다고 보면 된다.

비리를 캐내야 하는 일을 맡고 있던 송(宋)은 동인이었고, 율곡은 서인이었다. 송의 말을 듣다 보면 율곡은 천하의 소인배가 되고 만다. 그러나 나라를 지키기 위하여 3년 이상 변방을 지키는 자라면 첩의 소생에게도 과거에 응시할 기회를 주고, 천민도 양민으로 고쳐 주자고 주장했던 국방장관(병조판서) 율곡은 더럽고 추잡한 패싸움에서 큰 정치를 펼쳤던 당사자로 볼 수도 있는 일이다.

조선조의 패싸움은 임금을 향해 내 편이 옳고 네 편이 그르다고 아우성을 쳤지만 지금은 정치하는 당(黨)들이 백성을 향해 그렇게 아우성을 친다. 임금에서 백성으로 바뀌었을 뿐 정권을 놓고 서로 쥐겠다고 으르렁거리는 꼴은 여전히 변함이 없는 시비다. 이제 정치의 근본이 백성에게 있음을 누가 모르겠는가.

백성이란 쇠가죽보다 더 질겨서 아무리 물어도 백성의 눈에 나면 물고 있는 쪽의 이빨만 빠져서 병신이 되고 만다. 그러니 제발 시비를 내걸고 여(與)든 야(野)든 국민을 팔면서 국민을 물지 마라. 백성들이 이 당 저 당 할 것 없이 다 똑같은 패거리라고 자조하며 서글퍼한다는 사실을 알기는 하는가?

내가 선이고 네가 악이라고 시비 거는 정치가 빚어내는 난세(亂世)로 백성은 진절머리를 앓고 있는 중이다.

당신은 어떤 형(型)인가

당신은 생각한 뒤에 행동하는가, 행동한 뒤에 생각하는가? 당신은 생각과 행동을 함께하는가, 생각없이 무작정 행동부터 하는가?

이 중에서 자신이 어떤 형(型)인지 자문할수록 손해볼 일이 없어질 것이다. 일체유심조(一切唯心造). 모든 것은 마음먹기에 달렸다. 모든 것은 마음에 지배되고, 모든 것은 마음을 주인으로 모시고, 모든 것은 마음으로 이루어진다. 이것이 곧 부처님의 법이다. 그래서 부처의 법은 곧 마음〔心〕인 셈이다. 그 법은 항상 행(行)으로 잇는다. 골똘히 생각한 뒤에 행동하라. 이것이 심행(心行)이다.

모든 것은 마음에 지배되고, 마음이 주인이고 마음으로 이루어진다. 사람이 더러운 마음으로 생각하거나 행동한다면 괴로움이 그를 따라붙어 바퀴가 수레를 끄는 짐승의 발을 따라가는 것과 같다.

모든 것은 마음에 지배되고, 마음이 주인이고 마음으로 이루어진다. 사람이 깨끗한 마음으로 생각하거나 행동한다면 즐거움이 그를 따르기를 그림자가 형상을 따라 떠나지 않는 것과 같다.

『법구경(法句經)』 첫머리에 나오는 말씀이다. 당신은 무거운 짐을 끌고 가는 짐승처럼 살고 싶은가, 아니면 아무리 따라붙어도 짐이 되지 않는 그림자의 주인처럼 살고 싶은가? 무겁게 짐 실은 수레바퀴 꼴이 될 것은 없다. 佛

밥을 얻어먹겠는가

들꽃은 정원사의 가위를 무서워하지 않는다. 정원에 심어져 사람의 눈을 끌어야 하는 꽃은 정원사의 가위놀림에 따라 피고 지게 마련이다. 정원에 있는 꽃처럼 되고 싶은 사람이 있다면 그런 인간은 화초첩에 불과하다.

"못가에 사는 꿩은 열 걸음 걸어 모이 하나 주워먹고, 백 걸음 걸어서야 물 한 모금 마실 수 있지만 새장 속에서 길러지기를 바라지 않는다오. 왜냐면 마음이 편치 않은 까닭이지요."

장자(莊子)의 말씀이다. 물질적으로는 쪼들려도 마음 편안한 쪽으로 산다. 이것이야말로 인생의 진정한 자유가 아닌가.

새장에 사는 새는 주인의 눈요기 노릇을 톡톡히 해야 한다. 그렇지 못하면 제때 먹이를 얻어먹기 어렵다. 남이 주는 밥을 얻어먹고 산다면 어쩔 수 없이 주인의 눈칫밥을 먹게 마련이다. 소갈머리 없이 굽실거리며 사는 것은 조롱 속의 새 같아 참으로 불쌍하다. 날개를 저어 하늘을 날아야 새가 아닌가.

남의 눈치나 살피고 남의 뜻이나 받쳐 주고 줏대 없이 살아가는 사람은 눈도 없고 귀도 없고 마음도 없어야 한다. 주인의 눈으로 보고 주인의 귀로 듣고 주인의 마음으로 생각하고 행동하는 인간은 모이를 얻어먹고 사는 조롱 속의 새와 다를 바가 없다. 조롱 속에서 편히 사느니 못가에서 어렵게 사는 들꿩이 되라. 道

덕(德)이 아니면 어지럽다

　어지러운 세상을 법으로 잡아매려고 하면 할수록 살찌는 것은 권력밖에 없다. 어지러운 세상을 덕으로 다스리려고 하면 편안해지는 것은 백성밖에 없다. 이것은 항상 진리요, 진실이다.

　지성(知性)이라는 말은 힘을 얻지만 덕성(德性)이라는 말은 겉치레로 말로만 되고 있는 중이다. 법치라는 말만 있고 덕치라는 말은 이제 없어진 꼴이다. 그러나 덕을 떠나서는 안 된다는 것을 알아야 아픈 삶을 건져 낼 수 있다.

　"덕유치(德惟治) 부덕란(否德亂)." 덕은 다스려지지만 덕이 아니면 어지러워진다.

　이는 이윤(伊尹)이 태갑(太甲)에게 올린 말이다. 태갑은 탕(湯)의 손자로 상(商) 나라의 임금이 되었다. 그 태갑에게 이윤이 덕치하라고 부탁했다.

　덕(德)은 천지(天地)가 하는 일이다. 하늘과 땅은 골고루 사랑할 뿐 편애하지 않는다. 지극히 공평무사한 사람을 일러 덕(德)이라고 한다. 이를 일러 이윤은 천무친(天無親)이라 했고, 노자는 천지불인(天地不仁)이라 했으며, 장자는 통윤리(通倫理)라 했다. 이런 말들을 어렵게 생각할 것 없다. 다 편애하지 않고 골고루 다 만물을 사랑하는 마음이라는 뜻으로 새기면 된다. 팔이 안으로 굽는다고 핑계대지 마라. 나에게 이로우면 사랑하고, 나에게 해로우면 미워한다면 그것이 곧 부덕(否德)이다. 덕이 아니면 어지럽다. 🀄

무(無)는 허(虛)로 통한다

　삼십복공일곡(三十輻共一轂) 당기무(當其無) 유거지용(有車之用). 서른 개의 바큇살〔輻〕은 다 한 개의 바퀴구멍〔轂〕에 붙어 있다. 그 구멍이 바로 무(無)이다. 그 무가 있어야 수레〔車〕의 구실〔用〕을 한다. 노자의 말씀이다.

　구멍은 빈 것이다. 그 빈 구멍 때문에 수레바퀴가 돌아간다. 수레바퀴가 유(有)라면 바퀴 빈 구멍은 무(無)이다. 수레와 바퀴는 있음〔有〕이고, 바퀴 가운데의 빈 구멍은 없음〔無〕이다. 그러므로 있는 것의 쓸모는 없는 것에 달린 셈이다.

　그릇을 생각해 보라. 빈 곳이 없으면 그릇이 제 구실을 못한다. 작은 그릇은 빈 속이 작고, 큰 그릇은 빈 속이 크다. 빈 곳이 아니면 무엇을 담을 수 없다. 그릇이 유(有)라면 그 쓰임새는 오히려 무(無)인 셈이다.

　유무(有無)는 서로 통한다. 나가가 유(有)는 무(無)에서 생긴다. 이것이 노자의 유무관(有無觀)이다. 그러므로 유와 무는 단순히 있는 것과 없는 것을 뜻하지 않는다. 노자는 무(無)를 자연의 참모습, 즉 자유(自由)로 파악하게 된다. 유(有)는 부자연(不自然)한 것으로 보게 된다. 배가 편하면 있는지 없는지 모른다. 그러나 배가 아프면 배가 있음을 안다. 편안해 배가 있는지 없는지 모르는 것이 곧 무(無)인 셈이다. 배가 아파서 있는 것을 알게 된 것이 유(有)인 셈이다. 이처럼 노자는 무(無)를 편안한 자유로 보았다.道

너도나도 다 소중하다

가장 사랑스럽고 소중한 것은 무엇일까? 부인, 자식, 돈, 명예? 솔직히 말해 그것들이 맨 앞에 오는 것은 아니다. 바로 자기 자신이 가장 소중하고 사랑스럽다. 이것이 정직한 고백이다. 자기 자신이 가장 사랑스럽다는 점을 붓다〔釋迦〕도 인정하고, 이렇게 덧붙였다.

"사람의 생각은 어디라도 갈 수 있다. 그러나 어디에 가든 자신보다 더 사랑스러운 것은 발견하지 못한다."

이처럼 어느 누구에게도 자기 자신보다 더 소중한 것은 없다. 그래서 자신이 사랑스러움을 아는 사람은 남을 해쳐서는 안 된다. 자기가 소중하다면 남도 소중하다. 자기가 자기를 사랑하는 것처럼 남도 자신을 사랑한다. 내 쪽에서 보면 네가 남이지만 네 쪽에서 보면 내가 남이다. 그러니 너도나도 다 함께 소중하다. 그런 줄 안다면 어찌 내가 남을 해칠 수 있겠는가. 그러나 사람들은 오로지 자기 하나만 소중할 뿐이라는 생각을 낸다. 이런 생각이 탐욕(貪慾)이다. 이탐(離貪)이라는 말씀이 있다. 탐욕의 구속에서 벗어나라. 이(離)는 구속에서 풀려나는 것을 말한다. 자유·해방·해탈이 바로 이(離, viveka)이겠다. 탐욕에서 떠나면 나만을 요구하는 더럽고 추한 생각을 뿌리칠 수 있다.

나〔我〕를 떠나라. 정(情)을 떨쳐라. 이는 결국 너와 내가 다 함께 소중하므로 나만 긍정하고 너를 부정하지 말라 함이다. 내가 너를 부정하면 너는 나를 부정한다. 그렇게 하지 마라. 佛

왜 우리는 행복하지 못한가

근 삼천 년 전에 노자는, 편리한 물건이 많아지면 불편해진다는 말을 남겨놓았다. 언뜻 듣기엔 쉽게 납득되지 않는 말이다. 그러나 곰곰이 따져 보면 틀림없는 말씀이다. 편리한 물건은 몸을 편하게 할 수는 있겠지만 마음마저 편하게 할 수 없다는 사실을 깨우치면 노자의 뜻을 알 수 있다.

불행하기 위해 일하는 사람은 없다. 모두 나름대로 행복하기 위해 땀흘려 일한다. 그러나 행복하다고 만족하는 사람을 만나기는 어렵다. 어쩌면 행복이란 멀리 있는 신기루처럼 보이기도 하고, 하늘에 걸린 무지개 같은 것인지도 모른다. 왜 행복은 잡힐 듯 잡힐 듯하면서도 잡히지 않는 것일까?

이렇게 아쉬워하거나 한탄하는 경우가 빈번하다. 그러나 행복이란 멀리 있는 것도 아니며 거창한 것도 아니다. 마음먹기에 따라 행복은 가까이 있을 수도 있고 아주 멀리 있을 수도 있다. 왜냐하면 행복은 만족하는 마음속에만 둥지를 틀기 때문이다. 만족하는 마음은 항상 편안하다. 그러나 만족할 줄 모르는 마음은 항상 불안하고 쫓기며 흔들린다. 무엇이 이처럼 만족을 빼앗아 가는가? 그것은 우리가 품은 소망이 지나친 까닭이다. 소망이 작으면 그만큼 만족은 커지고 행복은 가까워진다. 작은 소망은 그만큼 욕심을 덜 부린다. 욕심을 부리지 않는 마음은 빈 방과 같다. 그래서 텅 빈 방에 햇빛이 가득하지 않은가. 행복은 바로 그곳에 있다고도 했다. 또 행복은 깃털보다 가볍지만 사람들은 담을 줄 모르고, 불행은 태산보다 무겁지만 벗을 줄을 모른다고 하기도 한다.

우리에게 가장 무서운 것은 바로 탐욕(貪慾)이라는 것이다. 이것이 우리를 한사코 괴롭히며 아프게 한다. 그러나 그것을 버릴 수가 없다. 돈 없이 하루도 살 수 없다는 것은 분명하다. 거지라면 몰라도 공짜로 무엇 하나 얻을 수 없는 것이 세상이다. 그러나 한 방울의 땀을 흘리고 그 한 방울만큼의 돈을 벌어서 산다는 마음이 있다면 그것이 바로 만족할 줄 아는 마음이다. 만족하는 마음은 남의 밥에 있는 콩이 커 보이지도 않고 사촌이 논을 사도 배앓이를 하지 않는다. 그러므로 부자라고 잘사는 것도 아니고, 가난하다고 못사는 것도 아니다. 누가 진정 부자인가? 이러한 물음에 노자는 만족할 줄 아는 이가 진정한 부자라고 잘라 말했다.

만족하는 마음은 번거로움을 멀리한다. 번거롭지 않으려면 주변이 단순할수록 좋다. 재물이 많거나 보석이 많은 사람은 항상 도둑을 무서워하고, 지위가 높은 사람은 항상 떨어질세라 걱정한다. 이렇게 되면 마음속이 단순할 수가 없다. 복잡한 마음속에는 이런 생각 저런 생각이 얽혀 있게 마련이다. 그 얽힘을 풀지 않으면 잘살기도 어렵고 행복할 수도 없는 일이다. 행복하려면 먼저 마음이 가볍고 편해야 한다. 그러나 현대인은 편한 마음을 한사코 멀리하며 살아간다. 산다는 일을 하나의 경쟁이며 게임처럼 생각하는 탓이다. 내가 남보다 잘살아야 한다는 욕심이 현대인을 불행하게 하는 가장 무서운 병균이다. 남의 집이 50평 아파트라면 내 집은 60평이 되어야 하고, 남의 통장에 만 원이 있다면 내 통장에는 십만 원이 있어야 한다고 여기는 마음으로는 하루하루 사는 것이 전쟁처럼 되어 버리고 만다. 이러한 삶의 경쟁은 오로지 물질의 많고 적음으로 저울질하여 생기는 것에 불과하다.

많은 사람들이 만족할 줄 모르고 불을 향해 뛰어드는 불나방처럼 삶을 불길처럼 태우려고 한다. 불을 보고 날아드는 불나방은 타서 죽거나, 운이 좋아 살아남는다 해도 날개가 타 버려 다른 벌레의 밥이 되고 만다. 과한 욕심 탓에 손목에 쇠고랑을 차고 감옥으로 가는 사람들은 분명 불속으로 뛰어드는 불나방과 같은 존재들이다.

참다운 삶은 마음에 달려 있다. 편한 마음은 행동도 편하게 한다. 그렇게 사는 사람은 서로 무엇을 비교해서 생각하고 행동하는 것이 아니라 자신의 처지에 맞게 생각하고 행동한다. 그러므로 탈이 날 리 없다. 긁어 부스럼을 낼 리도 없고, 혹을 떼려다 혹을 붙이는 낭패도 당하지 않는다. 증권이 투자 가치가 있다 하여 소를 팔아 증권을 사지도 않는다. 송충이는 솔잎을 먹어야 산다는 아주 간단한 신념으로 자신의 분수를 알아 살아가는 사람이 행복을 누리는 주인이다.

"뱁새는 둥지를 짓는 데 나뭇가지 하나면 족하고, 두더지가 강물을 마신들 작은 배를 채우면 그만이다." 이것은 장자의 말씀이다. "나물 먹고 물 마시고 팔을 베고 누우니 대장부 사내 이만하면 족하지 않는가." 이것은 맹자의 말씀이다. "빈 손으로 오고 빈 손으로 간다." 이것은 여래가 남긴 말씀이다.

이런 말씀이 어처구니없게 들리기 쉽다. 그러나 곰곰이 생각해 보면 틀린 데라곤 하나도 없다. 다만 사람이 그 참뜻을 모르고 어길 뿐 행복한 삶을 누리는 비밀이 욕심이나 욕망을 작게 간직하는 데 있다는 것을 위의 말씀이 밝혀 준다. 아우성을 치며 아귀다툼하고 시샘하고 경쟁하면서 전투를 치르는 병사처럼 살아가는 현대인에게 분명한 충고이다. 하지만 좋은 말씀은 듣기 거북하거나 싫은 법이다.

행복한 삶을 원한다면 만족할 줄 알아야 한다는 진실은 변함이 없다. 그러나 이러한 진실은 알기는 쉬워도 실천하기는 어렵다. 만족하는 방법을 몰라서 불행한 것이 아니라 그 방법을 실천하지 못해 불행한 것이다. 따지고 보면 행복한 사람은 없는 셈이니 왜 나만 불행한 꼴이냐고 한탄할 것 없다. 너도나도 다 만족할 줄 몰라 불행한 길을 재촉한다. 성현들은 이를 안타까워하는데 우리는 짐짓 모른 체하고 살아간다.

패거리 짓지 마라

불비(不比)하라. 부동(不同)하라. 뜻은 다 같다. 공자의 말씀이다.

비(比)와 동(同)은 한패가 된 패거리를 말한다. 패거리를 짓지 말라. 그렇지 않으면 내 편 네 편으로 갈라서서 서로 제 편만 이롭게 하려고 다투게 된다.

주이불비(周而不比)하라. 화이부동(和而不同)하라. 서로 어울려 공평하게 하고 무사(無私)하게 하라는 공자의 말씀이다. 공평하게 생각하고 행동하는 사람을 일러 군자(君子)라고 한다. 군자는 천지를 흉내내는 사람이다. 천지는 무친(無親)이라고 하지 않는가. 천지는 편애하지 않는다. 군자 역시 누구를 예뻐하고 누구를 미워하는 짓을 범하지 않는다.

무사(無私)하다. 사(私)가 없다. 나를 이롭게 하려고 하는 것이 곧 사(私)이다. 나만 이롭게 하고 내 욕심만 채우겠다면 공평할 수 없다. 이런 짓을 범하는 자를 일러 소인(小人)이라 한다. 소인은 두루 통하기[周]를 싫어하고 서로 어울리기[和]를 싫어하는 자다. 날마다 패를 살라[比] 패거리 짓기[同]를 밥먹듯이 하려고 온갖 잔꾀를 내는 자를 일러 소인이라 한다. 소인은 군자를 싫어한다. 소인은 군자를 만나면 자신이 도둑놈이라는 것을 알게 되고, 자신이 더럽고 추하다는 것을 느끼게 되기 때문이다. 그래서 소인은 더욱 패거리를 지어 떵떵거리려 허세를 부린다. 儒

바른 말일수록 거슬린다

정언약반(正言若反). 바른 말〔正言〕은 생각하는 것과 반대되는 것 같다〔若反〕. 노자의 말씀이다.

나쁘게 하는 말은 입에 달고, 좋게 하는 말은 입에 쓰다. 사람은 옳은 것을 마다하고 엇나가려는 어리석음이 있다. 하나만 알고 둘을 몰라서 그렇다.

솔깃하게 하는 말을 조심하라. 달콤한 말은 갑 속에 든 칼이 되거나 정신나가게 한 뒤에 등치려는 수작으로 둔갑하기 쉽다. 비난하는 말이 귀에 거슬리더라도 잘 들어 두어라. 바른 말은 칭찬보다 꾸중 속에 숨어 있는 까닭이다.

선한 사람은 선한 척하지 않는다. 그냥 그대로 선할 뿐 선하다고 자랑하지 않는다. 왼손이 하는 일을 오른손이 모르게 하라. 선한 일일수록 소문낼 것 없다는 말씀이다. 그러나 선한 사람처럼 보이려고 노력하는 사람은 선하지 않다.

뒤를 바라고 굽실거리는 사람은 돌변하기 쉽다. 얻어먹을 것이 있으면 해해거리고, 그렇지 못하면 언제 그랬냐는 듯이 엉엉거린다. 이런 인간들의 입에서는 바른 말이 나오기 어렵다. 본래 아첨은 상대를 이용하려 하고, 바른 말은 상대를 위해 주려 한다. 대인은 바른 말을 알아듣고, 소인은 바른 말에 성을 낸다. 道

슬기로운 사람은 이것을 안다

"똥 누고 오줌 싸고 옷 입고 밥 먹고 피곤하면 눕는다. 어리석은 사람은 이런 나를 웃겠지만 지혜 있는 사람은 이것을 안다."

이렇게 임제(臨濟) 선사가 대중에게 말했다. 용공처(用功處)를 없애라는 말이 있다. 공을 세우려고 수작을 부리지 말 것이요, 공치사를 해서 한몫 챙기려고 덤벼들지 말라 함이다. 논공행상(論功行賞)을 살펴보면 더럽고 추하게 마련이다. 인생을 고깃덩이처럼 생각하지 마라. 인생은 싱싱하고 무성히 자라야 할 것밖에 없다.

평상무사(平常無事)라는 말이 있다. 한결같아 울고불고할 일이 없다. 날마다 좋은 날이어서 얼굴을 씰룩거리며 주먹을 불끈 쥘 일도 없다. 혈압이 오를 일도 없고, 땅을 치고 통곡할 일도 없다. 우여곡절 끝에 겨우 성공했다면서 박수칠 때는 언제고, 망해서 끝장났다고 아우성칠 때는 언제일까? 인생을 새옹지마로 끌고 갈 것 없다. 한 입 더 먹겠다고 마구 넘기다 숨통이 막히면 똥도 싸지 못하고 오줌도 누지 못한다. 그러면 살려고 하던 일이 죽는 일로 통한다.

변덕부리지 마라. 내가 이랬다저랬다 변덕스러우면 하는 일마다 변덕을 부린다. 흐렸다 갰다 하는 날씨처럼 인생을 끌고 간다면 하루도 마음 편할 날이 없게 된다. 한 세상 살다 보면 마음 편안한 것보다 더 귀한 것은 없다는 것을 알게 된다. 佛

그대는 낙(樂)을 아는가

치악(致樂)이면 치심(治心)이다. 『예기(禮記)』의 「악기(樂記)」에 나오는 말이다. 여기서 악(樂)을 예술로 넓혀 생각해도 된다. 악을 음악으로만 좁힐 것은 없다. 본래 시가무(詩歌舞)는 하나인 까닭이다. 예술〔樂〕을 알아야 마음〔心〕을 다스린다〔治〕. 동양의 예술은 마음을 부추기기보다 다스리는 쪽에 더 무게를 둔다.

예술이 추구하는 마음가짐을 일러 이직자량(易直子諒)이라고 한다. 이(易)는 화이(和易)의 준말이다. 서로 어울려 사랑하라〔和易〕. 직(直)은 정직(正直)의 준말이다. 마음가짐을 바르고 곧게 하라〔正直〕. 자(子)는 자(慈)이다. 사랑을 요구하지 말고 한없이 주라〔慈〕. 양(諒)은 양(良)이고, 양(良)은 양순(良順)의 준말이다. 어진 마음으로 따라서 편안하게 하라〔良順〕. 이렇게 예술〔樂〕은 마음을 다스린다.

예술이 주는 감동은 즐거움으로만 그치지 않는다. 예술이 체험하게 하는 즐거움은 반드시 지혜로 통한다. 그래서 기뻐도 즐겁고 슬퍼도 즐겁고 절망이라도 즐겁다. 예술은 인간이 겪는 고통마저도 즐거운 세계로 이끈다. 즐거움이 곧 낙(樂)이다. 그래서 낙을 모르면 인생을 즐겁게 할 줄 모른다.

그대는 낙(樂)을 아는가? 그렇다면 무엇이든 반갑고 그리운 것으로 다가온다. 반갑고 그리워하는 마음이 즐거움을 누려 넉넉하고 흐뭇하다. 예술〔樂〕은 애절하면서도 강하고 장하다. 儒

공치사는 치사스럽다

공축신퇴(功遂身退). 노자의 말씀이다.

공을 이루었다면(功遂) 물러가라(身退). 이렇게 하는 것이 하늘의 도(天之道)이다. 봄이 가면 여름이 오고, 여름이 오면 가을이 오고, 가을이 가면 겨울이 온다. 이처럼 자연은 그냥 그저 그렇게 바뀔 뿐이다. 그러나 인간은 한사코 논공행상(論功行賞)을 펼치려 한다. 그래서 인간은 작아지고 옹색해지거나 심하면 망신만 당하고 만다.

흥정하거나 협상하려고 꾀부리지 마라. 도와주되 기대하지 않으면 크다. 그러면 누구든 덕과 통한다. 일을 성실하게 다하면서도 하늘의 뜻으로 돌리는 마음가짐이 곧 덕이다. 자연이 한 것으로 여기는 마음가짐이 곧 덕이다.

위이불지(爲以不持). 도와주되(爲以) 기대지 않는다(不持).

봉사하는 마음가짐은 이런 것이다. 급행료를 받고서야 일을 빨리 해 주는 관리 따위야말로 부덕한 것들이다. 그런 부류일수록 쥐꼬리만큼 공을 세우고는 제 이름 석 자를 천지에 다 알리려는 듯이 활개를 치려고 한다.

뒤를 바라고 착한 일을 하는 것은 위선에 불과하다. 위선(僞善)이란 무엇인가? 선을 속이는 짓이다. 선을 속이는 짓을 무엇이라 하는가? 악(惡)이라고 한다. 바로 이런 악을 범하지 않으려면 공치사를 해서는 안 된다.道

어떻게 살고 있는가

● ● ●

『열자(列子)』가 세 나라를 소개한다.

서쪽 끝 남쪽 모서리에 있는 나라는 고망국(古莽國), 동쪽 끝 북쪽 모서리에 있는 나라는 부락국(阜落國), 그리고 사방의 거리가 똑같이 가운데 있는 나라는 중앙국(中央國)이다.

고망국에는 음양(陰陽)이 교류하지 않아 추위와 더위의 차이도 없고 햇빛과 달빛이 비치지 않아 밤과 낮도 없다. 그 나라 백성들은 먹지도 않고 입지도 않지만 잠을 많이 잔다. 50일을 내리 잔 뒤에 한 번 깨어난다. 꿈속에서 한 일을 사실로 알고, 깨어나 눈으로 본 일을 허망하다 여긴다.

부락국은 언제나 따뜻하고 해와 달이 항상 비친다. 그러나 곡식의 이삭은 자라지 않아 백성들은 나무열매나 풀뿌리만 먹고 산다. 불을 지펴 밥을 해 먹을 줄도 모른다. 성질이 강하고 사나워 강한 자가 약한 자를 후리고 잡아먹는다. 그래서 싸워 이기는 것을 좋게 여기고 의리(義理) 따위는 업수이 여긴다. 바삐 허둥대며 쉬지 않는다. 항상 깨어 있고 잠을 자지 않는다.

중앙국에는 음양의 교류가 있어 춥기도 하고 덥기도 하다. 가운데로 큰 강이 흐르고 남북으로 큰 산맥이 걸쳐 있다. 밤과 낮이 분명하고 백성들은 영리하기도 하고 어리석기도 하다. 사물이 번성하고 여러 재능도 있다. 서로 예의도 차리고 법도 지킨다. 백성들이 하는 일은 너무 많아 헤아릴 수 없다. 낮에는 깨어 있고 밤에는 잔다. 깨어서 하는 일을 사실이라 하고, 꿈속에서 본 일을 허망하다고 한다.

우리가 살고 있는 나라는 위의 세 나라 가운데 어디에 들까? 요즘 세상 돌아가는 꼴을 보면 이러한 의문이 절로 머릿속을 맴돈다. 우리가 사는 산하는 중앙국을 닮았지만 그 산하에 사는 우리의 얼굴은 어쩐지 부락국의 후예가 아닌가 싶어 섬뜩해진다. 어쩌면 우리의 몸은 중앙국 사람을 닮았지만 우리의 마음 씀씀이는 부락국 백성들을 닮은 것이 아닌가 싶어 마음이 개운치 못하다. 한때는 동쪽에 있는 예의바른 나라라는 칭송도 받았고, 청빈을 높이 사고 올바른 이치에 따라 삶을 겸허하게 이끌어 가던 습속도 있었던 백성이 바로 우리 선인들이었다. 비록 폭군도 있었고 탐관오리도 있었지만 백성들의 마음만은 항상 밝고 맑고 당당했다. 그러나 지금 우리들의 마음속을 들여다보면 모두 들떠서 바람든 호박처럼 실속이 없는 지경이다. 정말 우리는 부락국의 백성을 닮아 가고 있는 것이 아닌가 싶어져 창망하고 무섭다.

마음이 사나워 강퍅(剛愎)한 현실을 이루고, 돈이나 힘만 있으면 무엇이든 할 수 있다는 듯이 날뛰는 풍조 때문에 우리의 현실은 날로 살벌해지고 있다. 왜 우리는 이처럼 무섭게 변해 가는가? 딱하고 답답할 뿐이다.

우리는 고망국 같은 환상의 나라 백성이 될 수도 없고, 되어서도 안 된다. 또 우리가 사는 천하가 부락국처럼 된다면 아무리 잘 산들 무슨 소용이 있단 말인가. 삶의 선악(善惡)과 명암(明暗)은 어디나 있게 마련이다. 하지만 악을 멀리하고 선을 가까이하는 마음과 삶의 밝음을 가까이하고 어둠을 멀리한다는 바람만은 잊거나 잃어서는 안 된다.

지금 우리의 현실은 졸부(猝富) 근성과 속물(俗物) 근성에 놀아나고 있는 중이다. 하루 빨리 낭패스럽고 설익은 짓을 청산해야 부락국 같은 악몽의 현실에서 벗어날 것이 아닌가?

행복만큼 강한 것은 없다

"세상에서 행복을 구하는 데 있어서 나보다 더한 사람은 없다."

석가(釋迦)는 이렇게 단언한다. 또 이렇게도 말한다. "이 세상 여러 가지 힘 중에서 행복의 힘이 가장 뛰어났다. 어디서도 그보다 더한 것은 없다."

이러한 행복은 무엇인가? 영생(永生), 부귀, 권력 등이 행복일까? 그러나 이런 것은 잠시 왔다가 가거나 없어질 무상(無常)한 것들이다. 그것은 오히려 아픈 상처를 덧내고 아프게 한다. 그렇다면 행복이라는 것은 결국 불행의 시작이 아닌가. 무엇이든 집착하면 행복이 아니라는 것을 깨우치기는 참 어렵다. 집착을 버려라. 이것이 행복이다. 집착은 왜 생기는가? 행복을 바라고 불행을 싫어하는 두 갈래 생각 탓이다. 불이(不二)라는 말이 있다. 글자 그대로라면 둘〔二〕이 아니라〔不〕는 뜻이다. 둘은 무엇이란 말인가? 석가는 생사(生死)로 보라고 한다. 생과 사를 둘로 보지 마라. 불생불멸(不生不滅)이다. 태어나는 것도 따로 없고 죽는 것도 따로 없다. 그러니 생사(生死)를 초월하라. 생사를 초월하는 것이 석가께서 깨우쳐 주는 행복이다. 생사를 초월하라. 석가가 아무리 외쳐도 보통 사람은 알아들을 수 없다. 영생한다고 착각하다 죽어 가는 범부(凡夫)들이 불생불멸의 행복을 어찌 깨우치겠는가. 다만 생이 있음으로 죽음이 있다는 말이 솔깃할 뿐이다. 이 말은 죽음이 있음으로 생이 있다는 말로 통하는 까닭에 조금 위안이 된다.佛

내가 나를 속이지 않는다

무자기(無自欺). 나[自]를 속이지[欺] 않는다[無]. 공자의 말씀이다.

내가 후덕(厚德)하면 내가 나를 속일 일이 없다. 그러나 내가 부덕(不德)하면 내가 나를 속이게 마련이다. 사기를 치려면 먼저 내가 거짓을 범하고 있다는 것을 알면서도 모른 체해야 하는 까닭이다.

덕을 밝히는 것이 가장 중요하다. 그 다음에 사물을 밝히는 일이 중요하다. 명덕(明德)하라. 덕을 밝혀라. 그런 다음 격물(格物)하라. 사물을 지극하게 밝혀라. 내가 나를 살피면 덕(德)은 절로 쌓인다. 내가 사물을 살피면 지(智)가 쌓인다. 덕이 바탕이 되어야 내가 나를 속이는 짓을 하지 못한다.

덕을 밝힐 수 있는 마음과 가슴을 간직한다면 명덕(明德)의 이웃이 될 수 있다. 사물을 밝힐 수 있는 눈과 귀를 간직한다면 격물(格物)에 가까이 갈 수 있다.

성실함이란 무엇인가. 자신이 자신을 속이지 않는 것이다. 이 말보다 더 무섭고 두려운 말은 없다. 적당히 핑계대면서 산다는 것은 결국 남을 속이고 자신을 속이는 짓으로 통한다. 나는 모든 일에 성실한가? 그렇다고 답할 수 있다면 자신이 자신을 속이지 않으므로 후덕하게 사는 셈이다. 그렇지 못하면 결국 나는 나를 속이는 짓을 범하는 셈이다. 儒

자물쇠든 열쇠든 필요 없다

문을 잘 닫아 두면 열쇠가 있어도 열 수가 없다. 노자의 말씀이다. 노자의 말씀은 언뜻 들어서는 알아듣기가 쉽지 않다. 문을 닫아 단속할 때는 으레 자물쇠로 문을 잠그고 열쇠는 감추어 두는 법이다. 자물쇠로 잠그어 두지 않아도 잘 닫아 둔다면 열 수 없다는 그 문은 어떤 문일까? 어쩌면 우주를 낳은 자궁일는지도 모른다.

노자는 하늘을 성긴 그물에 비유했다. 그 그물은 성기긴 하지만 어느 것 하나 빠져나갈 수 없다고 했다. 그렇다면 잘 닫아 두었다는 것은 하늘일까, 허(虛)일까, 무(無)일까? 그러나 이렇듯 어렵게 생각하지 않아도 된다. 방 안에 감출 것이 없다면 문을 닫고 잠글 필요가 없는 까닭이다. 그러나 방에 감출 것이 많다면 방을 통째로 금고처럼 만들어도 소용이 없다. 열 사람이 도둑 하나를 지킬 수 없는 까닭이다. 마음이 텅 빈 방과 같다면 그보다 더 잘 잠그어 둔 것은 없다. 무엇이 들어 있다면 열어야 하지만 아무것도 없다면 열 필요가 없다. 텅 빈 마음이란 이러한 경우이다.

텅 비게 잘 닫아 둔 마음은 자물쇠가 필요 없으니 어떠한 열쇠로도 열 수 없다. 숨길 것이 없고 감출 것이 없으니 잠그고 열 일이 없다. 텅 빈 마음에는 열쇠도 없고 자물쇠도 없다.道

큰 것 네 가지가 같다

　자비희사(慈悲喜捨). 이 네 가지 마음을 일러 무량심이라 한다. 무량(無量)하다. 이는 하도 크고 넓고 많아서 끝도 없다 함이다. 이를 한마디로 대(大)라고 한다. 사랑과 미움을 상대하지 않고 두루두루 다 같이 사랑하라. 이것이 대자(大慈)이다. 남의 슬픔을 내 슬픔처럼 슬퍼하라. 이것이 대비(大悲)이다. 남의 행복을 내 행복처럼 기뻐하라. 이것이 대희(大喜)이다. 극진히 봉사하되 대가를 바라지 않고 온 마음을 다 쏟아라. 이것이 대사(大捨)이다.

　대자(大慈), 대비(大悲), 대희(大喜), 대사(大捨). 이것이 네 가지 큰 것[大]이다. 말이 네 가지일 뿐 다 하나이다. 그 하나를 일러 불성(佛性)이라 하고, 불성을 여래(如來)라 한다. 불성이 이러하므로 믿기도 어렵고 실천하기는 더욱더 어렵다.

　부처를 믿는 마음[信心]을 실천하지 않으면 반쭉정이에 불과하다 한다. 그러니 부처를 믿는다고 말하기가 쉽지 않다. 부처나 범부나 다 같다. 하지만 보통 사람이 어떻게 사대(四大) 무량심을 발휘해서 실천할 수 있다는 말인가? 물론 불가능하겠지만 여래가 곧 열반이라는 말은 새겨들을 수 있겠다. 왜냐하면 자비희사(慈悲喜捨)에는 번뇌가 있을 리 없기 때문이다. 번뇌가 없으면 거기가 곧 열반이요, 여래가 아닌가. 佛

모략꾼이 되지 마라

무위모부(無爲謀府). 모략(謀)의 집(府)이 되지 마라(無爲). 장자의 말씀이다.

자기보다 나은 사람을 보고 부러워하면 그만이련만 시샘하고 시기하는 데 문제가 있다. 여기서 생사람 잡는 음모가 송곳처럼 솟아나는 까닭이다. 살면서 그런 송곳질을 해서는 안 된다.

도량이 넓고 깊은 사람은 놀부를 모른다. 애꿎은 심술을 부려 될 일을 안 되게 하고 못할 짓을 범하는 자가 있다면 그런 자가 곧 모략꾼이다. 남의 허점이나 약점을 꼬투리 잡아 상대편의 급소를 노리는 독기를 품는 모략은 추잡하다.

모략(謀略)이란 무엇인가. 진실을 진실이 아닌 것처럼 말하고, 진실이 아닌 것을 진실인 것처럼 말하는 것이다. 이 세상에서 가장 무서운 칼날은 살인강도의 손에 들린 거이 아니라 모략을 쏟아붓는 세 치 혓바닥을 달고 있는 비열한 마음이다.

모략꾼을 멀리하라. 이는 나 자신이 그런 인간이 되지 말라 함이다. 모략꾼이 옆에 있으면 빨리 떠날수록 좋다. 독사에 물리지 않으려면 독사를 죽이거나 피해야 한다. 모략중상을 일삼는 혀는 독사의 이빨과 다를 것이 없다. 가까이하면 물리게 되고, 물리면 치명상을 입는다. 상대가 물면 나도 물어뜯겠다며 서로 물고 뜯어 너 죽고 나 죽자는 막판으로 몰고 갈 뿐이다. 그러면 다 같이 등신이 된다.道

마음이 하는 말

● ● ●

입만 말하는 것이 아니다. 마음도 말을 한다. 귀만 듣는 것이 아니다. 마음도 듣는다. 눈만 보는 것이 아니다. 마음도 본다. 물론 서로 마음을 주고받는 길 중에서 말보다 귀하고 편리한 통로는 없다. 말이야말로 내 마음이 남의 마음으로 들어갈 수 있는 가장 좋은 길이다. 참말은 진실한 마음에서 나오고, 거짓말은 속이려는 마음에서 나온다. 그래서 말하는 사람이 가장 먼저 듣는다고 한다. 남에게 들려주는 말을 스스로 먼저 들을 줄 아는 사람은 거짓말을 무서워한다. 거짓말은 남을 속이기 전에 자신을 먼저 속이는 까닭이다.

말은 아낄수록 귀하고 간명할수록 빛난다. 말을 함부로 하는 사람은 귀한 것을 천하게 만들어 어리석게 된다. 어리석은 마음은 경솔함이 어떤 것인지를 몰라 말을 함부로 입질에 올린다. 그리고 자신의 마음을 스스로 천하게 만든다. 천하면 허물을 짓고 탈을 낸다. 밤말은 쥐가 듣고 낮말은 새가 듣는다 했다. 말조심을 모르면 주고받는 말이 가시가 될 수도 있고 날카로운 칼이 될 수도 있다. 말로 원한을 사고 원수를 짓는 것보다 더한 바보는 없다. 가는 말이 거칠면 오는 말도 거칠어져 삶을 딱하게 만든다.

말 한마디로 천냥 빚을 갚는다 했다. 이는 말을 선(善)이 되게 하라 함이다. 참말은 왜 설득력을 얻는가? 참말은 선(善)인 까닭이다. 곧고 바른 마음〔貞〕이 말을 선하게 한다. 선하면 서로 어울리고, 악하면 서로 패거리를 지어 싸운다. 참말이 세상을 화목하게 하는 연유가 곧 말을 선하게 하기 때문이다.

부드러운 마음은 부드럽게 말을 하고 사나운 마음은 사납게 말을 뱉는다. 부드러운 말은 약해 보이고 사나운 말은 강해 보인다. 그러나 약한 것이 강한 것을 이기고 부드러운 것이 거친 것을 이긴다. 물이 사나운 불길을 끄는 것과 같다. 뜻을 전하는 길을 가시밭길처럼 만들 것은 없다. 솔직하게 뜻을 주고받게 하는 말이야말로 부드러운 말이다. 참말은 항상 부드럽다.

참말은 신용(信用)을 얻고 거짓말은 신용을 잃고 만다. 믿음이 없는 말은 헛소리에 불과하다. 거짓말, 거친 말, 사나운 말은 헛소리에 불과할 뿐이다. 헛소리를 믿어 줄 사람은 없다. 신(信)은 사람 인(人)과 말씀 언(言)을 합친 글자이다. 신(信)이라는 글자는 사람들이 주고받는 말은 곧 서로를 믿게 하는 것임을 뜻한다.

내키는 대로 말을 뱉으면 세 치 혀가 탈을 낸다. 한번 뱉은 말은 주워담을 수가 없다. 그래서 사람에게 주어진 것 중에서 말보다 더 위태로운 것은 없다고 한다. 말싸움이 일어나면 말을 들을 줄 모르고 할 줄만 아는 탓에 서로의 마음에 깊은 상처를 내고 만다. 그러면 말은 악한 것으로 둔갑해 버린다.

생각이 깊은 사람은 입이 무겁다. 말 한마디를 천근처럼 여기는 사람은 말을 하기 전에 깊이 생각한다. 소심(小心)해서 그러는 것이 아니라 신중해서 그렇다. 진실한 마음은 곧고 바른 길을 택하므로 닥칠지 모르는 벼랑길을 생각해 신중할 뿐이다. 그래서 침묵하는 사람은 마음속으로 긴 말을 한 다음 어렵게 말문을 연다.

말은 적을수록 좋다

　언과우(言寡尤). 말씀 언(言), 적을 과(寡), 허물 우(尤). 말에 허물이 적다. 공자의 말씀이다.

　말이 많으면 허물도 따라 많아진다. 말이 많다 보면 생각이 얕아진다. 생각이 얕으면 자신을 살피지 못한다. 허물은 바로 그런 데서 비롯된다.

　허물은 얼굴에 난 흉터 같은 것. 그래서 한번 허물을 지으면 참으로 면하기가 어렵다. 말을 함부로 해서 남의 마음을 아프게 하는 것보다 더한 허물은 없다. 세 치 혀를 잘못 놀리면 남의 가슴에 못질을 하게 된다.

　허풍치는 말이나 지나친 말은 다 허물을 짓는다. 말이 많은 입은 곧 화(禍)를 불러와 공연한 싸움질에 불을 붙이는 경우가 많다. 이는 다 가벼운 입 탓에 일어나는 불상사이다. 입이 가벼우면 존경받는 사람이 되기 어렵다. 출세하고 싶다면 존경받는 이가 되라.

　공자께 자장(子張)이 어떻게 하면 출세하느냐고 물었다. 선생께서 이렇게 타일렀다.

　"말에 허물이 적고 행동에 뉘우침이 적으면 녹(祿)이 그 가운데에 있다."

　말수를 적게 하고 행동을 신중히 하면 자신을 소중하게 하는 셈이다. 출세하고 싶다면 무엇보다 먼저 자신을 소중히 할 일이다. 儒

어떤 것을 악마라고 합니까

선악(善惡)이 밖에 있는 것은 아니다. 남의 선악이 문제되는 것보다 나의 선악이 문제되는 까닭이다. 남의 선악을 가리려 하기보다 나의 선악을 나 스스로 판단하려는 마음가짐이 굳세면 된다. 어떤 것을 악마라 하느냐고 부처께 물었다. 부처께서 이렇게 답했다.

"색(色)이 있으면 마(魔)가 있다. 색을 마(魔)라 관(觀)하고, 죽음이라 관하고, 병이라 관하고, 가시라 관하고, 아픔이라 관하고, 고통이라 관하라. 이와 같이 관하면 그런 관을 바른 관찰이라고 한다."

색(色)은 육체를 말한다. 색(色)은 물질적인 것이다. 물론 물질적인 것만 바르게 관찰하라는 것은 아니다. 정신도 바르게 관찰하라는 것이다. 즉 수상행식(受想行識)을 바르게 관찰하라 한다. 수(受)는 감각이고 상(想)은 생각이고 행(行)은 의지이며 식(識)은 의식이다. 이 네 가지를 정신으로 보고 있다.

악마를 욕(慾)이라고 보아도 된다. 이욕(離慾)하라. 이는 곧 악마를 떠나라는 말씀이다. 마(魔)는 나를 꽁꽁 묶어 놓는 밧줄과 같다. 그놈의 밧줄을 끊어 버려라. 그러면 나는 훨훨 풀려난다. 공중을 나는 새처럼 나는 자유롭다.

자유와 해방, 해탈을 가로막는 것을 악마라고 한다. 부처는 이런 악마를 물리치기 위하여 몸과 육체를 동시에 바르게 관찰하라 한다.佛

부자(夫子)의 말씀을 들어라

선생의 선생님을 부자(夫子)라고 한다. 공자나 노자 같은 성현을 일러 부자(夫子)라고 한다.

『장자(莊子)』「천지편(天地篇)」에서 부자는 우주에 가득한 삼라만상을 향해 걸림 없이 말한다.

"도(道)란 무엇인가? 도는 만물을 감싸안는다. 도는 끝없이 넓고 크다."

도를 어머니라고 불러도 무방하다. 낳고 길러서 키워 준 어머니가 곧 도의 모습이다. 젖을 물리고 있는 어머니를 상상해 보라. 그런 어머니의 모습을 일러 크다 하고 넓다 한다. 도를 어렵게 해석하려고 하면 허망하다. 다만 어머니라 여기고 안겨라. 그러면 심신(心身)이 편하다.

천(天)이란 무엇인가? 아무 일도 하지 않으면서 일을 다 하는 것이 천이다. 선악도 없다. 편애도 없다. 오로지 공평할 뿐이고 사사로움이란 하나도 없다. 선악을 갈라 시비를 걸고 사랑하고 미워하고, 잘하면 상 주고 못하면 벌 주는 일 따위는 인간의 짓이다. 하늘은 그런 짓을 하지 않는다.

변덕스러운 인간이여! 하늘을 무서워하라. 인간들이 천도(天道)를 낡은 말로 오해하고 있다. 하늘처럼 공평무사(公平無私)하게 생각하고 행동하라. 이런 뜻이 곧 천도에 담겨 있음이다. 이 말씀은 항상 진리일 뿐이다.道

사람 되는 방법이 있다

　직이온(直而溫). 곧을 직(直), 그러나 이(而), 따뜻할 온(溫). 곧되 온화하라.

　관이율(寬而栗). 너그러울 관(寬), 무서울 율(栗). 너그럽되 매섭게 하라.

　강이무학(剛而無虐). 굳셀 강(剛), 해칠 학(虐). 굳건하되 학대하지 마라.

　간이무오(簡而無傲). 간명할 간(簡), 거만할 오(傲). 간명하되 오만하지 마라.

　『서경(書經)』「순전(舜典)」에 있는 말이다.

　곧기만 하면 냉정하고 딱딱하기 쉽다. 정직하되 따뜻한 정이 없으면 안 된다. 이것이 정직한 사람이 되는 방법이다. 너그럽기만 하면 줏대 없는 사람이 되기 쉽다. 너그럽되 끊고 맺음이 분명해야 한다. 이것이 너그러운 사람이 되는 방법이다. 중심이 딱 잡혀 뜻대로 일을 하려는 사람은 굳세게 마련이다. 그렇다고 남의 뜻을 무시하지 말고 착하게 받아들여야 한다. 이것이 굳센 사람이 되는 방법이다.

　순수하고 간명한 마음가짐일지라도 생각이 얕아서는 안 된다. 얕은 생각은 남을 업신여기려고 한다. 간명하면서도 남을 믿으려는 사람은 겸손하다. 이것이 순수한 인간이 되는 방법이다. 정직하되 따뜻한 정이 있고, 너그럽되 끊고 맺음이 분명하며, 굳세면서도 섬세하고, 간명하면서도 겸손한 사람이 되기 위한 방법을 시(詩)에서 찾았다. 그러나 지금은 비시(非詩)의 시대다. 그래서인지 사람되는 방법보다 돈 버는 방법만 세를 올리고 있는 중이다.儒

중도(中道)는 극단을 버린다

금욕도 극단이고 쾌락도 극단이다. 지나치면 모질게 마련이다. 극단은 생각과 행동을 모질게 몰아간다. 생각과 행동이 알맞아야 어긋나지 않는다. 중(中)은 알맞은 것, 알맞은 것은 바른 것. 그래서 중은 곧 정(正)으로 통한다.

중도를 팔지(八支)의 도락이라고 한다. 또는 중도를 팔정(八正)의 도라고도 한다. 팔정도는 정견(正見)·정사(正思)·정어(正語)·정업(正業)·정명(正命)·정정진(正精進)·정념(正念)·정정(正定)을 말한다.

먼저 만물을 바르게 보라. 그러면 생각과 행동도 바르다. 바르게 보고〔正見〕, 바르게 행위하고〔正思·正語·正業〕, 바르게 일하고〔正命〕, 바르게 수행하라〔正精進·正念·正定〕. 여기서 정(正)은 극단에 치우치지 말라 함이다. 마음에 알맞아야 생각도 알맞고 행동도 알맞다. 그러한 알맞음이 곧 중(中)이다.

불가(佛家)의 중도(中道)와 유가(儒家)의 중용(中庸) 그리고 도가(道家)의 중(中)은 서로 통한다. 지나치지 마라. 극단에 빠지지 마라. 이렇게 하면 누구나 평범해질 것이다. 평범한 것이 가장 아름답다. 유별난 존재가 되려고 잔재주를 부리면 나무 위에서 떨어진 원숭이 꼴이 되고 만다. 뛰어나고 빼어나고 싶은 욕심이 결국 망신당하게 되고 꼴사납게 된다. 누구나 중도(中道)를 따라 제 인생을 경영한다면 날마다 좋은 날로 세상을 마주할 수 있는 일이다. 佛

맛있게 사는 일

●　●　●

　날마다 새롭게 살아가는 사람은 삶을 맛있게 하는 솜씨를 간직한 사람이다. 사람은 저마다 자신의 삶을 주어진 그대로 살기보다는 제 뜻대로 살았으면 한다. 물론 살다 보면 뜻대로 되는 일이란 별로 없지만 아무도 그러한 기대를 포기하지 않는다. 삶을 맛있게 하는 사람은 물리지 않게 삶을 스스로 요리한다. 매양 같은 음식을 먹으면 입맛을 잃어버리고 만다. 밥을 먹기도 하고 국수를 먹기도 하며 갖가지 반찬을 마련해 입맛을 새롭게 하려면 요리 솜씨가 좋아야 한다. 하루하루를 살아가는 데도 그처럼 삶의 솜씨가 필요하다.

　불쾌한 일은 곧 잊어버리고 유쾌한 일을 오래 간직할 줄 아는 사람은 싱싱한 푸성귀로 맛있는 겉절이를 담는 솜씨를 간직한 것과 같다. 불쾌한 일은 사람의 마음을 쉬게 하지만 유쾌한 일은 사람의 속을 상큼하게 한다. 상큼한 겉절이가 잃었던 밥맛을 살려 주는 것처럼 유쾌한 삶은 사는 맛을 돋운다. 날마다 삶을 상큼하게 하는 것보다 더 맛있고 멋있는 삶은 없다. 삶을 신선하게 하라.

　삶의 즐거움을 누릴 줄 아는 사람은 맛있는 배추김치를 담는 솜씨를 간직한 것과 같다. 삶을 즐겁게 누린다는 것은 스스로 자신의 삶을 개척하고 그 보람을 자신의 뜻에 따라 새길 때 가능하다. 산다는 것은 무수한 느낌과 무수한 생각, 무수한 행동이 어울려 이루어진다. 그렇게 이루어지는 삶은 나 홀로 간직하기도 하고 남과 더불어 나누기도 한다. 이처럼 삶의 거리는 다채롭고 복잡하다.

이러한 삶을 즐겁게 누리려면 갖은 양념을 잘 버무려 요리해야 한다. 즐거움이란 밥상의 김치와 같은 것이다. 온갖 반찬이 갖추어져 있어도 김치가 없다면 밥맛을 엮어 주지 못하는 것처럼 즐거움은 살맛을 엮어 내는 기본이다. 삶을 즐겁게 하라.

즐거움이란 무엇일까? 서로 어울려 하나가 될 때 마음속에 즐거움이 자리잡는다. 즐거움은 항상 마음속에 고인다. 즐거움은 돈으로 살 수도 없고 억지로 지어낼 수도 없다. 그러니 즐거움을 누리는 데는 비용이 들지 않는다. 물질로 즐거움이 보장되지 않음이 얼마나 다행인가. 만일 돈으로 즐거움을 살 수 있다면 부자들이 독식하고 말 것이다. 즐거움은 스스로 마음먹기에 따라 가능한 것이므로 즐거움을 마련하는 솜씨 역시 마음속에 있다. 마음이 편안한 것, 바로 그 마음가짐이 즐거움이다. 편안한 마음이 즐거움의 샘물이다. 그 샘물은 욕심이 적을수록 불어나고 욕심이 많을수록 줄어든다. 만족하라. 그러면 즐겁다.

삶을 유쾌하게 하고 즐겁게 하는 것이 곧 삶을 사랑하는 방법이겠다. 사랑하는 사람은 눈빛이 밝고 입술에 미소를 머금는다. 표정은 마음을 드러내는 거울이다. 성난 얼굴을 보면 핏기가 드러날 만큼 열이 올라 있고, 증오하는 얼굴을 보면 살기가 등등해 보기도 무섭다. 그러나 사랑하는 얼굴은 살맛이 나게 화사하다. 유쾌한 마음은 사랑의 창문을 열어 주고, 즐거운 마음은 사랑의 대문을 열어 준다.

수시로 자신에게 사랑할 줄 아느냐고 묻는 사람이 있다면 그 사람이야말로 삶의 멋을 맛보고 누리는 주인이다. 사랑하라. 이것이 삶의 지극한 법이다. 그러나 사랑해 달라고 하지 마라. 그러면 그 지극한 법을 어기기가 쉽다. 왜냐하면 사랑이란 나 이외의 것을 소중히 하고 아끼고 돕고 이해하는 데서 이루어지기 때문이다. 무슨 일이 있어도 먼저 사랑하라. 이것을 공자(孔子)는 인(仁)이라고 했다.

사랑하라. 이것은 밥 짓는 솜씨와 같은 것이다. 쌀과 물과 불만 있으면 짓는 밥은 가장 평범한 솜씨를 요구한다. 그러나 쉽다고 해서 경솔히 해서는 안 된다. 본래 쉬운 것을 잘하는 것이 가장 어렵다. 쌀과 물과 불이 서로 알맞게 어울려야 밥이 제대로 된다. 불을 덜 지피면 설익고 너무 지피면 타 버린다. 물을 너무 많이 넣으면 질어지고 적게 주면 퍼지지 못해 빡빡해진다. 밥물을 넘긴 다음 뜸을 들이는 광경을 생각해 보라. 불을 조심조심 잘 지펴서 맛있게 밥을 짓는 심정으로 삶의 사랑을 요리하라.

그러나 지금은 불에 밥을 짓지 않는다. 압력솥에다 쌀과 물을 넣고 전기에 꽂거나 가스에 올리기만 하면 밥이 된다. 세상이 모조리 인스턴트로 꾸려지고 재촉되어 사는 일마다 성급하고 조급하다. 그러나 압력솥으로 밥을 짓는 식으로 사랑하지 마라. 사랑한다면 서둘 것이 없다. 가스불처럼 붙는 사랑은 믿을 것이 못된다. 사랑은 쇠솥에 나무불로 밥을 짓듯이 유유해야 한다. 뜸을 들여서 물과 쌀과 불이 하나가 되어 익혀 낸 쌀밥처럼 우리는 모두 남이 주는 사랑을 먹고 살아간다. 이렇게 믿고 살고 있다면 그대야말로 삶을 제대로 사는 것이다. 삶을 사랑하라. 그러면 절로 사람을 사랑한다.

그대의 가슴속에 사랑함[仁]이 없다면 예의를 지켜서 무엇할 것이며, 즐거움을 누려서 무엇할 것이냐고 공자가 탄식한 적이 있다. 거칠고 잔인한 사람의 가슴속에 무슨 사랑[仁]이 있겠는가. 타락하고 방탕한 사람의 가슴속에 무슨 사랑[仁]이 있겠는가. 그런 가슴속의 사랑은 메말라 죽어 버리고 없다.

왜 우리는 행복한 삶을 갈구하면서 그 행복을 잘라먹고 잔인해져 가는가? 사랑하는 법을 어기고 무시하는 까닭이다. 잘사는 법이란 무엇인가? 그것은 곧 사랑[仁]이요, 사랑을 실천하려는 행동[義]이다. 남녀의 애정만이 사랑인 것은 아니다. 선한 것을 아끼고 안아 주면 큰사랑이 피어난다. 고운 것을 아끼고 어루만져도 역시 큰사랑이 피어난다. 아무리 사소한 것일지라도 사랑하라. 그러면 인생은 날마다 유쾌하고 즐겁다. 이보다 더한 살맛은 없다.

이(利)라는 것이 무섭다

불탈불염(不奪不饜). 아니 불(不), 빼앗을 탈(奪), 실컷 먹어치울 염(饜). 빼앗지 않으면 만족하지 못한다. 맹자의 말씀이다.

남의 것을 억지로 빼앗아 내 것으로 하겠다. 이런 심술이 곧 탈(奪)이다. 그런 심술은 아무리 먹어치워도 물릴 줄 모른다. 그래서 좀도둑이 곧 소도둑이 된다.

무서운 것을 무서워할 줄 모르는 것이 가장 무섭다. 그렇게 되면 화약을 지고 불길로 뛰어들기를 마다하지 않는다. 불속에 들어간 화약은 터지게 마련이다. 마음속에 감추어진 화약덩어리 같은 것을 이(利)라고 한다. 그 화약덩어리에 불을 당기려는 것을 욕(慾)이라고 한다. 그래서 이욕(利慾)이 만나면 터지고 만다. 이욕(利慾)은 반드시 탈을 낸다. 도둑질을 하려다 안 되면 강탈하려고 덤빈다. 남을 등치고 후려내 제 뱃속만 채우면 그만이라는 이(利)를 밝히면 세상은 썩게 마련이다. 그래서 위아래가 서로 이득만을 취하려고 하면 세상은 어지럽게 된다.

이(利)를 물리치는 힘을 의(義)라고 한다. 의란 무엇인가? 마음을 절제하며 일을 마땅하게 하는 것을 일러 의(義)라고 한다. 욕심을 절제하면 의(義)로 통하고, 욕심을 부풀리면 이(利)로 통한다. 나만 이롭고 너는 해롭다는 경우가 바로 불의(不義)이다. 불의를 딛고 독버섯처럼 피어나는 이(利)를 잡아야 편히 산다. 儒

무기(無己)는 참으로 어렵다

　무기(無己). 없앨 무(無), 나 기(己). 나를 없애라. 장자의 말씀이다.

　『서경(書經)』「대우모(大禹謨)」에 나오는 사기(舍己)라는 말보다 무기(無己)는 더욱더 강력하다. 버리는 것보다 없애는 것이 더욱 치열하다. 나를 버려라. 물론 나를 송두리째 버리라는 것은 아니다. 그러므로 무기(無己)는 나를 폐기 처분하라는 것이 아니다. 오히려 그 반대의 뜻이 숨어 있다. 작은 나를 크게 하라. 이런 속뜻이 숨어 있는 말이다. 큰 나를 성취하기 위하여 작은 나를 없애라. 이런 명령이 곧 무기(無己)이다.

　무기(無己)는 무아(無我)와 같다. 무아의 아(我)는 작은 나이다. 대아(大我)를 위해 소아를 버리는 것이 곧 무아(無我)요, 무기(無己)인 셈이다. 나는 왜 작은가? 욕심 탓이다. 욕심에 정비례하여 나는 작아진다. 욕심에 반비례한다면 나는 저절로 커진다. 욕심을 버리는 순간 나는 크고, 욕심을 부리는 순간 나는 작다. 소인과 대인은 이렇게 갈라진다. 그러나 대인이 되기를 원하는 이는 참으로 만나기 어렵다. 세상은 소인들의 아우성으로 편안할 날이 없다. 다들 욕심을 사납게 부리는 나를 앞세우고 세상을 대하는 까닭이다. 그러나 성현들은 한 발 물러서 보라고 한다. 이익을 얻고 싶으면 한번 손해를 보라고 한다. 이를 소인들은 비웃고 팽개친다. 그래서 장자는 강력하게 무기(無己)하라고 호령한다.道

여래소설(如來所說) 네 가지

"내가 설한 것은 무엇이었던가? 이는 고(苦)라고 나는 설했다. 이는 고의 발생이다〔集〕라고 나는 설했다. 이는 고의 소멸이다〔滅〕라고 나는 설했다. 이는 고의 소멸에 이르는 길이다〔道〕라고 나는 설했다."

고집멸도(苦集滅道). 이것이 붓다가 설한 네 가지 명제(命題)이다.

무상(無常)하므로 고(苦)이다. 이보다 더 분명하면서도 절실한 말씀은 없다. 생로병사(生老病死). 이것이 무상이다. 태어난 것〔生〕은 반드시 늙고〔老〕 병들고〔病〕 반드시 죽는다〔死〕. 인간만 그렇다는 것이 아니다. 만물은 다 고(苦, 生老病死)라는 말씀이다. 그러나 인간은 그 고(苦)를 모른다. 그래서 우리는 어리석다. 영영 사는 줄 알고 모질고 잔인하며 억세다. 이를 일러 번뇌(煩惱)라고 한다.

번뇌가 곧 고(苦)의 공장이다. 날마다 고를 무진장으로 생산하는 번뇌를 끊지 않고서는 고를 소멸시킬 수 없다. 인연 따라 일어나는 번뇌망상이 곧 고의 발생이다. 그런 번뇌를 끊어라. 바로 이것이 고의 소멸이다. 그러나 번뇌를 끊기란 참으로 어려운 일이다. 인연 따라 일고 이는 온갖 망상을 끊어 버리고 어찌 살라는 말인가. 산다는 일이 곧 번뇌의 공장인 것을 어찌하라는 말인가. 이에 대하여 부처는 미소짓는다. 그 미소는 나에게 자비희사(慈悲喜捨)를 부탁한다. 佛

자연(自然)은 무엇인가

산, 물, 땅, 바람, 짐승, 벌레, 사람 등등 모든 만물이 다 함께 안겨 있게 하는 것을 일러 자연(自然)이라 한다. 사람을 제외한 다른 것들만 자연이라고 여겨서는 안 된다. 인간도 자연의 품에 안긴 한 조각에 불과할 뿐이다. 자연은 결코 편애하지 않는다. 자연은 무엇인가? 이에 대하여 장자(莊子)는 이렇게 대답한다. "우마사족(牛馬四足)."

소나 말에 달려 있는 네 발이 자연이라는 것이다. 자연에 대한 이보다 더 간명하고 적확한 명답은 없을 성싶다. 문화는 무엇인가? 이에 대하여 장자는 또 이렇게 대답한다. "천우비(穿牛鼻)."

소의 코를 뚫는 것이 문화라는 것이다. 문화에 대한 이보다 더 간명하고 적확한 명답은 없을 성싶다. 소에게 네 발이 없다면 얼마나 부자유할 것인가. 네 발이 있어 자유롭다. 소의 코를 누가 뚫었는가? 인간이 뚫었다. 코뚜레를 끼워 소를 마음대로 부려먹기 위해 코를 뚫었다. 코를 뚫린 소는 몹시 고통스럽고 부자유스럽다. 자연을 무위(無爲)라고 한다. 자유롭고 편안해 한없이 즐거운 것을 일러 무위라 한다. 무위를 이해하기 어렵다면 소의 네 발을 생각하면 된다. 문화를 인위(人爲)라고 한다. 불편하고 괴로운 것을 일러 인위라고 한다. 인위를 이해하기 어렵다면 소의 코에 걸린 코뚜레를 생각하면 된다. 자연, 무위, 자유는 다 같은 말씀이다. 道

내가 나를 제압한다

　신독(愼獨)하라. 삼갈 신(愼), 홀로 독(獨). 홀로 있을 때 삼가라. 공자의 말씀이다.

　남이 본다고 얌전한 척한다면 거짓이다. 거짓은 속여먹는 짓이다. 자신을 부끄럽게 하지 마라. 이런 명령이 곧 신독이다. 신독은 남에게 내리는 명령이 아니다. 오로지 자신에게 내릴 뿐이다. 이러한 명령은 생활 속에서 어떻게 드러나는가? 자신에게는 엄격하면서도 남에게는 관대할 때 바로 신독의 참모습이 드러난다. 군자는 신독의 화신(化身)이다.

　똥 묻은 개가 겨 묻은 개를 흉본다. 왜 이런 속담이 생겼겠는가? 소인들이 저마다 잘났다고 아우성치는 탓에 생겼을 것이다. 저만 잘났고 남을 얕보는 얕은 생각은 자신을 감독할 줄 모르고 남의 흠만 찾아 코를 벌름거리며 덤빈다.

　신독하라. 이는 내 마음속을 내가 솔직하게 들여다보라는 말이다. 나는 정직한가, 정직하지 않은가? 솔직하게 자문자답해 보라는 명령이 곧 신독(愼獨)인 셈이다. 내가 나를 감독하고 살펴본 결과 정직하다면 부끄러워할 것이 하나도 없다. 그러나 정직하지 않다면 스스로 부끄러워하고 철저하게 뉘우쳐라. 이것이 바로 내가 나 자신에게 내리는 명령의 내용, 즉 신독(愼獨)이다. 남의 눈에 들켜 부끄러운 것보다 자신이 부끄럽게 느끼는 것이 더 괴롭고 아프다.

　신독하라. 반성하라. 성찰하라. 다 같은 말씀이다.

내가 나를 이겨내기

● ● ●

유약승강강(柔弱勝剛强). 부드럽고 연약한 것[柔弱]이 굳고 강한 것[剛强]을 이긴다[勝]. 노자(老子)의 말씀이다.

봄이면 돋아나는 나무의 잎새는 부드럽고 여리다. 가을에 떨어지는 가랑잎은 까칠하고 딱딱하다. 봄의 새싹은 꽃을 피우고 열매를 맺는 힘을 지니고 있다. 그러나 가을의 가랑잎은 할 일이 없어 떨어진다. 연약한 봄의 잎새와 딱딱한 가을 잎새를 견주어 보면 약한 것이 강한 것을 이겨낸다는 말의 뜻을 헤아릴 만하다.

극기복례(克己復禮). 나를 이겨[克己] 예로 돌아가라[復禮]. 공자의 말씀이다. 역시 나를 봄철의 새잎처럼 하라는 뜻을 담고 있다. 예(禮)는 나를 앞세우지 말고 뒤로할 것이며, 나를 높이지 말고 낮추라 함이다. 겸손하라. 이 역시 유약(柔弱)하라 함이다. 못된 짓을 범하려는 나를 다스려 나쁜 짓을 하지 않게 될 때 나는 나를 이겨낸 셈이다. 사람은 누구나 선악(善惡)의 요소를 두루 지니게 마련이다. 악을 멀리하고 선을 가까이하려고 노력하는 사람은 누구든 자신을 이겨내는 주인이다.

선한 것은 부드럽고 연약해 보인다. 그러나 악한 것은 거칠고 강해 보인다. 사랑하고 용서하는 마음은 부드럽게 마련이고, 미워하고 앙갚음하려는 마음은 사납게 보인다. 드세고 사나운 마음은 나를 지게 하고, 겸허하게 헤아리는 마음은 나를 이기게 한다는 지혜를 멀리하면 험하다.

인생을 남과의 경쟁이라고 단정할 것은 없다. 깊이깊이 따지고 보면 산다는 것은 결국 나 스스로 곧고 바르게 엮어 내는 성취라는 것을 알 수 있다. 진실로 잘사는 일이란 먼저 나 자신이 당당하고 떳떳해야 하는 까닭이다. 그러나 현대인은 나 자신을 이겨내려는 노력보다는 남과의 경쟁에서 이겨야 한다는 마음으로 속을 태우는 경우가 많다. 시기하고 시샘하고 배아파할수록 인간은 초라해지고 더러워지게 마련이다. 초라한 나를 감추고 더러운 나를 숨길 때 추해지고 만다. 예부터 때린 사람은 밤잠을 설치고, 맞은 사람은 발 뻗고 잔다 했다. 남에게 이기려고 하면 반격을 당하게 마련이다. 이런저런 반격을 근심 걱정하면서 살아가는 것은 무거운 짐일 뿐이다.

나를 이겨내라는 것은 나를 부끄럽게 하는 것을 물리치고 나를 보람 있게 하라는 것이다. 항상 나를 살펴 추스리고 내가 싫어하는 바를 남에게 요구하지 말라는 진실을 극기(克己)가 담고 있다. 사람들이 마음놓고 살려면 인생에 질서가 있어야 한다. 그 질서의 됨됨이를 갈무리하고 반듯하게 하는 것이 곧 예(禮)이다. 이러한 예를 떠나서 살지 말라 함이 복례(復禮)인 셈이다.

겉보기 예의범절(禮儀凡節)은 위선이다. 위선은 어디서 올까? 극기(克己)가 없는 데서 비롯된다고 보아도 된다. 쓰면 뱉고 달면 삼키는 것이 위선 아닌가. 이용 가치가 있어서 사람을 사귄다면 위선의 음모를 꾸미는 짓이고, 그러한 음모를 범하는 사람은 스스로를 거짓의 구렁에 빠지게 하고야 만다. 그러나 극기는 인간을 그러한 함정이나 덫에 걸려들지 않는 마음의 눈을 뜨게 하고, 복례는 깨끗한 몸가짐을 지니게 한다. 그래서 나를 이겨내 예로 돌아가면 남의 입질이나 손가락질을 받지 않고 떳떳하고 당당하게 넉넉한 인생을 누릴 수 있게 마련이다. 마음이 편안해 넉넉한 삶이야말로 내가 나를 이겨낸 보람이다.

천명(天命)을 몰라서야

"하늘이 만물에게 부여한 것을 일러 천명(天命)이라 한다. 만물이 존재하는 근원을 일러 밝힘이 곧 천명이다. 하늘이 만물에게 부여한 것을 성(性)이라 한다. 그 성(性)을 좇아 행하는 것을 도(道)라 하고, 그 도를 닦는 것을 일러 교(敎)라 한다."

『중용(中庸)』맨 첫머리에 나오는 말이다.

성(性)을 하나로 보는 견해가 있다. 목숨이 곧 성(性)이라고 보고 사람이나 지렁이나 하루살이나 다 같다는 것이다. 노장(老莊)의 견해가 그렇다.

성(性)을 개개(箇箇)로 보는 견해가 있다. 사람은 사람, 개는 개, 지렁이는 지렁이 저마다 다른 바가 있다는 것이다. 공맹(孔孟)의 견해가 그렇다.

이러나저러나 성(性)을 좇는 것〔率性〕에 있어서는 다를 바가 없다. 하늘을 어겨서는 안 된다. 하늘을 따라 좇는 마음과 행동을 일러 덕(德)이라 하거나 선(善)이라 한다. 공맹이 밝힌 인의(仁義)는 곧 천명을 실천하는 근본이다. 그래서 인(人)과 인(仁)을 합치면 길〔道〕이라고 했다.

사람이 걷는 길, 사람이 걸어가야 할 길을 닦는 것을 일러 교(敎)라고 한다. 이러한 교(敎)는 지식을 가르치는 쪽보다 사람이 되는 방법을 가르치는 쪽에 중심을 둔다.儒

노자가 삼보(三寶)를 자랑했다

　검자불위선(儉慈不爲先). 소중하게 여기고 아끼는 것〔儉〕, 남김 없이 길러 주고 사랑하는 것〔慈〕, 그리고 잘난 척하고 남 앞에 나서지 않는 것〔不爲先〕. 이것이 노자가 자랑한 세 가지 보물이다.

　보물을 값나가는 것이라고 생각하는 사람은 노자를 비웃을 것이다. 그러나 온갖 보물 가운데서 마음 편히 살게 하는 것이 가장 값진 보물이라고 여기는 사람은 노자의 보물을 탐낼 것이다. 보석을 치렁치렁 감고 살고 싶은가? 그렇다면 노자를 비웃어라. 그러나 가난을 물리치고 싶다면 노자가 첫째로 꼽은 검(儉)을 보물로 삼아야 한다. 소중한 줄 알면 아낀다. 아끼면 부족함을 줄일 수 있다. 넉넉한 마음으로 살고 싶다면 노자가 두 번째로 꼽은 자(慈)를 보물로 삼아야 한다. 미움과 시샘, 시기는 사람을 괴롭힌다. 그러나 어머니 같은 마음가짐이라면 부러울 것이 하나도 없다. 잘난 척하며 제 자랑하는 인간은 설익은 인간이다. 본래 빈 수레가 요란하고 얕은 물이 졸졸거리는 법이다. 여문 사람은 듬직해 뒤로 물러설 줄 안다. 모질게 살려는 사람은 상처를 입게 마련이다. 검소한 삶, 사랑이 넘치는 삶, 겸허하고 겸손한 삶, 이 세 가지 삶이야말로 보배라고 노자는 단언한다. 그러나 사람들은 노자의 말을 귀 담아 듣지 않고 허세로 삶을 날리면서 제 자랑 일삼기를 마다하지 않는다. 그래서 우리는 피곤하고 지쳐 있다.道

왜 우리는 괴로운가

"세상은 목마름으로 말미암아 인도되고, 그 목마름으로 말미암아 괴로움을 받는다." 이렇게 붓다가 설했다.

왜 우리는 괴로운가? 아무리 목을 축여도 여전히 갈증에서 풀려날 수 없는 까닭이다. 아무리 마셔도 한이 없는 것이 탐욕(貪慾)이다. 탐욕은 라가(raga)를 옮긴 것이다. 본래 라가는 붉은 빛깔, 즉 불타는 불길을 뜻하는 연소의 뜻을 지니고 있다. 이처럼 붓다는 인간이 짓는 사나운 욕망을 이렇게 비유했다. 왜 탐욕이 목마르게 하는가를 알 만하다. 욕망이라는 물을 아무리 마셔도 목마름은 가시지 않는다. 그 물은 물이 아니라 타오르는 불길이기 때문이다. 이를 깨우친 자가 곧 붓다인 셈이다. 그 불길을 끄려고 붓다는 길을 텄다.

욕망은 덜 줄을 모른다. 오로지 더할 줄만 안다. 더하기만 하려는 욕심이므로 아무리 많아도 만족할 수 없다. 알맞게 먹으면 좋으련만 한사코 먹고 먹어서 배탈이 나도, 그래도 쉼 없이 먹어치워야 하는 것이 탐욕이 엮어 내는 목마름이다. 벗어날 수 없는 이 목마름을 일러 집(集), 즉 고(苦)의 발생이라 하였구나. 붓다가 설한 중도(中道)라는 것이 멸(滅)의 길이었구나. 바르게 보라〔正見〕. 이렇게 시작하는 길이다. 바르게 행하라〔正思 · 正語 · 正業〕. 바르게 일하라〔正命〕. 그리고 바르게 수행하라〔正精進 · 正念 · 正定〕. 이렇게 눈을 떠라. 그러면 고(苦)의 소멸이 보인다. 佛

예(禮)란 무엇인가

친소(親疎)를 구별짓고 혐의(嫌疑)를 분명히 하고 동이(同異)를 분별하며 시비(是非)를 밝히는 것을 일러 예(禮)라 한다.

가까운 사이[親]와 먼 사이[疎]를 구별하라. 먼 사이일수록 서로 존경하고 존중하라. 이것이 예(禮)이다. 사물에는 비슷한 점[嫌]도 있고 믿지 못할 점[疑]도 있다. 이를 분명히 해서 함부로 넘겨짚어 엉뚱한 짓을 하지 마라. 이것이 예(禮)이다. 같은 것[同]도 있고 다른 것[異]도 있다. 서로 패를 갈라 편애해서는 안 된다. 이것이 예(禮)이다. 옳은 것[是]과 그른 것[非]이 있다. 옳은 것을 옳다 하고 그른 것을 그르다 하면 된다. 이것이 예(禮)이다.

이러한 예(禮) 밑에다 절(節)을 더해 두는 것은 생각하고 행동하는 데 매듭을 분명히 하라 함이다. 친소를 분명히 하라. 혐의를 분명히 하라. 동이를 분명히 하라. 그리고 시비를 분명히 하라. 이렇게 하면 어느 누가 거짓을 범하겠는가?

지극히 정직한 마음가짐을 일러 정(貞)이라고 한다. 예를 지킨다는 것은 결국 곧고 바른 마음가짐으로 삶을 행한다는 뜻이다. 그러므로 예(禮)는 낡을 수 없다. 정직한 인간을 어찌 부정할 것인가.

인간이여, 무슨 일이 있어도 정직하라. 이것이 곧 예이다. 그래서 예를 일러 불망열(不亡說)이요, 불사비(不辭費)라 한다. 아첨하지 마라[不亡說]. 함부로 말하지 마라[不辭費]. 儒

덕(德)이란 무엇인가

"낳아 주되〔生〕 갖지 않고〔不有〕 도와주되〔爲〕 기대지 않는다〔不持〕." 노자는 덕(德)을 이렇게 말했다. 이러한 덕이야말로 변함없는 덕〔常德〕일 것이고, 깊고 깊은 덕〔玄德〕일 것이다. 상덕(常德)과 현덕(玄德) 그리고 상선(上善)은 다 같은 말인 셈이다.

인간은 자연이다. 이것이 노장(老莊)의 사상이다. 그래서 노장이 밝힌 덕(德)은 자연의 모습이라고 보아도 된다. 도는 만물을 낳되 생색을 내지 않는다. 공치사를 하는 것은 오로지 인간밖에 없다는 것이다. 논공행상(論功行賞)을 당연하다고 여기는 인간을 노자는 형편없는 놈으로 치부했다.

도왔으면 그것으로 족하다. 뒷날을 기대하고 돕는다면 그것은 돕는 것이 아니라 음모하는 것에 불과하다. 덕은 무슨 일이 있어도 흥정하지 말라 한다. 내가 너를 도울 터이니 너도 나를 도와라. 이렇게 약속했다고 해서 항상 지켜지는 것도 아니지 않은가. 저마다 딴 주머니를 차고 속셈을 달리하는 까닭이다.

부덕(不德)이란 공치사하는 짓에서 나온다. 덕을 부정해야 내 몫이 커질 수 있는 까닭이다. 덕은 베푸는 마음가짐이지 요구하는 마음가짐이 아니다. 그래서 후덕(厚德)한 사람이 되기란 참으로 어렵다. 왜 인간이 자연을 어버이로 삼아야 하는가? 자연이 낳아 주고 도와주는 까닭이다. 道

내 몫 줄이기

● ● ●

　행복은 올수록 좋고 불행은 갈수록 좋다. 하지만 오라는 행복은 멀고 가라는 불행은 그림자처럼 따라다닌다. 이렇게 투덜대며 하루하루를 보내는 사람은 행복을 누릴 수 없다. 행복이나 불행은 밖에서 오고 가는 것이 아니라 속에서 비롯되는 까닭이다. 기쁘고 즐겁다고 행복한 것은 아니며, 슬프고 괴롭다고 불행한 것도 아니다. 아무리 초라한 인생이라도 소중하게 맞이하면 그것 자체가 행복이며, 아무리 호사스런 인생일지라도 험하게 보내면 그것 자체가 불행이다. 알맞게 산다고 마음먹으면 행복은 저절로 오고, 넘치게 살려고 욕심부리면 불행은 겹겹으로 온다.

　남의 밥에 있는 콩이 커 보이는 사람은 행복할 수가 없다. 제몫이 남의 것보다 커야 한다고 욕심을 부리면 부릴수록 물에 비친 제 그림자를 보고 짖다가 제 입의 고깃덩이를 놓치는 개꼴이 되고 만다. 남이야 어떻게 되든 나만 배불리 살면 그만이라고 생각하는 사람을 졸부(猝富)라고 한다. 졸부는 재물(財物)이 행복의 보증수표라고 믿는 사람이다. 주변에는 졸부나 투기꾼이 너무나 많다. 이들은 제 욕심에 지쳐 밤잠을 설친다. 이들은 돈이 있을 뿐 불행한 치들이다. 누가 행복한 사람일까? 낮에는 열심히 일하고 밤에는 깊이 잠들 수 있는 사람이 아니던가.

　거품 경제라는 말이 자주 입에 오른다. 거품 경제는 허세와 허영, 허욕과 맞물려 여러 해 동안 불경기를 악성(惡性)으로 몰아 왔다. 그렇지만 우리는 욕망이라는 전차에 올라타고 내 몫만을 최대한으로 채우기 위해 아우성치는 중이다. 이것이 아마도 우리를 불행하게 하는 가장 큰 병균이 아닌가 싶다.

물이 맑으면 갓끈을 씻고 더러우면 발을 씻는 법이다. 그러나 맑은 물이 따로 있고 탁한 물이 따로 있는 것은 아니다. 탁하게 하는 오물이 있는 까닭에 물이 더러워질 뿐이다. 내 마음속 오물을 걷어낸다면 내 마음 역시 맑아지게 마련이다.

마음을 맑게 하려고 제 마음속을 자주 들여다볼 줄 아는 사람은 욕심이 마음속을 흐리게 하는 맷자국임을 안다. 욕심을 반으로 줄이면 불행이 두 배로 줄어든다는 것을 깨우치는 순간 행복은 바로 거기에 있다.

지(知)는 어떤 것인가

'반 풍수가 남의 집 망친다.', '몰라서 약이다.', '알아서 병이다.' 왜 이런 속담들이 생겼을까? 안다는 것과 모른다는 것을 혼돈하면 큰 탈을 내고야 말기 때문이다. 그래서 모른다는 점을 알고 있는 것이 가장 으뜸 가는 앎이라고 한다.

"너에게 앎이 무엇인지 가르쳐 주마. 아는 것을 안다 하고 모르는 것을 모른다 함이 곧 아는 것이다."

공자가 제자에게 이렇게 말했다. 정직을 떠난 앎이란 없다는 것이다. 모르면서 아는 척하는 것은 속이는 짓이다. 알면서 모른 척하는 것 또한 속임수이다. 모르면 모른다 하고 알면 안다고 하라. 이보다 더 엄한 지적은 없을 것이다. 마음을 한결같게 하라는 명령인 까닭이다. 그래야 말과 행동이 하나가 된다. 이러한 점을 알고 있다면 아는 것보다 모르는 것이 얼마나 많은지를 스스로 깨우칠 수 있다.

모르는 것이 많은 줄 알아야 사람은 겸허해진다. 겸허한 사람이 되어야 고집을 멀리한다. 고집을 멀리해야 사물(事物)을 제대로 보고 듣는다. 이렇게 되어야 아는 것이 새롭게 쌓이는 법이다. 모를수록 잘 알 수 있다. 모르는 줄 아는 순간 알고 싶은 욕망이 생기는 까닭이다. 유식하다는 오만 탓에 무식해지고, 무식하다는 뉘우침 덕에 듬직해지는 법이다. 그러므로 진정 아는 사람은 안다고 뽐내지 않고 겸손하다. 儒

자신을 살펴보라

잠깐 자신을 자세히 살펴보라. 남을 살펴서 무엇하겠는가. 색욕(色欲)은 무상(無常)하고, 만나면 이별이 있다. 어리석은 이들은 물거품 같은 것을 그리워하고 그것에 집착하려 한다. 그로 말미암아 재앙이 생긴다. 부처의 말씀이다.

색욕(色欲)은 온갖 욕망을 말한다. 성욕(性慾)만 색욕이 아니다. 많은 돈을 벌자는 욕심도 색욕이요, 권세를 부리려는 야망도 색욕이다. 색(色)이란 온갖 사물을 다 포함하므로 욕심을 한없이 뿜어내는 샘과 같다고 여기면 된다.

무상(無常)은 변하고 변한다는 말이다. 가만히 있는 것은 없다. 구름을 보라. 잠시도 한 모양을 간직하지 못한다. 모든 것이 다 그러하다. 그러나 우리는 이를 한사코 부정하고 억척을 부린다. 이러한 어리석음을 일러 집착(執着)이라고 한다. 누구든 집착하면 우물 안 개구리 꼴을 면할 수 없다.

나 자신이 얼마나 어리석은가를 살펴보라고 부처는 간곡히 부탁한다. 운문(雲門) 선사의 고감이(顧鑑咦)도 부처의 부탁이다. 돌이켜보라[顧]. 무엇을 돌이켜보라는 말인가? 나 자신을 돌이켜보라는 말이다. 그리고 살펴보라[鑑]. 그런 다음 큰소리를 질러라[咦]. 어리석음에 졸려 있는 나를 사정없이 흔들어 깨워 괴로움이 자신의 색욕임을 깨우치게 하라. 이것이 부처의 부탁이다.佛

무위(無爲)는 어떠한가

미(美)는 항상 미이고 선(善)은 항상 선이라고 할 수 없다. 미도 지나치면 추(醜)하고 선도 지나치면 악(惡)하다. 이처럼 좋다고 지나치면 결국 나쁘게 된다.

이러한 지혜를 노자가 밝혔다. 노자가 밝힌 지혜를 무위(無爲)라고 한다. 유무(有無)가 서로 태어나고〔相生〕, 어려움과 쉬움이 서로 이루어지고〔相成〕, 길고 짧음이 서로 드러나고〔相形〕, 높고 낮음이 서로 기대고〔相傾〕, 자음과 모음이 서로 어울리고〔相和〕, 앞뒤가 서로 따른다〔相隨〕. 노자는 무위를 이렇게 풀이하고 있다.

하나만 고집해서는 안 된다. 하나도 알고 둘도 아는 것이 곧 무위인 셈이다. 겉만 알고 속을 모르면 무위가 아니다. 속만 알고 겉을 모르면 또한 무위가 아니다. 두루두루 서로를 다 용인해야 곧 무위인 셈이다. 그래서 노자는 거심(去甚)하라고 한다. 치우치지 말라 함이 거심이다.

상생(相生)·상성(相成)·상형(相形)·상경(相傾)·상화(相和)·상수(相隨)를 잘 기억하면 무위가 바라는 바가 어떤 것인지를 알게 된다. 특히 여기서 상(相)의 속뜻을 헤아리면 무위가 바라는 바를 더 잘 헤아릴 수 있다. 한쪽으로 치우치면 수작이나 잔꾀를 부리게 된다. 무위, 그것은 결코 편애하지 않는다.道

구사(九思)라는 것이 있다

시사명(視思明). 볼 때[視]는 밝은 것[明]을 생각하라[思].

청사총(聽思聰). 들을 때[聽]는 제대로 잘 들어 둘 것[聰]을 생각하라.

색사온(色思溫). 표정을 지을 때[色]는 온화함[溫]을 생각하라.

모사공(貌思恭). 몸가짐을 갖출 때[貌]는 공손함[恭]을 생각하라.

언사충(言思忠). 말할 때[言]는 성실하고 정직한 것[忠]을 생각하라.

사사경(事思敬). 일을 할 때[事]는 오로지 어질고 착한 것[敬]을 생각하라.

의사문(疑思問). 의심날 때[疑]는 물어보아야 할 것[問]을 생각하라.

분사난(忿思難). 화가 날 때[忿]는 어려운 일이 벌어질 것[難]을 생각하라.

견득사의(見得思義). 이득[得]을 볼 때[見]는 의로운 것[義]인가를 생각하라.

이 아홉 가지 생각을 일러 공자의 구사(九思)라고 한다.

구사(九思)는 군자가 되는 방법이다. 명(明)은 놓치지 않고 다 살펴보게 한다. 총(聰)은 아첨에 놀아나지 않는다. 온(溫)은 사랑이 움트는 가슴 같다. 공(恭)은 나보다 남을 소중히 한다. 충(忠)은 오로지 진실로 받들 뿐이다. 경(敬)은 선(善)을 넓히고 사악한 것을 막는다. 문(問)은 공연한 의심을 막는다. 분(忿)은 잘될 일마저도 망치고 만다. 의(義)는 도둑이 되지 않게 한다.

　이 아홉 가지〔明聰溫恭忠敬問難義〕만 두루 실천하면 군자가 되고, 무시하면 소인이 된다. 그러나 군자라는 말만 있을 뿐 너도나도 소인이 되고자 할 뿐이다. 儒

본래의 자기를 찾아라

"세상에서의 높은 이름은 꽃이 피기만 하고 열매는 맺지 않는 것이다. 그러니 너의 본 이름을 회복하여 사리불이라 한다."

이렇게 부처가 우바체에게 말했다. 이로 미루어 부처는 우바체라는 이름을 버리고 원래 이름이었던 사리불을 우바체에게 되돌려 준 셈이다.

열매를 맺지 못하는 꽃은 화사하다. 겉보기만 요란할 뿐 실(實)이 없는 것을 일러 빛 좋은 개살구 같다고 한다. 자기를 잃어버리고 사는 삶이야말로 꼭두각시의 삶이요, 허수아비의 삶이다. 그렇게 살지 말라 함이다. 자신이 무엇인지를 찾아서 살라. 이를 일러 각자면목(各自面目)이라고 한다.

열매를 맺는 꽃이 되라. 이는 진짜 꽃이 되라 함이다. 가짜 꽃이 되지 말라 함이다. 각자면목이란 곧 열매를 맺는 꽃이 되게 자기를 피우라 함이다. 명예와 권세, 출세 등등 탓에 자기를 더럽히며 사는 인간들이 너무나 많다. 왜 가짜 꽃 따위로 진짜 꽃을 시들어 버리게 하는가? 이보다 더 어리석은 짓은 없다.

명성이 지어준 이름을 버리고 본래의 제 이름을 회복하라. 자신의 참모습을 살펴라. 그러면 자기를 잃어버리게 하는 일을 끊어 버릴 수 있다. 부질없는 짓을 위해 애태우는 짓이야말로 얼마나 어리석은가? 이렇게 부처는 우리로 하여금 성찰하게 한다. 껍데기를 벗겨내고 제 알몸을 찾아내라. 佛

낙원으로 이민갈 것 없다

● ● ●

열자(列子)가 사람이 평화로운 시대에 살았더라면 아마도 종북(終北)이라는 나라를 상상하여 만들어 놓지 않았을는지도 모른다. 그도 험한 세상에 살았던 탓으로 그러한 나라를 만들어 놓고 참담한 현실을 잊어 보려고 했을 뿐이다.

열자가 만들어 놓은 종북이라는 나라는 이렇다.

땅은 둥글고 주변에는 높은 산줄기가 병풍처럼 둘러쳐져 있으며 둥근 분지가 쟁반 같다. 그 한가운데에 호령(壺靈)이라는 산이 높이 서 있다. 호령의 정상에는 자혈(滋穴)이라는 샘이 있다. 그 샘에서는 단물이 항상 사방으로 흘러내린다. 자혈의 물을 신분(神糞)이라고 한다. 신분은 신이 누는 똥물이라는 뜻이다. 호령산을 뱅 돌아 신분이 원을 그리며 흐른다. 사람들은 그 강 주변에 모여 산다. 배가 고프면 신분을 마시면 된다. 굶주림이란 없다. 취하고 싶으면 좀 더 마시면 된다.

사는 일이란 신분을 마시는 정도이고, 항상 춤을 추고 노래를 부르기만 하면 된다. 사내들은 힘든 논밭갈이를 하지 않아도 된다. 항상 봄이고, 날씨는 맑고 따뜻해 아낙들은 힘든 길쌈을 하지 않아도 된다. 아무도 옷이라는 것을 걸칠 필요가 없는 까닭이다. 나쁜 벌레라곤 없어서 병이라는 것도 없다. 남녀노소(男女老小)를 가리지 않고 언제나 어울려 논다. 그러다가 사랑을 나누고 싶으면 누구하고나 눈이 맞아

서로 즐긴다. 그러니 인륜(人倫)이라는 것도 따로 없다. 그렇게 백 년을 살다가 병치레 없이 죽으면 된다. 그러므로 종북에는 항상 사람의 수가 늘지도 않고 줄지도 않는다.

열자의 종북이라는 나라는 모두가 바라는 낙원인 셈이다. 거기에는 눈물도 아픔도 없고, 절망이나 좌절도 없다. 항상 웃음만 있고, 춤추고 노래하는 일이 삶의 전부이다. 노래하고 춤추고 놀기만 하는 나라를 진정한 낙원이라고 하면 될까? 곰곰이 씹어 볼 일이다.

이러한 나라를 만들어 놓은 다음 왜 열자는 이 세상을 종북처럼 만들어야 한다고 주장하지는 않았을까? 사람이 사는 이 세상은 그렇게 될 수 없음을 알고 그랬는지도 모른다. 사람의 성질머리를 따지고 보면 그런 종북에서는 며칠은 좋다고 살지 몰라도 영영 살라면 아마 살지 못할 것이다. 사람은 줄곧 행복해도 싫어하고, 줄곧 불행해도 아파한다. 사람의 삶에는 항상 바람처럼 변화가 불어야 하는 까닭이요, 사람은 웃음과 눈물이 함께하므로 살맛이 난다고 변덕을 부리는 까닭이다. 종북에는 그러한 바람이 불지 않는다. 사람은 본래 변화의 바람을 맞아야 살맛을 내는 법이다.

행복만 있기를 고집한다면 행복은 아예 없어져 버린다. 불행이 있어야 행복도 있게 되는 법이다. 이는 절망이 있으므로 희망이 있는 것과 같은 진실이다. 항상 우는 사람이 있다면 그는 천치일 것이고, 항상 웃는 사람이 있다면 그 또한 바보일 뿐이다. 울기도 하고 웃기도 하면서 사람은 삶의 굽이굽이를 돌며 살아간다. 삶을 항해라고 하지 않는가. 항상 고요한 바다는 없다. 거칠 때도 있고 잔잔할 때도 있다. 그래야만 항해가 가능하다. 잔잔하기만 하면 가야 할 배는 멈추고, 항상 거칠기만 하면 떠야 할 배는 부서진다. 산다는 일도 그렇게 곡절을 겪으면서 나아간다. 삶의 뜻이란 바로 이러한 맞물림에서 이루어져 솟아나는 맛일 게다. 인간의 역사에 언제 태평성대가 있었던가. 세상은 한 번도 조용한 적이 없었다.

목숨에는 모두 명(命)이 걸린 탓으로 영원하지를 못한다. 영원하지 못하므로 삶에 대한 욕심이 붙게 된다. 욕심은 갖고 싶은 것, 누리고 싶은 것을 한사코 고집한다. 그러나 그런 것들은 신기루나 무지개 같아 있으면서도 손에 잡히지 않는다. 그래서 욕심은 항상 허망한 욕망의 그림자라는 말이 설득력을 얻는다.

누구나 잘살아 보려고 한다. 이것은 주어진 한계 내에서 최대한으로 삶을 누리자는 인간의 속셈이다. 이러한 속셈이 여러 갈래의 모습으로 드러난다. 잘살겠다는 욕망은 전쟁을 일삼는 전사 같기도 하고, 허망하게 끝내는 사기꾼 같기도 하다.

사람의 삶을 움직이게 하는 변화의 바람이란 곧 전쟁의 생리를 닮고 끊임없이 분다. 그래서 인생은 태평성대를 만날 수가 없는 것이다. 사는 일이 전쟁 같다는 말을 무시로 한다. 전쟁에는 이기는 쪽과 지는 쪽이 있게 마련이다. 누구나 이기는 쪽에 서고 싶어 한다. 그래서 삶의 전쟁이 치열해진다. 여기서 내 편 네 편이 생기고, 사람은 점점 삶에 대한 근본적인 진실에 대하여 오해를 더해 간다. 그래서 너도나도 소인배의 졸병으로 참전하려고 한다.

삶을 전쟁터에서 싸워야 하는 것쯤으로 생각하면 할수록 삶에 대한 오해는 더해만 간다. 삶은 하나의 투쟁일는지도 모르지만 전쟁터의 싸움과는 아주 다르다. 인생이라는 싸움은 전쟁터의 전투가 아니다. 적과 겨루고 다투는 것이 아니라 제 자신과 싸워야 되는 까닭이다. 이 점을 이해하지 못하면 삶에 대한 오해가 눈덩이처럼 불어난다. 열자의 종북에서는 자기와의 싸움이 없어도 되겠지만 인생이라는 현실에서는 철저하게 자기와의 싸움이 있어야 살아가는 맛이 나는 법이다.

나를 이겨내라〔克己〕. 나를 버려라〔舍己〕. 나를 없애라〔無己〕. 나를 취하지 마라〔不取我〕.

왜 옛 성현들은 이런 말을 남겼을까? 인생에서 진정한 승리자는 자기와의 싸움에서 이긴 자가 되는 까닭이다. 삶의 싸움은 남과의 싸움이 아니라 자기와의 싸움인 것을 헤아린다면 삶에 대한 오해는 술술 풀릴 것이 분명하다.

그러나 지금 우리는 삶의 싸움이 마치 남과의 싸움인 양 착각한다. 우리가 삶의 현장에서 범하고 있는 가장 크고 무서운 오류는 바로 이러한 착각이다. 내 삶에서 이기고 지는 것은 바로 나 하기에 달린 것이지 남의 탓이 아님을 안다면 절망하는 것도 내 탓이요, 희망하는 것도 내 덕일 뿐이다.

불행은 행복을 절실하게 한다. 그리고 행복은 불행을 불러오기도 한다. 다만 삶의 행복과 불행은 나의 밖에 있는 것이 아니라 바로 내 안에 있음을 알아두는 것이 중하다. 여기서 바로 나는 나를 이겨내야 한다는 속뜻을 새겨들을 수 있다. 이러한 내가 바로 삶의 참다운 승자가 되는 법이다. 그러므로 나는 제대로 살기 위하여 나 자신과 부단히 싸워야 한다. 이러한 싸움은 언제나 나를 파괴하면서 나를 창조한다. 파괴가 없으면 창조란 없는 것이며, 항상 파괴만 있다면 그것은 삶일 수가 없다. 그래서 나를 먼저 나 자신이 다스리는 일이 삶의 참뜻으로 통한다. 그러니 종북 같은 나라를 소망하거나 종북 같은 나라로 이민가지 않아도 된다.

거짓말하는 것을 안다

"가마니여, 나는 또 거짓말을 알고 거짓말하는 것을 알며, 거짓말을 한 과보를 알고 거짓말을 끊을 줄 안다."

고오타마가 가마니에게 이렇게 말했다. 고오타마는 석가모니 부처를 말한다. 거짓말을 하는 것이 나쁜 줄 아는 것과 거짓말을 하지 않는 것과는 다르다. 거짓말을 하면 돌아오는 결과가 험하다는 것을 알고 있는 것과 거짓말을 끊을 줄 안다는 것 또한 다르다. 아는 것과 실천하는 것은 아주 다르다.

거짓말을 끊을 줄 안다는 것은 거짓말을 하지 않음이다. 하지 않으면 실천할 것도 없다. 끊어 버리는 것은 과보를 물리치는 것과 같다. 모든 일은 인연 따라 일어나는 까닭에 일어날 근거를 끊어 버리면 인연이라는 줄이 끊어져 버리게 된다.

거짓말은 다른 거짓말을 하게 만든다. 거짓은 거짓을 불러오게 마련이다. 거짓말을 한 뒤에 거짓을 숨기려고 이런저런 핑계를 대다 보면 사람은 저절로 천해진다. 자기를 스스로 버리는 일보다 더 천한 과보는 없다.

천한 것을 보호하려고 이런저런 잔꾀를 부리다 보면 사는 일이 버겁게 마련이다. 거짓말을 끊을 줄 안다면 홀가분하게 살아갈 수 있다. 佛

기왓장을 포개 둔 꼴이다

　누와결승(壘瓦結繩). 말 잘하는 짓을 두고 장자가 빗대어 한 말씀이다.

　기와〔瓦〕를 포개 두고〔壘〕 줄〔繩〕을 매듭짓는다〔結〕. 말을 청산유수처럼 하는 짓거리야말로 위태하다는 것이다. 철철 말만 앞세우는 인간치고 듬직하기 어렵다. 포개 둔 기왓장이 무너지면 한 장만 깨지는 것이 아니라 줄줄이 포개진 대로 다 깨지게 마련이다. 매듭은 풀어야 줄을 쓸 수 있지 매듭지어진 것은 쓸 수 없는 일이다. 이처럼 말을 앞세우는 짓은 항상 허망할 뿐이다.

　세 치 혀가 탈인 줄 아는 사람은 침묵할 줄 안다. 침묵(沈默)은 속으로 말하는 짓이다. 목구멍을 닫아 놓고 마음속으로 말하는 것이 침묵이다. 침묵은 귀로 들을 줄 알면서도 입을 열지 못하게 한다. 입 밖으로 나간 말은 거두어들일 수 없다는 것을 침묵하는 사람은 안다.

　포개 둔 기왓장을 한 장씩 땅에 내려놓는다면 깨질 위험은 그만큼 줄어든다. 줄을 못쓰게 한 매듭을 풀어 주면 줄끈으로 다시 쓸 수 있다. 이처럼 탈을 없애고 막힌 일을 다시 통하게 하려면 말을 아낄수록 좋다.

　남보다 잘난 척하고 말을 함부로 늘어놓으면 제 입으로 풀어 낸 줄끈으로 제 몸을 묶는 꼴이 되고 만다. 달변(達辯)은 항상 끝에 가서 몰리고, 눌변(訥辯)은 항상 끝에 가서 풀린다. 道

선정(禪定)은 해탈이다

　선(禪)이란 무엇인가? 망념(妄念)이 일어나지 않으면 그것이 곧 선(禪)이다. 망념을 생심(生心)이라고도 한다. 마음을 내는 것〔生心〕을 멈추면 망념도 따라 일어나지 않는다. 한마디로 욕(欲)을 말함이다. 욕심을 끊어 버리면 망념도 일어나지 않는다. 그러나 욕(欲)을 끊어 버리면 그것이 곧 선(禪)이다.

　정(定)이란 무엇인가? 조용히 앉아서 본성(本性)을 보는 것이 정(定)이다. 본성은 선(禪)을 뒤따라 나타나는 모습이다. 본래 본성은 정(靜)하다. 정(靜)은 고요함이다. 그러나 그러한 고요함을 욕심이 흔들어 놓는다. 바람이 불면 고요하던 물이 물결을 내는 것과 같다. 욕심의 물결을 걷어 내 고요해진 본성을 마주함이 곧 정(定)이다.

　망념, 번뇌, 미혹, 어리석음 등등 여러 가지로 말하지만 모두 한 뜻으로 통한다. 욕심이 들끓어 마음속을 산란(散亂)하게 흐트려 놓는 생각이 망념이다. 이런 망념을 사정없이 끊어 버릴 수 있는 힘이 곧 선(禪)이다.

　선(禪)하면 정(定)하게 마련이다. 욕심을 단칼에 잘라 버렸는데 왜 내 마음이 요동을 치겠는가. 내가 태산같이 제자리를 잡고 허튼 수작 따위를 떠나 있으므로 나를 괴롭히는 것은 하나도 없다. 그러면 나는 거리낌없이 자유롭다. 선정은 이러한 자유를 안겨 준다. 그래서 선정은 곧 해탈(解脫)이다. 佛

삼변(三變)이라는 것이 있다

군자유삼변(君子有三變). 군자에게는 세 가지 다른 것[變]이 있다. 공자의 말씀이다.

그 삼변(三變)을 공자는 엄(儼)과 온(溫) 그리고 여(厲)로 밝히고 있다. 엄(儼)은 엄숙한 외모를 말한다. 온(溫)은 따뜻한 마음이다. 그리고 여(厲)는 옳고 발라 이치에 맞아 틀림이 없음이다. 군자의 외모를 보면 엄숙하지만 군자를 가까이하면 따뜻함을 느끼고, 군자의 말을 들어 보면 한 치의 어긋남도 없다는 점을 들어 공자는 군자의 삼변(三變)이라고 했다.

외모가 엄숙하려면 스스로 절제하고 스스로 자제하는 마음가짐이 앞서야 한다. 가까이할수록 따스함을 느끼게 하는 것은 자기 중심보다 남을 존중하는 마음이 앞서야 가능하다. 말을 낭비하면 결례하기 쉽고, 심하면 무례를 범한다. 그래서 말을 함부로 하지 않는 것을 일러 불사비(不辭費)라 하여 예(禮)의 근본으로 삼는다. 말을 아끼고 아껴서 반드시 꼭 해야 할 말만 하는 것을 일러 여(厲)라고 한다.

몸가짐은 엄숙하지만 마음속은 항상 인자하고 자기가 한 말은 반드시 책임지는 사람. 이런 사람을 일러 공자는 군자(君子)라 했다. 그러므로 공자가 밝힌 이상적인 인간상을 낡았다고 해서는 안 된다. 자제하면서 남을 존중하고 서로 믿고 살 수 있도록 하는 군자는 어느 시대나 귀해서 만나기가 참으로 어렵다.🈯

곡신(谷神)을 두려워하라

곡신불사(谷神不死). 곡신은 죽지 않는다. 노자의 말씀이다.

곡신을 어떻게 이해하면 될까? 우주라고 짐작해도 될 성싶다. 곡(谷)은 텅 빈 골짜기를 뜻한다. 신(神)은 하늘이다. 텅 빈 골짜기 같은 하늘을 일러 노자는 현빈(玄牝)이라고 다시 비유했다.

텅 비어 있으므로 무엇이든 받아들일 수 있고, 받아들이되 소유하지 않는 모습을 곡(谷)이라고 한다. 이러한 곡(谷)을 신(神), 즉 하늘[天]이라 한다. 그 하늘은 새끼를 줄줄이 낳아 길러 주고 키워 주되 소유하지 않는 암말[牝]로 비유하고 있는 노자의 말은 참으로 신비롭다.

수(數)로 따져 계량할 수 있는 것만 믿고 그럴 수 없는 것을 팽개 치려는 현대인은 과학의 맹신자에 속한다. 우주의 지름을 재고 부피를 측정하려 했던 아인슈타인을 노자가 만난다면 부질없는 짓 집어치우라고 했을 것이다. 과학으로 무엇이든 다 알아낼 수 있다는 것은 인간의 오만일 수 있다.

신비를 미신으로 팽개치지 말고 인간이 넘을 수 없는 경지로 받아들인다면 과학을 앞세워 오만해진 인간이 겸허해질 것이다. 겸손하라. 공손하라. 두려워하라.

이러한 마음가짐이 우주에 대한 동양의 마음가짐이다. 천지를 두려워하고 우주를 곡신(谷神) 현빈(玄牝)으로 믿게 되면 인간의 오만은 줄어들 것이 분명하다. 道

돈이 신(神)은 아니지

사람들은 아직까지 정신과 물질은 다르다고 말한다. 이나마 말할 줄 아는 것만으로도 다행스럽다. 하지만 그렇게 말하면서도 믿지는 않는 성싶다. 머지 않아 정신도 물질이라고 선언할 지경이 닥칠 것만 같아 두렵다.

옳은 것과 이로운 것을 분별하라. 이(利)를 탐하지 말고 의(義)를 택하라. 이런 분부가 새겨지던 때가 있었다. 이때는 정신이 앞서고 물질을 뒤로하는 믿음으로 살아갈 수 있었다. 그러나 지금은 그 말씀을 뒤집어야 살 수 있는 세상이 되고 말았다. 김선달이 대동강 물을 팔았다고 해서 놀랄 일이 아니다. 무슨 수를 쓰든 돈만 벌면 된다는 생각이 자자한 까닭이다. 돈으로 무엇이든 흥정할 수 있는 세상이다. 돈에 따라 마음먹기가 달라지는 판국이다. 인정도 돈에 따라 들고 난다. 돈 없이 늙으면 며느리의 눈치는 고사하고 어린 손자의 재롱도 받지 못한다는 것이다. 젊어 한때 한몫 잡지 못한 인생을 안타까워하는 늙은이들을 파고다 공원 같은 데 가면 얼마든지 만날 수가 있다. 이 얼마나 무서운 일인가.

혼수가 적다고 신부를 때려죽이고 감옥에 가는 신랑이 있는가 하면, 결혼 반지가 초라하다고 결혼을 물리고 돌아서는 신부가 한둘이 아니다. 이제 마음 하나로 백년가약을 맺는다는 말은 멀쩡한 거짓말이다. 혼사도 사람 보고 하는 것이 아니라 돈 보고 하는 판이다.

벌은 꿀을 만나면 날지 못하고 개는 고깃덩이를 보면 침을 흘린다. 생명이 있는 것치고 욕심이 없는 것은 없다. 사람도 하나의 생명이니 욕심이 있다 해서 안 될 것은 없다. 하지만 무슨 욕심이든 과하면 탈이 나는 법. 꼬리가 길면 잡히고 아무리 목이 말라도 한 사발의 물이면 족하지 물속으로 온몸을 던질 것은 없는 일이 아닌가.

그러나 사람의 물욕(物慾)은 한이 없다. 온몸을 욕심의 늪으로 던지는 것으로도 속이 차지 않는다. 온 마음을 송두리째 욕심의 수렁 속에 던지려고 덤빈다. 그래서 사람은 꽃 속의 꿀샘을 넘나드는 벌이 아니라 꿀단지 속에 빠져서 온몸을 꿀로 범벅하고 몸부림치는 모습이다.

인간에게 욕망의 꿀을 돈이라고 불러도 무방하다. 인간의 욕망은 이제 무슨 일이 있어도 돈단지에 빠지지 않으면 안 된다고 결심을 다지려 든다. 그렇게 결심하지 않으면 세상에서 천덕꾸러기가 된다고 바동거린다. 늙은이가 대접을 받으려면 통장 잔고가 많아야 하고, 신부가 신랑의 사랑을 사고 신랑이 신부의 마음을 사려 해도 돈이 있어야 한다. 이쯤 되면 돈이라는 욕망의 꿀단지가 지닌 힘은 천지를 능가한다.

아는 것이 힘이라는 말이 시간은 돈이라는 말과 야합하면 물질의 힘이 사람 잡는다는 것을 몰랐던 탓일까? 물질문명이 킹콩처럼 거대해져서 정신이 숨을 쉬게 하는 목숨의 넋을 주리튼다는 사실을 또한 몰랐던 탓일까? 나아가 마음을 편안하게 하는 덕(德)을 밀어내고 나면 물질이 새로운 신(神)으로 군림하게 된다는 현실을 미처 몰랐던 탓일까? 하여튼 이제는 돈이 신(神)처럼 군림한다.

아이디어가 돈이라는 말만큼 무서운 말은 없을 것이다. 이 말은 곧 마음이 돈이 된다는 말로 통하기 때문이다. 그리고 마음을 꾀주머니의 도깨비 방망이 정도로 생각하거나 돈 나와라 뚝딱 하면 돈이 나오는 요술방망이 정도로 마음을 치부하게 되어서는 돈 놓고 돈 먹는다는 말도 당연하다. 바야흐로 현대판 도깨비 방망이, '재(財)테크' 라는 말이 인기를 끌고 있는 중이다.

돈은 욕심의 지갑 속을 정복할 수는 있어도 마음을 송두리째 정복할 수는 없다. 왜냐하면 인간은 빈 손으로 왔다가 빈 손으로 간다는 이치를 결국 터득하기 때문이다. 다이아몬드가 작다고 파혼당한 여자는 다시 결혼할 때 다이아몬드란 필요 없는 것임을 알게 되고, 불효 자식이었던 사내 역시 애비가 된 뒤 제 자식으로부터 불효를 당하게 되면 불효했던 죄값을 받는다고 회개할 줄 아는 것이 인간이다. 이러한 인간이므로 결국 돈마저도 인간을 정복할 수는 없다. 이 얼마나 다행스러운 일인가!

삼외(三畏)라는 것이 있다

　군자유삼외(君子有三畏). 군자(君子)에게는 세 가지 두려움〔三畏〕이 있다. 공자의 말씀이다.

　그 세 가지 두려움이란 무엇인가? 천명(天命)을 두려워하는 것이고, 대인(大人)을 두려워하는 것이며, 성인의 말씀을 두려워하는 것이다.

　그러나 소인은 천명을 얕잡아본다. 천명이 무엇인지 모르는 까닭이다. 소인은 대인을 가볍게 대하고〔狎〕, 성인의 말씀을 업신여긴다〔侮〕. 그래서 소인에게는 세 가지 만용(蠻勇)이 있다고 한다. 불외(不畏)와 압(狎) 그리고 모(侮)가 소인의 세 가지 만용이다.

　목숨을 감사하고 소중히 받드는 마음이 곧 천명을 두려워하는 것이다. 남을 소중히 받들고 자기를 낮출 줄 아는 이를 들어 대인(大人)이라고 한다. 그리고 어질고 곧고 바른 삶을 위하여 자신을 부끄러워하고 뉘우치면서 살라는 당부가 성인의 말씀이다. 소인은 제 목숨만 소중한 줄 안다. 그래서 모질고 영악하게 군다. 소인은 남을 낮추어야 자신이 높아진다고 고집한다. 그리고 소인은 부끄러워할 줄 몰라 뻔뻔스럽고 염치없이 산다. 이러한 소인이 어찌 두려워할 줄 알겠는가.

　군자는 천지를 두려워하고 세상을 두려워하며 만물을 두려워한다. 이러한 두려움은 겁이 나서 무서워하는 것이 아니라 존중하고 공경하는 마음가짐일 뿐이다. 儒

선(善)은 물을 닮는다

상선약수(上善若水). 지극한 선[上善]은 물과 같다[若水]. 노자의 말씀이다.

물은 만물을 이롭게 하되 공치사를 하지 않는다. 그리고 물은 모든 사람이 싫어하는 것을 마다하지 않는다. 인간은 낮은 곳을 싫어하고 높은 곳만을 탐한다. 그러나 물은 낮은 곳을 향한다. 그래서 물은 도(道)에 가깝다고 노자가 말했다.

물처럼 살면 어디든 선한 곳[善處]이 되고, 물과 같은 마음씨는 선한 연못[善淵]이 된다. 물과 같이 베풀면 선한 인[善仁]이 되고, 물과 같은 말은 선한 믿음[善信]이 된다. 무릇 다투지 않는데 어찌 허물이 있겠는가. 물과 같다면 허물이란 없다. 그래서 참으로 지극히 선하다면 물과 같아 허물이 없다[無尤]고 한다.

그러나 사람들은 무[無尤]라는 것을 달가워하지 않고 팽개치려고만 한다. 허물이 있든 말든 상관할 것 없이 뜻하는 바를 성취하면 될 것 아니냐는 듯이 무모하다. 이런 탓에 너도나도 선하지 못한 쪽에 발을 딛고 서 있는 형편이다. 지극한 선은 물과 같다. 이롭게 해 주었으되 생색내지 않고, 자신을 낮추어 크게 되는 물은 항상 자리에 따라 응하면서 어느 하나를 고집하지 않는다. 아래로 아래로 흐르려는 물길을 막을 수 없듯이 선을 떠나 살 수 없음을 잊지 마라. 그래서 노자는 우리를 향해 상선약수(上善若水)라고 했을 터이다. 道

관심(觀心)은 남이 할 수 없다

선가(禪家)에 각자관심(各自觀心)이라는 말이 있다. 저마다 제 마음을 샅샅이 들여다보고 살펴보라. 이것이 각자관심이다. 열길 물속은 알아도 한 길 사람 속은 모른다 하지 않는가. 내 속은 나밖에 들여다볼 수 없다.

마음을 자성(自性)이라 한다. 또한 법(法)이라고도 한다. 본래 마음은 맑고 깨끗하다. 이를 일러 자성청정(自性淸淨)이라 한다. 마음을 살펴 맑고 깨끗한지 들여다보라. 그러면 내 앞에 내 마음속이 드러나게 마련이다. 내 마음을 내가 직시(直視)하면 바로 관심(觀心)이 된다.

견성(見性)이라는 말씀이 있다. 성(性)을 보면 바로 부처가 된다고 한다. 견성성불(見性成佛)이라 하지 않는가. 청정한 마음이 곧 부처이므로 그렇게 말한다. 맑고 깨끗한 마음이란 어떤 마음일까? 번뇌와 망상, 착각, 어리석음 따위를 완전히 끊어 버린 마음을 일러 말한다. 마음이 청정(淸淨)하다면 거기가 곧 부처요, 열반이요, 해방이다.

그러나 마음이 청정하기란 참으로 어렵다. 번뇌의 공장이 바로 마음속인 것을 뿌리칠 수 없는 것이 중생이다. 왜 중생의 마음은 맑지 못한가? 이에 대한 해답은 조주 선사가 분명히 했다. 나를 취하면 더럽고 나를 버리면 깨끗하다. 佛

자신을 엄하게 하라

근이신(謹而信). 행동이 참되고 변함없게 하고, 마음과 말을 같게 하라. 공자의 말씀이다.

삼가 행동을 신중하게 하라. 이렇게 하는 것이 근(謹)이다. 남을 경계하는 것이 아니라 자신을 경계하라. 남에게 엄한 것이 아니라 자신에게 엄하라. 무엇보다 남에게 공손하라. 이런 행동 또한 근(謹)이다.

삼갈 줄 알면 절로 신(信)이 두터워진다. 신(信)은 경(敬)으로 통한다. 선(善)을 받들어 모시는 마음이 곧 경(敬)이다. 듬직한 사람은 남에게 자기를 믿어 달라고 애걸하지 않는다. 남들이 절로 자기를 믿을 수 있도록 마음을 쓰고 말을 조심한다.

변덕스러운 사람은 자신을 잘 다스리려 하지 않는다. 이랬다저랬다 갈 바를 모르고 때와 장소에 따라 우왕좌왕할 뿐 몸 둘 바를 모르는 사람은 천해 보이고 믿음직스럽지 못하다. 그런 사람을 세상이 어찌 환호하겠는가.

한결같은 사람이야말로 귀하다. 세상으로부터 존경받는 사람은 세상이 얼마나 냉엄하고 무서운지를 안다. 그런 까닭에 자신을 귀하게 보전하려고 자신을 엄하게 다스려 남들로부터 믿음을 얻는다. 내가 한결같이 착실하다면 남들이 나를 존경한다. 이것이 근(謹)이다. 내가 진실하면 남들이 나를 믿는다. 이것이 신(信)이다. 그러므로 사회 생활에서 근(謹)과 신(信)은 자신을 귀하게 한다.

느긋하고 알맞게 한다

지나치게 가지면 갖지 않음만 못하고, 칼을 예리하게 갈면 칼날이 오래 가지 못한다. 노자의 말씀이다.

지나치게 하지 마라. 알맞아야 되는 것이 천지의 법이다. 배가 고프다고 허겁지겁 먹어치우면 배탈이 난다. 너무 고파도 괴롭고, 너무 불러도 괴롭다. 알맞게 먹어야 뱃속이 편하다. 칼날이 너무 예리하면 한 번밖에 자르지 못한다. 당장 칼날이 문드러져 나가 버리는 까닭이다. 칼날도 알맞게 서야 오래 잘라 내는 힘을 받는다. 자연의 이치〔道〕는 이렇게 드러난다.

사람도 자연의 이치를 벗어나 살 수 없다. 무쇠만 부러지는 것이 아니라 사람도 무쇠 같으면 부러지고 만다. 돌멩이만 모나면 정을 맞는 것이 아니라 사람도 모나면 정을 맞는다. 무엇이든 지나치고 심하면 자연에 어긋난다.

순리대로 산다는 마음가짐을 일러 무위(無爲)라고 한다. 잘 들게 하려고 칼날을 지나치게 세우려 하거나 남보다 더 많이 가지려고 욕심내는 짓거리는 순리에 어긋날 뿐이다. 그래서 갖고 싶다면 버릴 줄도 알아야 한다. 무위(無爲)는 이런 것이다.

그러나 사람들은 노자의 말을 곧이 들으려 하지 않는다. 한사코 어긋나는 짓을 되풀이하려고 덤빈다. 지나치게 칼을 갈고 지나치게 가지려고 잔수를 부리는 사람은 결국 망한다. 道

어질게 사는 것

● ● ●

삶이란 생사(生死)의 사이를 말한다. 사람은 그 사이를 그냥 주어지는 대로 보내는 것이 아니라 부단히 변화시켜 보내려고 한다. 이런 욕심이 문화를 이루고 역사를 이룬다. 그래서 사람은 여타의 다른 목숨들과는 다르게 살아간다.

하루살이는 하루를 살아도 증손자를 보고 죽음에 이른다는 게다. 그렇다면 하루를 사는 하루살이가 사람보다 더 오래 사는 샘이다. 왜냐하면 사람은 수(壽)를 누려 증손자를 보게 되는 경우가 별로 흔치 않기 때문이다. 그러니 시간의 길이로 목숨의 삶을 따질 것은 아니다. 이를 두고 명(命)이라고 한다.

사람이 누리는 문화나 역사는 무엇일까? 만일 사람이 왜 사는가를 묻지 않고 어떻게 살아야 하는가를 묻지 않는다면 아마도 그것들은 형성되지 않을 게다. 그러므로 문화나 역사는 인간들이 제시하는 삶의 이유와 방법에 대한 해답이다. 그러한 해답은 시대에 따라 장소에 따라 다르게 나타날 수는 있지만 언제 어디서나 사람은 왜 살고, 어떻게 살아야 하는가를 부단히 묻고 해답하는 생각과 행위를 버릴 수 없다.

지금 우리는 왜 사느냐에 대해서 어떤 해답을 갖고 있나? 만일 우리가 하루에 한 번만이라도 스스로에게 나는 왜 사느냐고 묻는 버릇이 있다면 삶의 낭비는 훨씬 줄어들 게다. 모든 사람들이 남을 위해서 산다는 생각을 갖는다면 도둑도 없어질 것이고, 부정부패도 없어질 것이며, 어지럽고 소란스런 세태도 없어질 것이다. 이런 삶을 묶어 덕(德)이라고 한다.

그러나 나를 위하여 산다는 생각이 강하면 강할수록 행동은 경쟁의 생리를 강하게 지니게 마련이다. 남을 이겨내야 하는 까닭이다. 현대인은 경쟁의 시대에 산다. 그러한 경쟁이 나만을 위하는 경쟁이 아니라 우리 모두를 위하는 경쟁이 되지 않으면 졸부(卒富)의 세상이 되기도 하고 권력을 남용하고 보통 사람들이 억울함을 당하는 세태로 병을 앓게 된다. 이런 세태를 일러 부덕(不德)이라 한다.

지금 우리는 어떻게 사느냐에 대해서 어떤 해답을 갖고 있을까? 아마도 저마다 잘살아야 한다는 방향에서 그 해답을 찾고 있을 것이다. 이 세상 어느 누가 못살기를 바랄 것인가. 누구나 잘살고 싶은 욕망은 사람의 본능이다. 그러나 어떻게 사는 것이 잘사는 것인가? 남이야 죽든 말든 나만 잘살면 된다는 생각은 항상 못된 삶의 수단으로 그치고 만다.

도둑질한 것을 훔친 도둑은 부끄러워하지 않고, 도둑질을 당한 쪽은 도둑을 잡아달라 신고할 수도 없다. 그래서 어떤 도둑은 고관이나 부호의 집을 털면 뒤탈이 없고, 보통 사람의 집을 털면 뒤가 시끄럽다고 푸념을 했다는 것이다. 부끄럽지만 지금 우리가 사는 세태는 도둑질로 얼룩진 꼴이 흉한 흉터처럼 여기저기서 기승을 부린다. 우리 모두 도심(盜心)을 감추고 있는 셈이다.

윗물이 맑아야 아랫물이 맑다. 이 말을 그대로 받아들이면 체념하는 꼴이 되고 만다. 왜냐하면 윗물이 흐릴지라도 아랫물은 맑아야 세상을 건질 수 있기 때문이다. 위아래가 두루 맑으면 그 세상은 튼튼하고, 위아래가 두루 흐리면 그 세상은 벼랑에 걸린다.

윗물은 소인배(小人輩)의 성질머리를 버리지 못하고, 아랫물은 맺힌 한풀이로 가득한 분위기다. 이것은 분명 타락의 나락을 향해 걸어가는 어리석음이다. 이러한 어리석음을 생각하는 사람이 얼마나 될까? 왜 우리는 삶의 위기감을 버릴 수 없는가? 지금 우리 모두는 남을 사랑하는 마음이 고갈되어 있는 형편이다. 그래서 우리는 삶을 전쟁 치루는 심정으로 볶고 지지고 덤빈다. 세상이 각박한 것이 아니라 인간이 각박하다. 이는 우리가 어리석은 탓이다.

어리석은 병은 어진 손길로 낫게 해야 한다. 그 병을 고치는 데는 힘으로도 안 되고 돈으로도 안 된다. 삶에서 가장 어리석은 병은 자기 소모(自己消耗)를 짓는 자해(自害)에서 온다. 우리는 저마다 인생을 한풀이하려는 짓이 곧 자해라는 것을 모른다. 이러한 책임은 일차적으로 우리 사회를 이끌어 가는 지도층에 있다.

불로소득으로 놀고 먹는 계층 때문에 일할 의욕이 생기지 않는다고 직언하는 노동자를 텔레비전에서 본 일이 있다. 폐부를 찌른 한마디였다. 우리의 부끄러운 곳을 찔렀기 때문이다. 놀고 먹는 인간들은 누구인가? 도둑들이다. 놀고 먹는 계층을 비호해서는 안 된다. 그것들을 척결해야 하고 엄벌해야 한다. 그네들은 모두 기생충에 불과하다. 돈이면 무엇이든 다 해도 된다는 파렴치범들이 우리 사회에서 발을 붙이지 못하게 해야 한다. 건전하지 못한 돈은 결국 사회를 어리석게 만들어 병들게 하고 신음하게 할 뿐이다. 땀흘린 만큼 사는 세상이 가장 정직한 세상이 아닌가.

　그렇다고 일하는 사람들이 기죽을 필요는 없다. 당당하게 일하고 사는 사람들이 그 세상의 소금인 까닭이다. 세상이 정직하면 일하는 사람의 마음이 편하다. 그러한 세상에는 어진 마음이 통하는 까닭이다. 높은 사람이나 낮은 사람이나 다 어진 마음을 간직하면 위는 아래를 사랑하고 아래는 위를 사랑하는 마음이 다리를 놓는다. 지금 우리는 이러한 까닭을 생각해 보려고 하지 않으니 딱하고 무섭다.

어느 쪽이 주인인가

해즉식섭색(解則識攝色). 깨우치면 앎이 물질을 지배한다. 삼장 법사(三藏法師)의 말씀이다.

깨우침[解]은 어리석음으로부터 벗어났다는 뜻이다. 그렇다면 어리석음이란 무엇일까? 물질을 지배하지 못하고 물질의 종노릇을 하는 짓거리가 곧 어리석음이다.

안다는 것[識]은 곧 나를 뜻한다. 아는 행위는 내가 하는 까닭이다. 색(色)은 온갖 사물을 말한다. 나타나고 드러나는 것이면 모두 색이다. 그런 색을 물질로 생각해 보면 쉽다. 내가 깨우치면 나는 물질을 지배하는 주인이 된다. 그래서 깨우친 사람은 물질을 지배하므로 걸릴 것이 없다.

돈, 돈 하는 사람은 돈이 아무리 많아도 만족하지 못한다. 권세를 탐하는 사람은 아무리 권력을 잡아도 만족하지 못한다. 명성을 탐하는 사람은 명성을 얻을 만큼 얻어도 만족하지 못한다. 오히려 가지면 가질수록 더욱더 갖고 싶어 안달을 낸다. 이런 탓으로 돈, 돈 하는 사람은 돈의 종이 되고, 권세나 명성을 탐하는 사람은 권세와 명성의 노예가 된다.

인간이 돈이나 명성, 권세의 노예가 되는 순간부터 어리석은 자가 되고 만다. 어리석은 인간은 항상 종노릇을 하는 까닭에 마음이 괴롭다. 마음이 괴로워서야 어찌 편안하겠는가? 물질의 노예가 되지 마라. 그러면 곧 해방의 길이 트이고 나는 주인이 된다. 佛

항상 명암(明暗)이 있다

총욕약경(寵辱若驚). 사랑을 받거나 굴욕을 당했을 때 놀라는 듯이 하라. 노자의 말씀이다.

사랑받는다고 기뻐 날뛰지 마라. 미움을 살 수도 있는 까닭이다. 모욕당했다고 분을 참지 못해 발광하지 마라. 오히려 명예를 찾는 기회가 될 수도 있는 까닭이다. 그러므로 사랑을 받든 모욕을 당하든 놀라워하라는 것이다.

사람은 누구나 총(寵)을 바라고 욕(辱)을 싫어한다. 총(寵)은 상대가 나를 귀하게 여기고 대접하는 것이고, 욕(辱)은 상대가 나를 얕보고 천하게 여기는 것이다. 이러한 총욕(寵辱)은 마치 물결처럼 오고간다. 한번 귀한 대접을 받는다 해서 항상 그렇게 되는 것은 아니며, 한번 모욕을 당했다 해서 항상 모욕을 당하는 것은 아니다.

총(寵)이 욕(辱)이 될 수도 있고 욕(辱)이 총(寵)이 될 수도 있는 것이 인생이다. 총애를 받는다고 우쭐하는 자는 버림을 받으면 절망하고 다시 일어서지 못한다. 모욕을 받았다고 끝장을 내려는 자는 잃어버린 명예를 회복할 기회를 놓치고 만다. 이처럼 인생을 버리는 짓을 범해서는 안 된다. 쥐구멍에도 볕들 날이 있는 법이다. 맑은 날에 비가 내릴 날을 생각하고 비 오는 날에 맑은 날을 생각하는 사람은 형편이 좋다고 해서 방정떨지 않고, 형편이 나쁘다고 해서 절망하지 않는다. 날마다 놀라는 심정으로 삶을 마주할 뿐이다. 道

공자의 명(明)은 무엇인가

"명(明)은 무엇입니까?"

자장(子張)이 공자께 물었다.

"물이 스며들어 적실 듯이 소곤대는 말[譖]이나 피부에 닿을 듯이 간절한 말[愬]에 넘어가지 않는 것을 일러 명(明)이라고 한다."

이렇게 공자는 자장에게 대답해 주었다.

헐뜯는 말을 일러 참(譖)이라 한다. 고자질하는 말을 일러 소(愬)라고 한다. 절절하고 절실하게 하소연하는 말 속에는 항상 가시가 있다. 남을 찔러 아프게 하려는 가시가 숨어 있는 줄 모르고 참소(譖愬)에 넘어가는 사람에게는 앞을 내다보는 마음이 없다. 앞을 미리 내다보는 마음을 일러 현명하다 하고 총명하다 한다.

현명한 사람은 덫을 빠져나갈 수 있고 총명한 사람은 덫을 피해 갈 수 있다. 설령 덫에 걸려들었다 해도 현명하다면 덫을 풀고 빠져나갈 수 있고, 덫을 만났다 해도 총명한 사람은 덫이 사나운 줄 알고 피해 갈 수 있다. 그러나 우둔한 사람은 달콤한 말에 솔깃해져 덫에 걸려들어 험하게 망신을 당한다. 儒

노자의 명(明)은 무엇인가

자지자명(自知者明). 자신을 아는 것을 명이라 한다. 노자의 말씀이다.

공자의 명(明)이나 노자의 명(明)이나 따지고 보면 그 내용은 모두 같다. 내가 나를 알아보라. 그러면 나는 밝아진다. 이것이 노자의 명(明)이다.

멀리 볼 줄 아는 것을 일러 공자는 명(明)이라 했고, 노자는 당장 자신을 살펴 알아내는 것을 일러 명(明)이라 했다. 앞을 내다보는 것이야말로 사람을 현명하게 하고 총명하게 한다. 앞을 살피면 일을 조심하게 마련이다.

내가 나를 알면 저절로 겸허(謙虛)해지게 마련이다. 겸허한 사람은 스스로 자신을 낮출 줄 알므로 화(禍)를 면할 수 있고 해(害)를 줄일 수 있다. 길흉(吉凶)은 마음 밖이 아니라 마음 안에 있다. 무엇이 좋은 것〔吉〕이고 무엇이 나쁜 것〔凶〕인가를 스스로 알면 저절로 화를 멀리할 수 있는 일이다.

내가 나를 살피도록 밝게 하라. 그러면 나는 저절로 나 자신을 알 수 있다. 어리석은 나를 원하는가? 어리석기를 바라는 자는 없다. 누구나 현명하기를 바라지만 어리석은 것은 자기 스스로를 잘 살피지 못한 까닭이다. 그래서 노자는 명(明)을 자신이 자신을 알아보는 것이라고 했다. 이미 명지(明智)에 관해 앞에서 말했지만 다시 한번 명(明)을 기억하라. 道

불심(佛心)이란 무엇인가

진여(眞如)도 불심이요, 법성(法性)도 불심이다.

해탈(解脫)도 불심이요, 보리(菩提) 열반(涅槃)도 불심이다.

진여(眞如)란 무슨 말인가? 이상(異相)할 것이 없는 마음이다. 있는 그대로의 마음을 일러 진여라 한다. 그래서 평상심(平常心)이 곧 진여요, 불심이다. 꾀부리지 마라. 그러면 불심이 가깝다.

법성(法性)이란 무슨 말인가? 변하지 않는 마음이다. 이랬다저랬다 변덕을 부리는 심술은 온갖 욕심이 빚어내는 요술일 뿐이다. 본래 마음은 맑고 깨끗하다. 그래서 청정심(淸淨心)이 곧 법성이요, 불심이다. 심술 부리지 마라. 그러면 불심이 가깝다.

해탈(解脫)이란 무슨 말인가? 마음이 무소속이면 그것이 곧 해탈이다. 어떤 패거리에 들어 있지 않으므로 자유롭다. 꼭두각시 노릇을 하지 않아도 된다. 패거리를 짓지 마라. 그러면 불심이 가깝다.

보리(菩提)란 무슨 말인가? 마음 그 자체여서 걸릴 것이 없다면 그것이 곧 보리요, 불심이다. 팔이 안으로 굽는다고 하지 마라. 발목잡힐 짓을 하지 마라. 그러면 불심이 가깝다.

열반(涅槃)이란 무슨 말인가? 마음에 흔적이 하나도 없다. 텅 빈 허공처럼 고요해 잔소리 하나 없다. 적멸(寂滅)이다. 하염없이 그냥 편안하다. 그러면 불심이 가깝다.

행복은 조출하다

행복은 사소한 곳에 있다. 행복은 길가의 풀꽃처럼 조출하게 핀
다. 그것은 백화점의 진열장 속에 있는 것도 아니고, 은행의 금고
나 관청의 높은 의자 위에 있는 것도 아니다. 값으로 따지면 행복
은 비싸지 않고 오히려 싼 편이다. 행복은 큰 것에서가 아니라 작
은 것에서 얻어지는 까닭이다.

사랑하는 연인끼리 서로 손을 잡고 걸어가는 모습을 보면 행복
을 만난다. 그들이 천 원짜리 아이스크림을 사서 들고 나누어 먹는
모습을 보면 더더욱 행복해 보인다. 호텔 레스토랑에서 비싼 음식
을 들어야 행복이 오는 것은 아니다. 이처럼 행복은 조출하다.

행복을 산새가 품고 있는 묏새알 같다고 보면 어떨까 싶다. 아
니면 길가에 아무렇게나 자라 조출하게 핀 풀꽃 같은 것일는지도
모른다. 행복은 조출해야 맑고 깨끗하다. 한 송이 꽃을 받고 기뻐
하는 마음이 곧 행복이며, 연인의 미소를 보는 반가움이 곧 행복
이다. 비싼 옷을 입고 비싼 장신구를 걸치고 위세를 부린다고 행
복이 증명되는 것은 아니다. 그래서 행복을 즐기는 마음을 일러
가난한 마음이라 한다.

마음이 가난한 사람은 행복하다. 이는 거짓말이 아니다. 가난한
마음은 욕심을 부리지 않는다. 행복을 일러 무심(無心)하다 하지
않는가. 욕심은 무심을 초라하다고 비웃겠지만 행복이란 한탕의
행운이나 요행이 아니다. 행복은 검소하고 겸허한 어머니의 손길

같다. 그런 손길을 무심(無心)으로 여기면 된다. 무심하면 당장 행복해진다. 이는 어김없는 참말이다.

부유하면 행복하고 가난하면 불행하다. 이는 물질로 삶을 따지면 맞는 말처럼 들린다. 그러나 돈으로 행복을 살 수 있는지 자문해 보라. 그러면 부유하면 행복하다는 말이 미덥지 못하리라. 돈의 노예가 되어 버린 사람들은 밤마다 가위눌림을 당해 편안한 잠을 잘 수 없다. 악몽으로 밤을 지새는 사람이 어찌 행복하겠는가? 호화판은 오히려 행복에서 멀다.

마음이 가난하면 사소한 것의 기쁨을 값지게 여길 줄 안다. 호주머니에 담배 한 갑이 있으면 얼마나 흐뭇한가. 이것은 흡연자가 갖는 행복이다. 연인이 만나자고 전화를 주면 이는 연인이 누리는 행복이다. 손자가 토실토실하게 자라면 이는 할아버지가 만끽하는 행복이다. 이처럼 행복은 항상 사소하고 조촐한 것에 가까이 있다.

그러나 어디 삶이 행복만으로 채워지겠는가. 한 아름의 행복이 있으면 두 아름의 불행이 따라오는 것이 삶이 아니던가. 그래서 삶을 일러 고(苦)라 하지 않는가. 그렇다고 괴로움[苦]을 무서워할 필요는 없다. 괴롭다고 잔꾀를 부리면 부릴수록 뒤따라올 행복이 멀어지는 법이다.

꿈을 크게 간직하라 하지만 이는 행복을 보장한다는 말은 아니다. 오히려 삶의 꿈이 소담스럽고 수수할수록 행복이 더 가까운 것임을 세상 헤쳐가면서 터득해 간다. 행복은 책으로 배우는 것이 아니라 살아가면서 스스로 얻어지기 때문이다. 그래서 행복은 항상 조촐하게 가까이에서 향긋한 풀꽃처럼 피는 법이다.

큰사람은 고뇌한다

항존진질(恒存疢疾). 항상 열병을 앓듯이 산다. 맹자의 말씀이다. 그렇게 사는 사람은 누구일까? 성실하게 사는 사람이라고 맹자는 밝힌다. 어떻게 살면 성실한가? 이에 대해 맹자는 이렇게 네 마디로 간명하게 대답한다. "덕혜술지(德慧術知)."

덕(德)을 행하는 사람이 성실히 산다. 지혜〔慧〕를 터득하려는 사람이 성실하게 산다. 그리고 새로운 것을 찾아내는 방법〔術〕을 익히려는 사람이 성실하게 산다. 새로운 지식〔知〕을 쌓아 가려는 사람이 성실하게 산다.

덕을 행하기는 쉽지 않다. 후덕한 사람을 만나기가 얼마나 어려운가. 지혜를 터득한다는 것은 요행이 아니다. 어질게 살려는 마음이 있어야 지혜를 터득한다. 학술(學術)도 참으로 어렵다. 새로운 기술을 익히려면 참으로 힘겹다. 항상 새로운 지성을 쌓는 일 역시 무척 어렵다. 되는 둥 마는 둥 살아서는 안 된다. 흥청거리며 되는 대로 막 사는 사람은 스스로 자신을 버린다. 이보다 더 못난 짓은 없다. 스스로 소중한 자신이 되려면 먼저 날마다 사는 마음가짐과 행동을 소홀히 해서는 안 된다. 그래서 맹자는 주경(主敬)을 강조한다.

경건하게 살라. 함부로 살지 마라. 덕을 행하며 지혜를 터득하고 학술과 재능을 겸비하라. 이는 성실하게 살라 함이다. 삶이야말로 무엇보다 소중하다. 儒

원한을 갚는 방법이 있다

　보원이덕(報怨以德). 덕으로 원한[怨]을 갚아라. 노자의 말씀이다. 이에는 이, 눈에는 눈으로 갚겠다고 앙심을 품지 말라 함이다. 이렇게 말하기는 쉽지만 실천하기란 참으로 어렵다. 원수를 갚아야 속이 후련해지지 어떻게 원수를 용서해 주겠는가. 이처럼 한(恨)은 분풀이를 하고 싶어한다. 맺힌 한이 쌓여 원망이 된다. 원망을 슬픔을 쌓는다. 쌓인 슬픔이 한탄으로 이어져 결국 미움이 천하를 태울 듯이 불길로 용트림한다. 분노하라. 복수하라. 이렇게 분통이 화산처럼 폭발하면 결국 칼이 칼을 부른다. 원수를 갚기 위한 칼부림이 일어나 피를 보게 된다. 이런 지경을 만나면 너도나도 다 망한다. 그러니 원수를 용서할 수 있는 길을 터라. 이것은 패배가 아니라 승리이다. 그런 승리를 일러 노자는 보원이덕(報怨以德)이라고 했다.

　앙갚음을 해야 속이 후련할까? 아니다. 주먹 한 대로 앙갚음을 했다면 두 대의 앙갚음이 되돌아올 뿐이다. 먼저 용서하는 쪽이 결국 이긴다. 먼저 이해하는 쪽이 결국 이긴다. 인생을 승패로 볼 것은 없다. 굳이 인생을 승패로 본다면 용서할 줄 알아야 승리한다. 원한이 빚어 내는 복수심은 남을 제압하는 것이 아니라 바로 자신을 망하게 할 뿐이다. 그러나 원한을 용서하면 한으로 얽매였던 나 자신이 풀려나 자유롭다. 이러한 자유가 덕의 선물이다. 道

무념(無念)은 곧 자유이다

　심불염착(心不染着). 마음이 물들지 않고 얽매이지 않는다. 이를 일러 무념(無念)이라 한다. 혜능(慧能)의 말씀이다.

　물들지 않고〔不染〕 얽매이지 않는〔不着〕 마음이 곧 무념이다. 무념은 마음이 맑고 깨끗함〔淸淨〕이다. 나를 취하면 더럽고 나를 취하지 않으면 깨끗하다. 조주 선사의 말씀이다.

　이 역시 혜능의 무념을 말하고 있는 셈이다. 나를 취한다 함은 어떤 주의나 주장을 한다는 뜻이다. 이른바 주의와 주장이란 어떤 생각에 걸려 있음이다. 어떤 생각에 걸려 있다는 것은 결국 어떤 사물(事物)에 대한 자기 견해를 간직하고 있다는 뜻이다. 이러한 온갖 뜻이 마음을 붙들어 버리면 심란(心亂)해진다.

　모든 사물을 일러 색상(色相)이라 한다. 그러므로 무념은 사물에 대한 편견이나 애착을 간직하지 말라 함이다.

　색상에 끌려서 얽매이지 않으면 그 순간 마음은 무념(無念)이다. 잡념(雜念)이 없다. 속셈이 없다. 그렇다면 이 또한 무념이다. 이리저리 궁리해서 꾀를 내 전략을 수립하려 들면 마음이 마치 바람을 만난 물처럼 일렁이게 마련이다. 그러면 마음은 고요할 수 없다. 고요한 마음은 안절부절못할 것이 없다. 그래서 무념은 더할 나위 없는 자유이다. 무념은 마음의 완전한 해방이다. 佛

대인(大人)은 어떤 사람인가

　대인은 어떤 사람인가? '정기(正己)'와 '물정(物正)'이라고 맹자는 밝히고 있다.

　대인은 자신[己]을 바로잡는다[正]. 그런 다음 사물[物]을 바로잡는다[正]. 무엇보다 자신이 먼저 선(善)해야 한다. 자신을 버려 두고 세상을 바로잡을 수는 없다. 자신을 선하게 하면 따라서 바르게 된다. 나 자신이 부정(不正)하다면 결국 세상을 속이고 도둑질한 꼴이다. 대인은 항상 당당하고 떳떳하다.

　그렇다고 대인이 오만스럽다는 것은 결코 아니다. 대인은 겸허하고 겸손할 뿐이다. 겸손하지 않은 선은 없고, 겸허하지 않은 정직은 없는 까닭이다. 항상 부정(不正)한 놈이 건방을 떨며 선한 척하려고 허세를 부릴 뿐이다. 대인은 물정(物正)을 명심하고 살지만 소인은 물정을 몰라 오만스럽다.

　물정(物正)은 순리를 따라 산다는 말과 같다. 자기 중심으로 세상을 요리할 수 없다는 것을 깨우친 사람은 순리가 무엇인지 안다. 그러나 소인은 지만 잘난 줄 알고 세상을 얕보고 덤빈다. 그래서 소인은 어긋난 짓을 범하고도 뻔뻔하다. 소인은 자신을 바로잡는 일을 게을리한 탓으로 파렴치하다. 그래서 맹자는 자신을 버려 두지 말고 찾아 구하라고 했다. 자신을 찾아 구하라. 이것이 곧 정기(正己)이다. 나 자신을 바로잡는다면 나를 마주하는 세상이 나를 거부하지 못한다. 儒

진정한 부자가 있다

　지족자부(知足者富). 만족할 줄 아는[知足] 사람이 부자이다. 노자의 말씀이다.

　부족한 줄만 알고 만족할 줄 모르는 사람은 천하의 돈을 다 긁어모은다 해도 가난을 면치 못한다. 어느 선에서 만족할 줄 알아야 저절로 부자가 되는 법이다. 아흔아홉 냥을 가진 자가 한 냥을 가진 자를 속여 빼앗아 백 냥을 채우려는 속셈이라면 진정한 부(富)를 누릴 수 없다. 재물을 긁어모아 많이 챙긴다고 해서 욕심보따리를 다 채울 수 없는 까닭이다. 한강물을 다 마셔도 갈증이 풀리지 않는 것이 욕심이다.

　인간에게 무욕(無欲)을 강요하기는 어렵다. 욕심을 없애고 살 수는 없다. 본래 욕(欲)은 생존 본능이다. 그러나 과욕(過欲)하지 말라는 말씀은 현명하다. 누구든 욕심이 지나치면 굶주린 개처럼 돌변해 버린다. 과욕(寡欲)이 선생이다. 이 또한 지당한 말씀이다. 욕심을 줄이면 누구든 선생이 될 수 있다. 선생은 사람이 되는 방법을 통하여 만족할 줄 아는 길을 트는 분이다. 그래서 선생은 임금보다 높다고 했다. 자신의 뜻을 다 채우려고 하지 마라. 그러면 만족할 수 없다. 자신을 드러내려고 버둥대지 마라. 그러면 만족할 수 없다. 스스로 겸허하고 겸손해 보라. 그러면 그 순간 만족할 수 있다. 만족하면 더 바랄 것이 없어진다. 이보다 더한 부자는 없음을 노자가 증언하고 있다.道

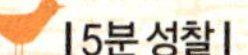

천명(天命)을 잊지 마라

예부터 사람은 사는 것치고 변하지 않는 것은 하나도 없다는 것을 알았던 모양이다. 만일 그 점을 몰랐더라면 사람이 아닌 다른 짐승처럼 그저 맨처음 그대로 살아도 별일이 일어나지 않았을 것이다. 그러나 사람은 주어진 그대로 살기를 한사코 싫어한 까닭에 유별나진 셈이다. 만물은 사람의 손만 타지 않는다면 그대로 있다가 서서히 없어지거나 그냥 사라진다. 산 위의 바위를 보라. 비바람 눈보라에 제 몸뚱이가 서서히 깎여 모래가 되고 흙이 되어도 마냥 한결같이 제자리에 가만히 있다. 산속의 도라지를 보아도 해마다 싹틔움을 반복하면서 그저 그대로 살다가 명이 다하면 하염없이 간다. 참새는 참새대로 그냥 살다 가고, 노루도 그렇게 머물다 산천을 떠난다. 이처럼 사람 아닌 모든 것들은 그저 주어진 대로 있다가 속절없이 가 버린다.

그러나 사람만이 그대로 살지를 못하며, 또 그렇게 살려고 하지도 않는다. 잘사는 뜻을 세워서 그 뜻대로 살려고 이렇게 저렇게 별별 궁리를 한다. 그렇다 보니 사람은 이런저런 뜻을 세워 살길을 찾아 멈추지 않고 나아가려 한다.

장자(莊子)는 천지를 나그네의 주막이라고 했다. 돌이나 풀이나 나무나 모두 처음 묵은 주막에 만족하고 머물다 지나간다. 참새나 노루나 잉어나 갈치도 처음에 주어진 주막에서 살다가 사라져 간다. 오로지 사람만이 이 주막 저 주막이 천지 속에 따로 있다고 믿으면서 진시황(秦始皇)처럼 영생의 약을 찾아 나서는 버릇을 버리지 못한다.

노자(老子)와 장자(莊子)는 하늘의 뜻을 따라 걷자고 한다. 하늘의 뜻이 다하면 멈추어 고향으로 되돌아가면 된다고 한다. 그 고향을 노장(老莊)은 자연이라고 말해 두었다. 모든 것은 흙에서 나와 흙으로 돌아간다는 셈이다. 땅은 하늘을 받들고 사람은 땅을 받든다는 깊은 뜻을 사람들은 잊은 지 오래다. 사람이라고 유별나지 말아야 하고, 산처럼 물처럼 나무처럼 참새처럼 주막에서 나그네로 머물다 가라. 이것이 노장(老莊)의 간절한 부탁인 무위(無爲)이다.

그러나 인간은 저마다 사는 법을 스스로 정하는 것일 뿐 무슨 하늘이고 땅이냐며 만용을 부리는 유일한 동물이다. 천명(天命)이라고? 웃기는 소리 마라. 이렇게 인간은 오만을 부리며 제 맛에 산다고 떵떵거린다. 천명을 얕보게 된 인간이니 운명도 숙명도 다 미신이라고 일갈한다. 그렇지만 성인(聖人)을 그리워했던 현인들은 천명이 삶의 푯대라는 것을 알았다. 그래서 하늘의 뜻은 사람의 뜻을 다스려 사람을 순하게 한다는 선(善)을 알았다. 욕망을 버려라. 그것이 하늘을 따르는 법이다. 이러한 법을 따르지 못하는 것을 두고 부끄러워할 줄 알았던 덕으로 옛 사람들은 자연에 순종하는 길을 따라 삶을 누릴 수 있었다.

그러나 지금 사람들은 자연을 정복한다고 외친다. 자연은 물질의 창고이고, 그 창고의 주인이 곧 인간이라고 선언한다. 사람이 사람을 죽이면 살인범이 되어 죄를 짓지만 산야에 사는 짐승을 재미 삼아 사냥총으로 죽이는 것은 아무런 죄가 되지 않는다고 서슴없이 말한다. 마치 인간이 신이 된 것처럼 호령한다. 인간이 왜 이렇게 오만하고 방자해졌을까? 과학 문명이 일깨운 물질의 힘을 유일신(唯一神)처럼 믿을 뿐 심성(心性)의 참뜻을 잊어버린 탓이다.

성(性)이 천명이고, 그 명(命)을 따르는 것이 도(道)이고, 그 도를 닦는 것이 교(敎)이다. 이는 유가(儒家)가 밝힌 천명이다. 이러한 명(命)을 인간은 이제 부정하려고 한다. 본래 인간성이란 천심(天心)과 인심(人心)을 하나로 보는 생각을 일컫는 말이었다. 그러나 이제는 인간성(人間性)이란 인간이 유일하게 존엄한 생명의 주인이라는 뜻으로 바뀌고 말았다. 그리고 인간은 성(性)을 본능쯤으로 치부하고 성(性)이라는 서양말로 Sex가 아니냐고 반문한다. 이처럼 인간은 육체를 믿고 심성을 믿지 않는다. 그래서 인간은 이 세상에서 가장 잔인한 동물로 표변하고 말았다.

천하의 미인으로 여겨졌던 서시(西施)가 물가에 서면 고기는 무서워 물속으로 숨는다고 장자(莊子)가 말했다. 사람의 눈으로 보면 아름답다는 인간도 물고기의 눈에는 추하고 더럽고 무서운 약탈자로 보일 뿐이라는 장자의 말을 새겨 둘 일이다. 따지고 보면 천명이란 천하의 모든 생명들이 어울려 살라는 말이다. 왜냐하면 모든 목숨은 천지의 것이므로 인간의 목숨만 유별난 것이 아니기 때문이다. 이를 알라는 것이 천명(天命)이다.

사람이 마시는 물이 따로 있는가? 없다. 새도 마시고 지렁이도 마시고 독사도 마시는 물을 사람이 마시고 산다. 사람이 마시는 바람이 따로 있는가? 없다. 하루살이가 숨쉬는 공기나 지네가 숨쉬는 공기나 사람이 숨쉬는 공기나 다를 바가 없다. 사람이 사는 땅이 따로 있는가? 없다. 모든 목숨들이 밟고 사는 땅은 다 같다. 이처럼 천지는 모든 생명을 한결같게 다룬다는 것이 천명의 숨은 뜻이다.

천명을 잊어 인간은 무서운 재앙을 앞에 두고 있다. 한 치 앞을 내다볼 줄 모르는 것이 인간이라니 따지고 보면 인간보다 더한 바보는 없는 셈이다. 바보가 아니고서야 어찌 망나니처럼 이 세상에서 독불장군처럼 군림하려고 하겠는가? 이렇게 자문하는 순간 천명을 잊고 사는 인간이 무섭고 앞날에 닥칠 재앙을 어찌할까 싶어져 두렵고 무섭다.

인간은 본래 선하다

측은지심(惻隱之心). 측은해하는 마음은 누구나 지니고 있다.

수오지심(羞惡之心). 부끄러워하는 마음은 누구나 지니고 있다.

공경지심(恭敬之心). 공경하는 마음은 누구나 지니고 있다.

시비지심(是非之心). 시비를 가리는 마음은 누구나 지니고 있다.

측은해하는 마음이 인(仁)이다. 부끄러워하는 마음이 의(義)이다. 공경하는 마음이 예(禮)이다. 시비를 가리는 마음이 지(智)이다. 이렇게 맹자가 밝히고 있다.

맹자는 성선설(性善說)을 주장한다. 성선설은 무엇인가? 인간은 본래 선(善)한 존재로 태어난다는 주장이다. 그러한 선이란 어떤 것인가? 맹자가 위에서 밝힌 대로 인의예지(仁義禮智)를 합쳐서 선(善)이라고 한다.

불쌍히 여기는 마음은 모질 수 없다. 항상 따뜻하고 어질다. 이렇게 어진 마음이 곧 인(仁)이다. 부끄러워하는 마음은 더러운 짓을 범하지 못한다 항상 곧고 바르다. 이렇게 깨끗한 마음이 의(義)이다. 소중한 것을 받들어 모시는 마음은 항상 겸손하다. 겸손한 마음은 어긋난 짓을 범하지 않는다. 이렇게 겸손한 마음이 예(禮)이다. 그리고 무엇이 옳고 그른지를 알 수 있는 마음은 엄정하다. 시비를 가리자면 엄정해야 한다. 이것이 지(智)이다.

침묵하면 뒤탈이 없다

　언자풍파(言者風波). 말이라는 것은 바람과 물결이다. 장자의 말씀이다.

　가는 말이 고우면 오는 말도 곱다. 산들바람이 불면 물결은 잔잔하다. 뱉는 말이 사나우면 되치는 말도 사납다. 돌개바람이 불면 물결은 미친 듯이 너울친다. 사나운 말은 폭풍보다 더한 힘으로 마음을 때린다. 그러니 세 치 혀를 조심할 일이다. 한번 쏟은 물은 주워담을 수 없고, 한번 뱉은 말 역시 거두어들일 수 없다. 함부로 말하다가 망신당하는 것이야말로 경솔하기 짝이 없는 짓이다. 고요한 물은 그림자를 드리우지만 출렁이는 물은 그림자를 지워 버린다. 마음도 그러하다. 고요한 마음은 사물을 제대로 보지만 출렁이는 마음은 사물을 제대로 보지 못한다.

　사물을 바르게 따져 볼 수 없다면 사리(事理)를 찾아 실마리를 풀 수 없다. 그러면 순리를 떠나고 만다. 사람의 마음이 어긋난 짓을 모르면 함부로 말을 지껄인다. 그러면 하는 일마다 망치게 마련이다. 잘하자는 일일지라도 말 한마디 잘못하면 글러지기 쉽다. 왜냐하면 말 한마디로 천 냥 빚을 갚을 수 있기 때문이다. 말은 아낄수록 좋다. 침묵은 금이다. 말보다 침묵이 사람을 귀하게 한다는 말이다. 입은 무거울수록 좋고 귀와 눈은 밝을수록 좋다. 마음이 깊은 사람은 듣고 볼 때 총명할 뿐 입을 다문다. 침묵하면 태풍도 잠재울 수 있다. 道

변덕스러운 마음이 탈이다

위순상쟁(違順相爭). 어긋남〔違〕과 따름〔順〕이 서로 다툰다. 이 것이 바로 마음의 병이다. 삼조(三祖) 승찬(僧璨) 대사의 말씀이다.

어긋남이란 무엇일까? 따름이란 무엇일까? 이렇게 물어서 상쟁 (相爭)을 해결할 일이 아니다. 이런저런 묻는 자체가 마음의 다툼 이다. 어긋날 것도 없고 따를 것도 없다. 이런 마음이라면 이 생각 저 생각이 나고 질 일이 없을 것이다. 그러나 인간은 항상 상대를 만들어 놓고 밀고 당기고 끌고 뿌리치는 짓을 한사코 한다. 시비를 거는 것, 선악을 따지고 호오를 짓는 것 따위가 다 위순(違順)이다. 그래서 사람은 영악해진다. 나에게 유리하면 순(順)이라 여기고, 나에게 불리하면 위(違)라고 여기는 그 순간 나는 영악하고 간살스 럽다. 내 마음이 잔꾀를 내고 책략을 써서 나를 유리하게 해 보려 고 발버둥친다. 이렇게 해서 마음은 시달리고 앓는다. 근심, 걱정, 고뇌, 절망, 좌절 등등 마음이 앓는 병명은 허다하다.

마음의 병은 다 나름대로 바라는 바가 있어서 생긴다. 바라는 바, 바로 그것이 번뇌라는 것이다. 변덕스러운 마음이 탈이다. 어 긋나기도 하고 따르기도 하면서 이랬다저랬다 종잡기 어려운 마음 이 쉴새없이 싸우고 다툰다. 불타는 장작개비처럼 나는 날마다 마 음을 태운다. 그래서 나는 하루도 편할 날이 없다. 변덕을 부리는 마음이 탈이다. 佛

허공에 도장을 찍는다

마음과 마음은 서로 다르지 않다. 허공에 도장을 찍으면 아무런 문채가 찍히지 않는다. 그렇다고 물건에 도장을 찍으면 법을 이루지 못한다. 황벽(黃檗) 선사의 말씀이다.

마음에서 마음으로 전하는 것은 허공에 도장을 찍는 것과 같다는 것이다. 마음을 서로 주고받을 수 있다면 내 마음이 네 마음이고 네 마음이 내 마음이다. 그러면 네 마음 내 마음이 한마음이 되리라. 그렇다면 너와 나는 의심할 것이 없다. 서로 미소로 온갖 것을 주고받을 수 있겠다. 이러한 미소의 경지를 일러 버림〔捨〕이라 한다.

취하고 버리는 짓〔取捨〕이 곧 마음이 앓는 병이다. 마음이 병을 앓지 않으려면 취사를 그만두라는 것이다. 이것은 취하고 저것은 버리려고 하지 마라. 그런 짓 탓에 마음이 항상 혼란스럽다. 마음이 평온하고 싶은가? 그러하다면 송두리째 버려라. 대사(大捨), 중사(中捨), 소사(小捨). 이처럼 버림〔捨〕에도 크고 작음이 있음을 황벽 선사는 밝힌다. 크게 버리는 것〔大捨〕. 이는 정면에 촛불이 있는 것과 같다. 어두운 곳이 하나도 없다. 적당히 버리는 것〔中捨〕은 촛불이 옆에 있는 것과 같아서 어둡기도 하고 밝기도 하다. 작게 버리는 것〔小捨〕은 촛불이 등 뒤에 있는 것 같아서 눈 앞의 구덩이나 함정을 보지 못한다. 우리는 한사코 버릴 줄 몰라 솜을 짊어지고 인생이라는 강물로 뛰어든다.佛

편 가를 생각이 없다

혼혜기약탁(渾兮其若濁). 혼연(渾然)하구나! 그 모습이 마치 흐린 물과 같다. 노자의 말씀이다.

선악(善惡)이 함께 어우러져 있는 모습이 혼연이다. 시비(是非)가 함께 엮인 대로 있음이 또한 혼연이다. 청탁(淸濁)이 그대로 함께 있음도 혼연이라 한다. 훌륭한 사람은 딱 부러지게 어느 한 편에 기울지 않는다. 밝음이 있으면 어둠이 있게 마련임을 안다. 그래서 훌륭한 사람은 명암(明暗)을 두 패로 갈라놓고 생각하거나 행동하지 않는다. 선한 쪽을 편들어 주고 악한 쪽을 벌 주기를 마다한다. 그렇다고 악을 긍정하고 인정해서 그런 태도를 취하는 것은 아니다. 선하다는 사람도 악을 범할 수 있고, 악하다는 사람도 선을 지을 수 있다는 것을 아는 까닭에 훌륭한 사람은 흐린 물[濁]처럼 가만히 있을 줄 안다. 맑은 물이 따로 있고 흙탕물이 따로 있는 것은 아니다. 그러나 못난 사람은 흙탕물은 더럽다고 단정해 버린다. 시간이 가서 물속에 떠 있던 흙알갱이가 밑바닥으로 가라앉게 되면 물은 본래대로 맑게 된다는 것을 소인은 모른다. 그래서 소인은 이 패 저 패로 갈려서 시비를 걸고 선악을 논하며 싸움질을 마다하지 않는다. 약탁(若濁)이란 잘못된 것이나 더러운 것을 눈감아 준다는 뜻이 아니다. 선한 사람이든 악한 사람이든 다 용서하고 포용해서 버리지 않는 대인(大人)의 모습을 일러 약탁이라 한다. 道

노공(老孔)이 밟은 같은 길

　　성인(聖人)은 지식(知識)을 얻는 방법을 가르쳐 주는 분이 아니다. 다만 제대로 사람이 되어 살아가는 법을 가르쳐 주려고 할 뿐이다. 그래서 노자나 공자를 만나면 우리는 유식한 사람이 되는 쪽이 아니라 철든 사람이 되라는 가르침을 받는다. 이런 까닭에 노공(老孔) 같은 분들이 우리에게 가까운 선생이 되어야 한다. 왜냐하면 지금 우리는 유능한 두뇌로 경쟁의 승자가 되려고만 할 뿐 자신으로 돌아가 얼마나 사람이 되어 있는가에 대한 반문(反問)에는 너무나 인색하기 때문이다.

　　노공은 우리로 하여금 달리 보이는 길을 걷게 한다. 노자는 자연(自然)의 길을 걸어가라 하고, 공자는 문화(文化)의 길을 걸어가라 한다. 자연의 길을 밟는 것을 노자는 무위(無爲)라 하고, 문화의 길을 밟는 것을 공자는 인의(仁義)라 하였다. 그러나 이 두 분이 사람되는 길을 서로 달리 밟게 하지만 그 목적지는 다르지 않다는 것을 잊어서는 안 된다.

　　노자는 왜 인간에게 무위를 말하고 공자는 인의를 말했을까? 그 각각의 길이 우리에게 행복한 삶을 이어 주기 때문이라고 노공(老孔)은 믿었던 까닭이다.

　　행복한 세상은 무엇으로 이루어지는가? 이러한 물음에 노공은 다같이 덕(德)이라고 응답한다. 바로 덕(德)이 무위의 길을 밟든 인의의 길을 밟든 도달하게 되는 목적지가 된다. 그러므로 무위를 앞세운 노자든 인의를 앞세운 공자든 덕을 떠난 세상을 안타까워했던 셈이다. 여기서 두 분은 서로 합의하고 있다.

특히 노자의 보원이덕(報怨以德)이라는 말이 새삼스럽다. 원(怨)을 덕(德)으로 갚아라. 원(怨)이란 무엇일까? 악(惡)에서 비롯된 아픔이라고 생각하면 된다. 원한(怨恨)이란 본래 악이 안겨 주는 상처이다. 덕(德)이란 무엇인가? 선한 것으로 여기면 된다. 본래 덕이란 모든 목숨에 이로운 것이라고 노공(老孔)은 동의하고 있다. 그리고 덕의 근원이 되는 도(道) 역시 만물에 두루 통하는 이치라고 노공은 밝힌다. 다만 도와 덕을 이룩하는 길이 서로 다를 뿐이다.

무위(無爲)로 도덕(道德)을 실현하라. 노자의 부탁이다. 인의(仁義)로 도덕을 이룩하라. 공자의 당부이다. 이처럼 노공은 도덕에 이르는 주장이 서로 다를 뿐 원하는 바 그 목적은 같다. 무위는 자연(自然)이 되라는 말이다. 있는 그대로 가만히 두라는 것이 자연이다. 만물은 그저 그대로 만족하는데 오직 사람만이 갖은 수작을 부리고 주장할 뿐이다. 그러나 결국 수작이 지나쳐 탈을 내서 못 살게 된다. 이렇게 이미 노자는 주장했다. 노자의 말을 듣다 보면 첨단 과학 문명이 빚어내는 공해(公害)가 공포스럽다는 사실을 알 수 있는 일이다.

인의는 서로 사랑하며 올바르게 살라는 말이다. 말하자면 어질고 바른 삶을 경영할 줄 알아야 사람이 된다는 것이다. 어질고 바른 삶을 일러 인의라 한 셈이다. 인(仁)이란 나는 너를 사랑함이고, 너는 나를 사랑함이다. 의(義)라는 것은 그러한 사랑함을 극대

화할 때 약속된다. 공자의 말씀을 듣다 보면 현대 문명이 빚어 낸 극도의 자기 중심이 엄청나게 무서운 착각임을 알게 된다.

인간은 너무나 약고 영악해서 제 손에 든 도끼로 제 발등을 찍는 짓을 범하기 쉽다. 혹을 떼려다 혹 하나 더 붙이고, 그대로 두면 아물 상처를 긁어서 덧내고 마는 어리석은 고집을 부린다. 그래서 성인(聖人)들은 모두 무모한 인간을 안타까워한다.

자비(慈悲)하라는 여래(如來)의 말이나 원수를 사랑하라는 예수의 말이나 노공의 도덕(道德)이라는 말이나 다 같은 길로 통하고 있음이다. 그러나 현대인은 이러한 말씀을 심각하게 받아들이려고 하지 않는다. 거만하고 오만하고 자만해져 우주가 인간의 손 안에 있는 양 착각하고 겁날 것이 없다는 듯이 기고만장이다. 이러한 인간의 말기 현상(末期現狀)이 우리를 두렵게 한다. 그러나 우리는 두려움을 모르고 겁 없이 삶을 낭비하면서 물질만 믿고 과학만 믿으려는 외통수를 고집하면서 끝없이 자충수를 두고 있는 중이다.

도(道)는 어렵지 않다

지도무난(至道無難). 지극한 도는 어렵지 않다. 승찬(僧璨) 대사의 말씀이다.

지극한 도를 어떻게 이해하면 될까? 지극한 도가 극히 쉽다는 것을 이해하기 위하여 임제 선사의 말을 빌리면 어떨까 싶다. "가장 중한 일은 밥 먹고 잠자고 똥누는 일이다."

또 조주 선사의 말을 빌려도 될 것 같다. "평상심(平常心)이다."

어렵게 하는 것은 사람이 끼어들어서 그렇게 될 뿐이다. 왜냐하면 인간은 간택(揀擇)하기를 좋아하기 때문이다. 그래서 지극한 도가 엄청나게 어려운 것처럼 된다. 그래서 승찬 대사는 미워하고 사랑하지만 않으면 지극한 도가 하나도 어렵지 않다는 것은 명백하다고 단언한다.

가리고 따져서 끝까지 시비를 가리려고 하면 할수록 쉬운 것이란 하나도 없다. 인간의 평상심을 산산조각내는 것을 일러 애증(愛憎)이라고 한다. 선한 것과 악한 것, 좋은 것과 싫은 것, 맞는 것과 틀린 것을 정해서 차별하고 분별하려는 욕심이 곧 애증이라는 말이다.

간택(揀擇)하지 마라. 이것은 이것이고 저것은 저것이라고 가리지 마라. 그러면 사는 일이 어렵지 않음을 깨우칠 수 있는 일이다. 애증(愛憎)으로 묶여 모든 일을 상대적으로 시비를 걸어 가리다 보면 모든 일이 매우 어렵게 마련이다. 佛

오행(五行)이란 무엇인가

"수화목금토(水火木金土). 물[水]은 적시고[潤] 내려가며[下], 불[火]은 타고[炎] 올라가고[上], 나무[木]는 굽고[曲] 곧으며[直], 쇠[金]는 따르고[從] 바뀌고[革], 흙[土]은 심고[稼] 거둔다[穡]. 적시고 내려가는 것은 짠 것[鹹]을 만들고, 타고 올라가는 것은 쓴 것[苦]을 만들며, 굽고 곧은 것은 신 것[酸]을 만들고, 따르고 바뀌는 것은 매운 것[辛]을 만들며, 심고 거두는 것은 단 것[甘]을 만든다." 『서경(書經)』「홍범(洪範)」에서 기자(箕子)가 한 말이다.

과학은 만물을 무생물로 해명하려고 하지만 도덕은 만물을 생명으로 해석하려고 한다. 도덕은 돌을 생명으로 보자고 하지만 과학은 죽어 있는 물질로 보자고 한다. 오행은 과학적으로 보면 허망한 말이겠지만 도덕적으로 보면 들어맞는 말이다.

생명을 가능하게 하는 근거를 생각하자는 것이 오행(五行)인 셈이다. 윤하(潤下)는 물이 드러내는 모습[形]이고, 함(鹹)은 물에 숨어 있는 이치[象]이다. 염상(炎上)은 불이 드러내는 모습이고 고(苦)는 불에 숨어 있는 이치이며, 곡직(曲直)은 나무가 드러나는 모습이고 산(酸)은 나무에 숨어 있는 이치이며, 종혁(從革)은 쇠가 드러나는 모습이고 신(辛)은 쇠에 숨어 있는 이치이며, 가색(稼穡)은 흙이 드러나는 모습이고 감(甘)은 흙에 숨어 있는 이치인 셈이다. 오행(五行)은 이렇게 생명의 근거를 해석한다. 儒

오사(五事)란 무엇인가

　"모언시청사(貌言視聽思). 이를 일러 오사(五事)라 한다. 몸가짐〔貌〕은 공손할 것〔恭〕이요, 말씨〔言〕는 이치를 따를 것〔從〕이요, 보기〔視〕는 밝아야 하고〔明〕, 듣기〔聽〕는 분명해야 하며〔聰〕, 생각〔思〕은 슬기로워야 한다〔睿〕."

　이 역시 『서경(書經)』「홍범(洪範)」에서 기자(箕子)가 한 말이다.

　사물(事物)이라고 할 때의 사(事)는 내 안에 있는 것이고, 물(物)은 내 밖에 있는 것이다. 그러므로 사(事)는 내가 하는 바에 따라 나에게 길흉(吉凶)이 되지만 물(物)은 내 뜻 밖에 있지만 이 또한 내가 오사(五事)를 지키면 나를 등지지 않는다. 이를 일러 순리(順理)라고 한다. 그러므로 오사(五事)는 순리에 이르는 길이다.

　공손한가? 그러면 존경을 받는다. 이치에 맞게 말을 하는가? 그러면 신뢰를 얻는다. 밝게 보고 분명하게 듣는가? 그러면 어긋난 짓을 범하지 않아 의젓해진다. 곧고 바르게 생각하는가? 그러면 행동 또한 곧고 발라 당당해진다. 이처럼 오사(五事)는 사람을 귀하게 한다. 오사를 멀리하면 인간은 누구나 천해진다. 거만하면 욕을 먹고 억지를 부리면 따돌림을 당하며, 음흉하고 엉큼하면 장님과 귀머거리가 되는 법이고, 어리석은 생각에 빠지면 시궁창에 제 몸을 던지는 꼴을 면하기 어렵다. 이렇듯 인간이 천하게 되는 것은 오사(五事)를 무시하고 함부로 인생을 사는 탓이다. 儒

복명(復命)하라

복명(復命). 명(命)으로 되돌아온다〔復〕. 노자의 말씀이다.

노자는 만물이 되돌아옴〔復〕을 관찰한 성현이다. 어디로 되돌아온다는 말인가? 변함없는 이치, 즉 도(道)로 되돌아온다 함이다. 이러한 노를 노자는 상(常)이라고 했다.

변함없는 것을 일러 상(常)이라고 한다. 상도(常道)와 상덕(常德)이라는 말은, 상(常)은 도(道), 상(常)은 덕(德)이라는 말이다. 즉 도덕은 변함이 없다는 말이다. 만물은 다 복귀(復歸)한다. 어디로 되돌아간다는 말인가? 도의 품에서 나왔다가 다시 도의 품으로 되돌아간다. 도의 품에서 나오는 것을 생(生)이라 하고, 도의 품으로 되돌아가는 것을 사(死)라고 한다. 생(生)은 유(有)요, 사(死)는 무(無)인 셈이다.

그러므로 사(死)는 끝남이 아니라 생명의 근원으로 되돌아가는 것이다. 이를 일러 복근(復根)이라고 한다. 뿌리로 되돌아가는 것〔復根〕을 한마디로 정(靜)이라 한다. 복근(復根)과 복명(復命)은 다 같은 말이다. 왜냐하면 생명으로 되돌아간다는 뜻이기 때문이다. 이러한 복명과 복근을 한마디로 정(靜)이라 하고, 그 정(靜)은 변함없는 도의 이치를 따르므로 상(常)이라 한다. 이러한 상(常)을 알고 있는 것〔知常〕을 한마디로 명(明)이라 한다. 현명하다 함은 곧 도(道)를 잊거나 무시하지 않는 마음가짐이고, 이러한 마음씨는 넓고 크고 깊어 모든 것을 다 껴안는다〔容〕. 道

진실이란 무엇인가

　염념약행(念念若行)　시명진유(是名眞有).　생각생각마다　행한다면 이를 일러 진실이 있다 한다. 혜능(惠能) 대사의 말씀이다.

　생각만 하고 행하지 않는다면 그것은 위선(僞善)이다. 믿음이 말로만 있고 행동으로 이어지지 않는다면 그 또한 위선이다.

　여래(如來), 여여(如如), 진여(眞如). 진실밖에 없다는 말씀이다. 진실을 어김없이 실천하려면 고행일 수밖에 없다. 생각과 행동이 일치하게 한다는 것은 깨우치지 못한 자에게는 더할 수 없는 고통이요, 고역인 까닭이다. 그래서 혜능 대사는 이렇게 말했다.

　"미욱한 인간은 입으로만 외고〔口念〕, 현명한 자〔智者〕는 마음으로 행한다〔心行〕. 구념은 말만 앞세우는 짓이다. 심행은 뜻하는 대로 행하는 것이다. 뜻하는 대로 행하는 것은 무애(無碍), 즉 걸림 없다는 것이다. 걸림 없다는 것은 묶이지 않음이다. 어떠한 주의나 주장에 사로잡혀 나를 구속하지 않는다면 나는 그 순간 무애의 즐거움을 누릴 수 있다."

　생각이 자유롭다면 거침이 없고 걸림이 없다. 편견이나 아집, 고집은 진실을 볼모로 잡아놓고 자기 중심으로 몰아 버린다. 이른바 이데올로기(Ideology)가 그 같은 고집이요, 편견일 수 있다. 혜능은 인간으로 하여금 거짓됨 없이 진실하게 살라고 한다. 그러려면 마음과 행동이 달라서는 안 된다. 한 치의 틀림이 없다.🔖

노공(老孔)의 도(道)

● ● ●

노공(老孔)의 도(道)는 변화를 관장한다. 노자는 그 변화를 유무(有無)라고 밝힌다. 유무를 자연으로 새겨도 된다. 자연의 모습은 생성하고 소멸하는 것으로 나타난다. 무엇이든 있으므로 없어지고, 없으므로 있게 된다. 이처럼 만물을 있게도 하고 없게도 하는 것을 노자는 도(道)라고 불렀다.

노자는 도가 작용하는 것을 일러 반자(反者)라고 했다. 반자는 여래(如來)의 윤회(輪廻)를 연상하게도 한다. 그러나 노자의 반자는 철학적일 뿐 여래의 윤회처럼 신앙적인 것은 아니다. 철학은 진실을 밝힐 뿐이지만 종교는 진실을 밝힌 다음 믿음을 요구한다. 도의 움직임은 되돌아오는 것〔道之動反者也〕이라고 밝힌 노자는 만물의 있음〔有〕과 없음〔無〕의 관계를 다음처럼 밝힌다. "유는 무에서 생긴다〔有生於無〕."

이러한 유와 무를 노자는 인간 중심으로 생각하지 말라 한다. 왜냐하면 노자는 인간을 자연으로 생각하기 때문이다. 그러므로 노자의 도는 자연이다. 그러나 공자의 도(道)는 철저하게 사람의 도이다. 노자의 도가 자연의 길이라면 공자의 도는 사람의 길이다. 왜 사람은 사람의 길을 밟아야 하는가? 사람은 다른 만물과 다르기 때문이다. 이것이 공자의 근본적인 바탕이다. 여기서 노자와 공자는 생각을 서로 달리하는 길목을 향하고 있는 셈이다. 노자는 사람도 만물의 하나로 보기 때문이다. 노자의 도는 자연의 길이며, 공자의 도는 문화(文化)의 길인 셈이다. 문화는 인간이 날로 발전해 간다고 보는 생각이며, 자연은 있는 그대로 그냥 있어야 한다는 생각이다.

노자의 도는 사람이 범접하지 못하지만 공자의 도는 사람에 의해서 넓혀질 수 있다. 공자는 다음처럼 도를 밝힌다. "사람이 도를 넓힐 수 있는 것이지 도가 사람을 넓히는 것은 아니다〔人能弘道 非道弘人〕."

이처럼 도에 대한 공자의 생각은 노자와 아주 다르다. 노자의 도는 사람을 포함한 만물을 하나로 있게 한 주재자이지만 공자의 도는 사람이 닦아 가는 길과 같다. 사람이 길을 닦아 가는 것을 문(文)이라 한다. 문(文)이란 무엇인가? 사람이 사람답게 살 수 있게 하는 모든 것을 말한다. 그래서 공자는 학문(學文)을 떠나지 말라 한다. 학문(學文)은 학문(學問)이 아니다. 학문(學文)은 사람이 되는 방법을 배우라는 것이고, 학문(學問)은 인간으로 하여금 지식을 탐구하게 한다.

그러나 노자는 자연의 도를 사람도 그대로 따라가라고 한다. 사람의 욕심대로 자연의 길을 손대지 말라고 한다. 노자는 이를 무위(無爲)라고 밝혀 두었다. 그리고 노자의 후예들은 공자가 주장하는 문(文)을 인위(人爲)라고 질타하고, 인위 탓에 인간은 곪어 부스럼을 만들고 사서 병을 앓는다고 꼬집는다.

도가 하는 대로 그냥 내버려두어라. 이것이 노자의 근본 생각이다. 그러나 공자는 사람에게 해로운 것이면 고쳐 없애라고 한다. 노자가 독사를 보면 그것도 살자고 있는 것이니 그대로 두자고 할 것이고, 공자는 잡아 없애라고 할 것이다. 독사한테 물리면 사람이 죽기 때문에 독사를 죽여야 한다는 공자를 노자는 거부한다. 그대로 두면 물지 않을 것을 사람이 건드려 독사가 사람을 무는 것이니 그대로 내버려두라는 것이 노자의 주장이다. 인위와 무위의 차이는 이와 같다. 무위는 사람을 자연에 맡기자는 생각이고, 인위는 만물을 사람의 삶에 맞추어 보자는 생각이다.

노자의 도(道)가 무위로 트여 있고 무심(無心)으로 가는 길이라면, 공자의 도(道)는 인위로 트여 있고 예악(禮樂)으로 넓혀지는 길이다. 사람은 인(仁)과 불인(不仁) 그리고 의(義)와 불의(不義)를 함께 지녔다고 공자는 보았다. 인의는 선(善)이고, 불인과 불의는 악(惡)인 셈이다. 그러나 노자는 선악(善惡)이란 사람이 주장하는 공연한 독단이라고 일축한다. 노자는 자연에는 선악이 없다고 본다. 선악이 없는 자연을 상선(上善)이라 하고, 한마디로 상(常)이라고 한다. 그리고 노자는 자연 그 자체를 덕(德)으로 보고, 공자는 인의(仁義)가 행해짐을 덕이라고 보았다. 그래서 공자는 수기(修己)하라 하고, 노자는 복명(復命)하라 했다. 나는 사람이 되어야 한다. 그러한 나[己]를 닦아라[修]. 자연[命]으로 되돌아가라[復]. 이처럼 노자의 도는 자연으로 가는 길이고, 공자의 도는 사람으로 가는 길이다.

중간을 잡고 나아가라

집중(執中)하라. 맹자의 말씀이다.

이는 중(中)을 지키라 함이다. 중(中)은 중용이겠다. 넘치지도 말고 모자라지도 말라 함이 중용이다. 맹자는 양자(楊子)와 묵자(墨子)를 들어 집중을 잃은 예로 삼았다.

양자(楊子)는 자신을 위하는 것 외에는 다 거절한다. 털 하나 뽑아 천하를 이롭게 하는 일이 있더라도 제 털을 뽑지 않겠다는 것이 양자의 취아(取我)이다.

묵자(墨子)는 자신을 철저하게 희생해 천하를 돕자고 한다. 머리 꼭대기에서부터 발꿈치까지 털이 다 닳아 없어질지라도 천하를 이롭게 하는 일이라면 다 하겠다는 것이 묵자의 겸애(兼愛)이다.

양자의 취아(取我)도 지나치고 묵자의 겸애(兼愛)도 지나치다 하여 막자(莫子)는 취아와 겸애의 중간을 취해 나아갔다. 이러한 막자의 생각을 일러 맹자는 집중(執中)이라 하고, 그러한 집중이 정도에 가깝다고 했다. 그러나 집중하되 응변(應變)하는 것[權]이 없다면 하나를 고집하는 것[執一]과 다를 바가 없다고 맹자는 밝힌다. 그러므로 집중은 한 가지만을 고집하려는 폐단을 없애는 미음가짐이다. 하나를 살리기 위하여 만 가지를 폐한다면 이는 곧 정도를 짓밟는 것에 불과하다. 외고집 외통수는 미래를 내다보지 못한다. 그래서 통변(通變)이라는 지혜를 거역한다.

지식 따위로 뽐내지 마라

"질그릇을 걸고 내기 활쏘기를 하면 활 쏘는 솜씨가 좋다. 하지만 띠쇠를 걸고 내기 활을 쏘면 조금 주저하게 되고, 황금을 걸고 활쏘기를 하면 혼란해지고 만다. 활을 쏘는 재주는 마찬가지일 것인데 물질을 아끼는 마음이 끼어드는 까닭에 활 쏘는 재주가 달라진다."

『장자(莊子)』의 「지락편(至樂篇)」에서 한 뱃사공이 안연(顔淵)에게 해 준 말이다.

안연은 공자의 수제자이다. 그 안연이 노를 잘 젓는 뱃사공을 보고 노 젓는 재주를 배울 수 있느냐고 물었다는 게다. 그 말에 뱃사공은 재주라는 것을 중하게 여기지 말라는 뜻으로 위와 같이 말해 주었다고 한다. 물론 이러한 이야기는 장자가 지어낸 것이라고 보아도 된다. 장자는 왜 이런 우화를 지었을까? 알량한 재주를 빙자해 아는 척하지 말라 함이리라.

하던 짓도 멍석 깔아 놓으면 못한다. 바깥 형편에 따라 잘잘못이 결정난다는 것은 결국 자신이 없음이다. 외물(外物)에 따라 영향을 받는 사람은 분위기나 환경에 따라 혼란해진다. 그래서 자신하던 짓도 서툴러지고 만다. 지식을 믿고 벌이는 재주라는 것이 그러하다. 지식이 많다고 해서 자신을 아는 것은 아니다. 오히려 지식은 자신을 알아보는 데 장애가 되기 쉽다. 눈 뜬 봉사는 누구인가? 지식만 믿고 자신을 몰라보는 인간이다. 道

그놈의 목을 잘라 버려라

남천참묘(南泉斬猫)라는 화두(話頭)가 있다. 화두는 선방(禪房)에서 쓰는 말이다. 한번 말해 보라. 이것이 화두라는 것이다. 남에게 말할 것은 결코 없다. 오로지 자신이 자신에게 말해 보라. 이것이 선가(禪家)의 화두이다.

하루는 고양이 한 마리를 두고 스님들이 두 편으로 갈려서 이러쿵저러쿵 말들이 많았다. 그러자 남천 큰스님이 그 고양이를 잡아 쥐고 스님들을 향해 말해 보라고 고함을 질렀다. 말하면 고양이를 살려 둘 것이요, 말하지 못한다면 고양이 목을 잘라 버리겠다. 이렇게 남천은 야단을 쳤다. 이것이 유명한 남천의 참묘(斬猫)이다.

왁자지껄 떠들던 스님들은 벙어리가 되고 말았다. 그래서 불쌍한 고양이는 남천에게 목을 잘리고 말았다. 이러쿵저러쿵 논란거리를 제공했던 고양이는 목을 잃었다.

남천이 뒤늦게 찾아온 조주 선사에게 참묘의 사건을 말해 주고 조주라면 어찌했겠느냐고 물었다. 그러자 조주는 머리에 짚신을 이고 나가 버렸다. 이런 조주를 보고 남천은 저놈이 그 자리에 있었더라면 고양이의 목을 건졌을 거라고 중얼거렸다는 게나. 스님들도 시비를 걸었고, 남천 큰스님도 시비를 건 셈이 아닌가. 부질없이 시비를 걸어 죄 없는 고양이 목숨만 날렸으니 무슨 말을 더한다는 말입니까? 이렇듯 되받아주고 조주는 훌훌 나가 버린 셈이다. 佛

참으로 어려운 것이 있다

　소사과욕(少私寡欲). 내 것〔私〕을 적게 하고〔少〕 내 욕심〔欲〕을 줄여라〔寡〕. 노자의 말씀이다.

　내 것이 적게 되면 우리 모두의 것〔公〕이 크게 된다. 내 욕심을 줄이면 우리 모두의 이로움〔益〕이 불어난다. 이렇게만 된다면 세상은 저절로 태평해진다. 그러나 우리 모두에게 소사과욕보다 더 어려운 일은 없다. 사욕(私欲)은 항상 과욕(過欲)을 탐하는 까닭이다. 남의 밥에 있는 콩이 커 보이고, 사촌이 논을 사면 배가 아프다는 것이 사욕의 성질이다. 이런 성질을 벗어나 산다는 것은 참으로 어렵다. 그래서 노자는 견소포박(見素抱樸)을 강조한다. 소박함을 잊지 마라〔見素〕. 그러면 그대로 만족한다〔抱樸〕.

　소박하다는 것은 꾸밈도 없고 허세도 없고 허욕도 없음이다. 소박(素樸)은 자연(自然)의 다른 말이다. 자연은 욕심이 없다. 욕심이 지나친 것〔過欲〕은 인간밖에 없다.

　견소포박은 자연을 닮아 살라는 말이다. 그러면 내 것을 적게 하면 할수록 마음이 편하고, 욕심을 줄이면 줄일수록 마음이 홀가분해진다는 것을 저절로 깨우칠 수 있는 일이다. 그러나 인간은 자연을 떠나 문화 생활을 하자고 아우성치는 통에 인간의 세상에는 온갖 욕망이 너울친다. 그러다 보니 누구나 무거운 짐을 덜 줄 몰라 헉헉거린다. 道

단주(丹朱)처럼 되지 마라

　무약단주오(無若丹朱傲). 단주처럼〔若丹朱〕 오만하지 마십시오〔無傲〕. 『서경(書經)』에서 우(禹)가 순(舜) 임금께 올린 말이다.

　단주는 오만하고 거만한 인간이었다. 하는 일 없이 놀기만을 좋아하고 항상 오만하고 포악한 짓을 골라 범했으며, 물이 없는 데서도 배를 띄우려 하였고, 밤낮 없이 음탕하게 놀이판을 벌여 결국 망해 버린 인간이 단주렸다.

　오만한 인간은 거만하다. 세상을 얕보고 위아래를 몰라보는 놈은 어디서든 후레자식 소리를 듣는다. 형편없는 인간일수록 말이 많고 온갖 티를 잡아 험담을 늘어놓으며 뒷말을 뿌리면서 생사람 잡는 짓을 마다하지 않는다. 이런 인간 옆에 있으면 죄 없는 사람이 죄를 뒤집어쓰고 상처를 입게 마련이다.

　단주처럼 되지 마라. 이는 겸허하라는 말이다. 오만하면 원수를 사고, 거만하면 몰매를 맞는 법이다. 그러나 겸손하면 거칠던 바다도 잠잠해지고 험준한 산악도 들길처럼 된다. 내가 남을 업신여기면 곱으로 천해진다. 그러나 남을 존경하면 나는 곱으로 존경받는다. 이러한 비밀이 곧 겸손(謙遜)이며 겸허(謙虛)이다. 나를 낮추는 것은 결국 나를 높이는 것임을 아는 사람은 단주 같은 어리석음을 범할 리가 없다. 그러나 단주 같은 무리들이 끊이지 않아 세상이 소란스럽다. 儒

짓밟히는 예(禮)

● ● ●

사람은 선(善)한가, 아니면 악(惡)한가? 맹자(孟子)는 사람의 본바탕[性]은 선하다 했다. 그러나 순자(荀子)는 사람의 본바탕은 악하다 했다. 사람의 본모습을 선으로 본 맹자는 인(仁)을 주장했고, 사람의 그것을 악으로 본 순자는 예(禮)를 주장했다. 인(仁)이란 무엇인가? 남을 먼저 사랑하라는 것이다. 예(禮)란 무엇일까? 나를 이겨내라는 것이다. 이처럼 옛날부터 맹순(孟荀)은 서로 입장을 다투었다.

요즘 세상은 순자를 새삼 생각나게 한다. 과연 사람은 선한 존재일까? 허다한 사건이 이러한 질문을 던지는 까닭이다. 욕망을 천하게 여겼던 세상에서는 맹자의 말씀이 실감나지만 욕망을 앞세우는 세상에서는 순자가 가리키는 길이 호소력을 얻는다.

인생이 마치 치열한 경기장 같은 꼴이다. 그래서 정정당당한 삶의 경기를 보기가 어렵다. 반칙투성이의 삶이 버젓하게 치장되고, 외로 가든 모로 가든 서울만 가면 된다는 승부욕이 하늘을 닿아 산다는 일이 마치 칼날 위에 놓여 있는 듯할 때가 허다하다. 그러니 사람들은 살벌하고 매정하고 무섭다. 왜 이렇게 되었는가?

나를 앞세우고 남을 뒤로 밀어내야 삶이라는 경기에서 이긴다는 욕심 때문이다. 이는 사납기 짝이 없는 반칙이다. 백성의 분노는 범하기 어렵고, 한 사람의 욕심은 이루어지기 어렵다. 그래서 공자는 낚시질을 할지라도 투망질은 하지 않으며, 나는 새는 쏘아

잡을지언정 앉아서 자고 있는 새는 잡지는 않겠다고 했다. 세상을 얕보고 거칠게 살지 말라 함이다.

순자는 왜 예(禮)로 사람을 다스리자고 했을까? 저마다 욕심을 사납게 앞세우고 남을 해치려는 악을 인간들이 범하려고 하는 까닭이다. 예(禮)는 자신이 자신을 다스리는 법인 셈이다. 그러한 법을 실천하기 위하여 나는 나를 이겨내야 한다. 극기(克己)하라. 이것이 예(禮)의 부름이다.

욕심을 사납게 부리려는 나를 다스려라. 그러면 예(禮)로 돌아간다. 이를 복례(復禮)라고 한다. 우리는 지금 극기복례를 무시한 지 이미 오래다. 그래서 정정당당하게 경기하기보다는 술수를 써서 수작을 부리려 한다. 결례(缺禮)하고 무례(無禮)하게 인생을 얕보려 한다.

인간을 욕심의 덩어리로 본 순자는 인간을 현실적으로 보았던 셈이고, 인의(仁義)를 앞세웠던 맹자는 인간을 이상적으로 보았던 셈이다. 우리가 사는 현실이 유토피아(Utopia)가 된다면 얼마나 좋을까. 그러나 그러한 소망은 언제나 하나의 꿈이라는 것을 역사와 문화가 말해 준다. 확실히 인간의 욕망은 악의 씨를 뿌린다. 그러한 씨는 녹초처럼 남을 해하고 아픔을 준다. 이러한 악을 다스리려면 항상 예(禮)가 살아 있어야 한다. 그래서 순자의 생각을 깡그리 무시하기가 어렵다는 생각도 든다.

남을 높이고 나를 낮추면 예(禮)는 살아서 숨을 쉬고, 내가 먼저이고 네가 뒤라고 하면 예(禮)는 짓밟히고 만다. 사람들이 서로 믿고 의지하면서 살려면 이러한 예(禮)가 바로 질서의 바탕을 이

룬다. 그러나 우리는 그것을 등지고 살아가도 된다는 듯이 아우성
이다.

 돈 좀 벌었다고, 지체가 좀 높아졌다고 삶의 승자가 되었단 말
인가? 예(禮)는 이러한 질문을 던지고 있다. 그대의 행동이 당당
하고 떳떳하며 부끄러움이 없는가? 이렇게 묻기도 한다. 이처럼
예(禮)는 자신의 속을 들여다보게 한다. 그러니 순자도 따지고 보
면 맹자의 아류가 되는 면이 없지 않은 편이다. 순자의 주장도 결
국에는 누구나 다 선해야 한다는 결론에 도달하는 까닭이다.

무(無)는 칼날 같다

　무상(無相). 모양〔相〕이 없다. 무주(無住). 머물 곳〔住〕이 없다. 무념(無念). 생각〔念〕이 없다. 이처럼 무(無)는 없다는 뜻으로 낯익어 있는 말이다. 없다는 것은 옹색하다는 것이 아니다. 오히려 이것저것 시비를 가리지 않아 홀가분하다 함이다. 어느 것 하나 없다는 것이 아니라 걸릴 것이 없음이다. 그러니 무(無)는 자유 그것일레라. 나를 묶어 두거나 붙들어 두려는 것들이 없음이다. 상(相), 즉 모양이란 무엇인가? 어떤 주장이나 주의 등이 모두 모양이다. 고집하는 주의나 주장은 나를 붙들어 묶어 두게 마련이다. 그러면 저절로 한 자리를 차고앉아 이런저런 수작을 부리는 터를 잡는다. 그러한 터를 일러 주(住)라고 한다. 고집할 것도 없고 주장할 것도 없다. 마음 쓸 일이 없다. 이런저런 생각을 하지 않는다면 곧장 마음은 편안하다. 무심하다는 것은 한량없이 마음이 편안하다 함이 아닌가. 마음고생이 몸고생보다 더 괴롭다. 마음고생을 겪어 본 사람은 왜 마음이 편해야 하는지 안다. 무(無)는 자유롭게 하는 것이다. 무애(無碍)라는 말이 있지만 그냥 무(無)라는 한 자면 족하리라. 그러나 무(無) 뒤에 상(相), 주(住), 이(異) 등을 달아 붙여 이렇게 저렇게 말하는 것은 사람들이 번뇌망상을 일삼아 여러 방법으로 소란을 피우는 까닭이다. 마음이 짓는 소란을 단칼로 잘라 버리는 칼이 곧 무(無)인 셈이다. 무(無)는 아프게 하는 칼날이 아니라 편안케 하려고 상처를 도려내는 칼이다. 佛

금줄을 넘지 마라

넘지 않아야 될 선이 있는가 하면 넘지 말아야 할 선이 있다. 그래서 수분(守分)하라고 한다. 이를 맹자는 수기(守己)하라 했다. 『주역(周易)』에 나오는 존호개(存乎介) 역시 같은 말씀이다.

저마다〔介〕 따라 알맞게 있다〔存〕. 뱁새는 뱁새대로 걷고, 황새는 황새대로 걷는다. 뱁새가 황새걸음을 탐하지 않고 황새가 뱁새걸음을 얕보지 않음이 곧 존호개이다. 사람을 제외하면 과욕(過欲)할 줄 아는 존재는 없다.

사람은 제 욕심이 지나쳐 넘지 말아야 할 선을 넘는다. 착하고 어진 사람은 무엇보다 과욕(過欲)을 가장 무서워한다. 그래서 나아가고 싶을 때는 물러서는 경우를 생각하고, 이기고 싶다면 지는 경우를 떠올려 삼간다. 신독(愼獨)하라. 홀로 있을수록 삼가라〔愼獨〕. 저 잘난 척하지 말아라. 참으로 못난 놈이 저 잘난 척하고 우쭐대는 것이다. 달리는 수레와 대적하겠다고 덤비는 사마귀를 아는가? 제 힘만 믿고 까불다 사마귀는 그만 수레바퀴에 깔려 흙바닥에 납작하게 찍히고 말았다는 우화가 『장자(莊子)』에 나온다. 세상에는 의외로 깔려서 납작해진 사마귀 같은 인간들이 많다. 한 돈도 안 되는 놈이 한 냥이 나간다고 허풍을 떨다 돌개바람에 먼지처럼 곤두박질치는 인간들이 세상에는 너무나 많다. 날리는 먼지 꼴이 되지 않으려면 저마다 알맞게 금줄을 긋고 살아야 한다. 儒

천방(天放)이라는 말이 있다

　천명(天命)의 명(命)을 장자(莊子)는 천방(天放)이라고 풀이했다. 나아가 그 명을 동덕(同德)이라고도 풀이했다. 하늘이 만물을 풀어놓고 키운다는 것이 천방이다. 울 안에 가두어두지 않고 넓은 산하에 풀어놓고 키우는 것을 일러 방목(放牧)이라 하지 않는가. 양치기는 양을 편애하지 않는다. 그래서 성자를 일러 양치는 목자(牧者)와 같다고 하지 않는가. 편애하지 않고 골고루 한결같이 거두어 키우는 것이 곧 동덕(同德) 아닌가. 목동은 산골짜기 하나를 터로 잡아 양을 방목할 줄 알고, 장자는 하늘이 곧 만물을 방목하는 줄을 알았다. 두보는 하늘을 조롱으로 보고, 일월(日月)을 그 조롱 속에 든 새로 비유했으니 시성(詩聖)의 상상력도 장자의 생각에 비하면 옹색한 편이다. 편애하지 말고 박애하라. 그러면 천방의 한 자락에 안기는 셈이다. 우리는 얼마나 편애를 일삼으며 사는가. 예쁜 놈 있고, 미운 놈 있고, 편을 갈라 이러쿵저러쿵 싸움질하면서 얼마나 속을 태우고 애를 끓이는가. 하루하루 살기가 어려운 것은 재물이 빈궁해서만은 아니다. 오히려 마음이 빈궁해 더 옹색하고 쪼들리며 사는 것이 아닌가. 후련하고 홀가분하게 훨훨 털고 걸림 없이 살기를 바란다면 편애하는 버릇부터 털어 버릴 일이다. 가장 더럽고 너절한 먼지가 곧 편애하려는 좁은 마음이다. 미운 놈 고운 놈 갈라놓고 편짜기를 해서야 어찌 편히 살겠는가? 천방(天放)하라. 道

없다 함은 무엇이 없다 함인가

　생각하는 바가 있다〔有念〕. 생각하는 바가 없다〔無念〕. 있다면 무슨 생각이 있다는 것이며, 없다면 무엇이 없다 함인가? 생각하는 바가 있다 함은 이런저런 일이 있음이다. 이런저런 일이 있다 함은 이미 상대(相對)가 있다 함이다. 그런 상대함이 없다면 곧 생각하는 바가 없음이다. 그러니 유념(有念)은 상대한다 함이고, 무념(無念)은 상대하지 않는다 함이다.

　유무(有無), 선악(善惡), 길흉(吉凶), 호오(好惡) 등등 인간은 이루 다 말할 수 없을 만큼 온갖 것을 상대짓는다. 상대를 짓다 보니 편이 생기고, 편을 짓다 보니 패가 생긴다. 패가 생기면 다투게 되고, 다투게 되면 싸우게 된다. 싸운 뒤끝에는 항상 성패(成敗)가 나뉘어 이기는 놈이 지는 놈을 업수이 여기는 꼴이 생긴다. 이러한 과정이 곧 번뇌가 지어내는 연극이다. 왜 인생을 일러 한갓 꿈이라고 했나? 부질없는 일을 두고 목숨을 거는 어리석음을 짓는 까닭이리라.

　나는 지금 어떤 어리석음을 짓고 있나? 생각해 보라. 그러면 자신이 무섭다는 생각이 불쑥 떠오르리라. 이 순간에 헛된 생각을 뿌리친다면 참으로 용감하다. 그러한 용기를 일러 무념(無念)으로 들어가는 문턱이라고 불러도 된다.

　상대를 짓고 힘겨루기를 하지 마라. 그러면 나는 절로 자유로워진다. 무념, 자유, 해방은 모두 한 골목이다. 佛

말은 아낄수록 좋다

사유험이(辭有險易).『주역(周易)』「십익(十翼)」에 있는 말씀이다. 말(辭)에는 어려운 것(險)도 있고 쉬운 것(易)도 있다. 하기 쉬운 말이 있는가 하면 하기 어려운 말도 있다. 그러나 말을 함부로 대하지 마라. 잘못하면 세 치 혀가 탈을 낸다. 말 한마디로 천냥 빚을 갚는다. 이는 쉬운 말이 가져다 주는 보답이다. 그러나 벽에도 귀가 있다. 말조심하라는 말이다. 이는 험한 말이 불러오는 재앙이다. 세 치 혀가 칼보다 더 위험하다는 말을 새긴다면『주역(周易)』의 말씀을 새겨듣게 된다.

말 잘한다고 나서지 마라. 입 하나만 믿고 떠들다간 험한 말이 튀어나와 낭패를 당하기 쉽다. 그래서 건방진 놈은 입을 마음대로 놀리고, 현명한 사람은 될 수 있는 대로 입술을 다문다. 분한 말을 토하고 싶은가? 그렇다면 입술을 깨물어서라도 입을 다물어라. 튀어나오려는 말일수록 죽이는 법이다. 말은 아낄수록 좋다. 침묵은 금이라고 하지 않는가.

말하는 데 무슨 돈이 드느냐고 하면서 남이 듣기 좋은 말만 골라 하는 인간은 천하에 못난 놈이다. 그런 자는 아첨꾼에 불과하기 때문이다. 그러나 말을 아끼면서 남의 말에 귀를 기울이는 사람은 항상 남의 눈치를 보지 않는다. 쓸데없는 말을 뱉어 낭패 당할 일을 범하지 않는 까닭이다. 말에는 가시도 있고 향기도 있다.

잃어버린 낙(樂)

* * *

　쾌락(快樂)이라는 말은 누구나 안다. 그러나 열락(悅樂)이라는 말은 별로 쓰이지 않는다. 쾌락은 몸을 신나게 하여 마음을 붕 띄우고 놀아나게 한다. 그러나 열락은 몸을 숨죽이게 하고 마음에 날개를 달아 텅 빈 하늘처럼 되게 한다. 그래서 쾌락은 쾌감으로 심신을 얽어매고 태워 버리지만 열락은 심신을 하나가 되게 하여 아무런 걸림 없이 노닐게 한다.

　쾌락의 끝에는 마약 같은 것이 기다리고 있지만 열락의 절정에는 명상이라는 꽃이 핀다. 이러한 명상의 꽃을 피운 몸과 마음은 하나가 된다. 그리고 그 심신은 스스로 속삭인다. '아, 즐거워라.' 이것은 만족하는 마음이 내는 침묵의 소리이다. 그러한 소리를 내게 되는 순간 우리는 낙(樂)을 누린다.

　낙(樂)이란 무엇일까? 노장(老莊)으로 보면 유(遊)일 것이고, 공맹(孔孟)으로 보면 화(和)일 것이다. 유(遊)란 무엇일까? 걸림 없이 노니는 것이다. 우주선 속에서 우주인이 무중력 상태에서 움직이는 모습처럼 걸림 없게 된 마음의 모습을 생각하면 될 것이다.

　화(和)란 무엇일까? 여러 개의 꽃잎이 모여 한 송이의 꽃을 이루어 내는 것처럼 마음속이 어느 것 하나 어긋남 없이 어울려 있는 모습을 화(和)라고 여기면 될 것이다. 패를 지어 싸울 것 없다. 서로 어울리며 놀아라.

　마음이 노닐려면 자유로워야 한다. 마음속이 어울리려면 만족스러워야 한다. 그래서 노장의 낙은 자유(自遊)이고, 공맹의 낙은 중용(中庸)인 셈이다.

낙을 잃어버리거나 잊지 마라. 그러나 너무 탐하지는 마라. 낙을 지나치게 탐하면 타락하거나 방탕해지고 만다. 장자는 이렇게 밝힌다. "내가 나비가 되었나, 나비가 내가 되었나. 나비가 나일까 내가 나비일까. 하여튼 나는 나비가 되고 나비는 내가 되어 노닐었다."

놀아나는 것은 낙이 아니다. 놀아난다는 것은 이미 치우쳐 버린 것을 말한다. 무엇이든 치우치면 고(苦)이다. 마약 중독자는 낙을 완전히 잃어버린 당사자이다. 틈만 나면 노름을 해야 하는 사람도 마약에 걸린 것이며, 밤마다 술을 마시고 노래방의 마이크를 잡아야 긴장이 풀리고 디스코텍에 가서 온몸을 흔들어야 몸이 풀린다거나 포르노 화면을 보면 몸에 열이 난다고 우쭐대는 사람들도 마약 중독증에 걸려든 사람들이다. 이러한 사람들은 삶을 탕진하는 사람들이지 삶을 즐기는 사람은 아니다.

참으로 삶을 즐길 줄 아는가? 이렇게 묻는 사람이 있다면 그런 자야말로 낙이란 무엇인가를 생각하려는 사람이다. 삶을 즐긴다는 것, 그것은 삶을 만족한다는 것이다. 삶을 아프게 하면 이미 낙을 잃어버린 것이다. 그래서 『예기(禮記)』의 「악기(樂記)」에 보면 삶이 절실해서 시(詩)를 읊어야 하고, 노래를 불러야 하고, 춤을 추어야 한다고 되어 있다. 삶의 아픔을 이겨내게 하는 것이 낙이다. 그러나 쾌락의 탐닉은 삶의 아픔을 피하거나 잊어 보려는 몸부림이요, 방편이다. 쾌락(快樂)은 더욱 아프게 할 뿐이다. 끝이 허망하기 때문이다. 쾌락이라는 것은 낙을 탕진하려고 한다. 그래서 쾌락은 우리를 흥분시킨다. 흥분하려면 여러 가지로 돈이 든다. 우리를 흥분만 시키고 책임지지 않는 갖가지 유흥 업종을 보라. 놀아나면 자신을 소모하고 탕진하게 된다. 참으로 진정한 낙은 방탕을 막아 주는 성채와 같다.

낙은 바깥의 자극에 의해서 얻어지는 것이 아니라 스스로 만족하는 지혜이다. 부족에서 오는 아픔을 극복하려면 무소유(無所有)를 즐겨야 하는 법이다. 그런 자유를 누릴 줄 알아야 하는 비밀을 일러 만족이라 한다. 그러므로 낙이란 행복을 찾아주는 열쇠와 같다. 그러한 열쇠는 백화점 같은 곳에 가서 살 수 있는 것이 아니다. 그렇다면 낙은 어디에 있단 말인가? 바로 내 마음에 있다. 이렇게 공맹과 노장이 맞장구친다. 내가 둘이 되어 대화를 나누어 보라. 그리고 아픈 일들을 하나씩 제쳐 가면서 나를 만나 보라.

껍질을 다 벗기고 난 뒤 아무런 걸림 없이 홀로 있는 나를 마주 바라볼 때 나는 나비가 되어 꽃 속을 노니는 그런 자유(自遊)를 확인할 것이며, 치우침이 없는 중용(中庸)을 누리고, 나아가 낙이 있음을 또한 누릴 것이다. 이러한 누림이야말로 변함없는 살맛이렸다.

길흉(吉凶)은 왜 생기는가

『주역(周易)』은 천지인(天地人)을 일러 삼재(三才)라 한다. 삼재(三才)의 삼(三)은 천도(天道), 지도(地道), 인도(人道)를 말하고, 삼재(三才)의 재(才)는 저마다 도(道)의 변동(變動)을 헤아리게 한다. 삼도가 따로 있는 것이 아니라 서로 겸하여 있다 함은 곧 서로 관계를 맺는다 함이다. 하늘 따로, 땅 따로, 사람 따로, 만물 따로, 이렇게 보지 마라. 삼재의 도(道)가 서로 변동하므로 이를 일러 효(爻)라고 말한 것이다.

수없이 많아 저마다 등급이 있다는 것을 일러 효(爻)라고 한다. 그래서 효(爻)는 곧 물(物)이다. 물(物)은 서로 섞여 있으므로 그 모습을 일러 문(文)이라 한다. 그러므로 문물(文物)은 곧 천하의 모습이지 사람의 것만은 아니다.

『주역(周易)』의 「십익(十翼)」은 문(文)이 마땅치 않아 길흉(吉凶)이 생긴다고 밝히고 있다. 천지의 입장에서 본다면 마땅하거나 마땅치 않거나 분별할 것이 없다. 그러나 생물의 입장에서 보면 천지의 변동이 마땅한 경우도 있고, 마땅치 않은 경우도 있다. 폭우로 홍수가 졌을 때 떠내려가 죽지 않으려고 풀잎을 물고 늘어져 있는 피라미에게 홍수의 물길은 흉한 것이 아닌가. 나아가 인간이 짓는 욕심이야말로 가장 무서운 인간의 마땅치 않은 문(文)이다. 욕심이 짓는 마땅치 못한 모습에서 흉이 생긴다는 것은 분명하다. 儒

사선행(四禪行)은 법이다

　욕심을 버리고 생각하고 행동하되 무위(無爲)를 즐긴다. 이를 첫째 선행(禪行)이라 한다. 무위는 걸림 없는 생각이요, 걸림 없는 행동이다. 나를 이롭게 하려고 수작을 부리지 않아도 그만큼 무위에 가깝다. 무위, 그것은 번뇌를 끊어 없앰이다. 첫째 선행(禪行)을 무위라 불러도 무방하리라.

　생각도 없어지고 행동도 없어졌으니 안으로 한 마음 편안하고 고요하다. 생각마저 없으니 무슨 행동이 따라 일어나겠나. 흔들릴 것도 없고 서둘 것도 없다. 그저 그냥 가만히 맑고 깨끗한 수면처럼 세상 만물이 그냥 왔다갔다 할 뿐이다. 이는 무한한 기쁨이요, 즐거움이 아니냐. 이를 정생(定生)이라 하여 둘째 선행이라 한다.

　마음에 음란한 것이 없으니 마음이 편안하고, 따라서 몸이 바르면서 참다운 것이 보인다. 기쁨과 즐거움마저도 멀리 사라져 버렸다. 멸(滅)하고 사(捨)하라. 기쁨과 즐거움마저도 부숴 버려라〔滅〕. 그리고 버려라〔捨〕. 이를 일러 셋째 선행이라 한다.

　괴로워하지 않는다〔不苦〕. 즐거워하지도 않는다〔不樂〕. 마음이 맑고 깨끗해야 한다는 생각마저도 버린다. 그러니 근심할 것도 없어져 버렸고, 기뻐할 것도 없어져 버렸다. 허공에 구름이 가는 것은 바람이 부는 탓이다. 바람 한 점 없는 허공을 일러 뭐라 할까? 그런 허공이 아마도 넷째 선행과 같으리라.佛

왜 무사(無私)하다 하는가

　도(道)는 무사(無私)하다. 사(私)가 없다. 이것은 공평(公平)하다 한다. 그렇다면 공평하다 함은 무슨 뜻인가? 이를 노자는 이렇게 풀었다. "곡즉전(曲則全)하며 왕즉직(往則直)하고 와즉영(窪則盈)하고 폐즉신(敝則新)하며 소즉득(少則得)하고 다즉혹(多則惑)한다."

　이지러지면 온전하게 한다〔曲則全〕. 굽어지면 곧게 한다〔枉則直〕. 움푹 비었으면 채우게 한다〔窪則盈〕. 오래됐으면 새롭게 한다〔敝則新〕. 적으면 얻게 하고〔少則得〕 많으면 잃게 한다〔多則惑〕. 이러한 것이 도(道)가 행하는 변화이다. 다다익선(多多益善)이란 사람의 욕심이지 천지에는 없다. 그래서 이기고 싶다면 지는 것을 생각하고, 얻고 싶다면 잃을 것을 생각하라 함이 곧 무사(無私)의 길이다. 남이야 어찌 되든 나만 잘살면 그만이라고 여기는 인간은 반드시 제 명에 못사는 법이다. 이를 일러 도를 어기고 살아남을 자는 없다고 한다.

　나만 옳고 너는 글렀다고 하지 마라. 그러면 무사(無私)에 가깝다. 스스로 잘났다고 자만하지 마라. 그러면 무사에 가깝다. 그리고 무엇보다 자화자찬하지 마라. 그러면 무사에 가깝다. 뒤로 엎어졌는데 왜 코가 깨지겠는가? 무사할 줄 몰라서 당하는 망신이다. 망신당하고 싶지 않다면 무사(無私)를 따르면 된다. 道

무구득(毋苟得)이라는 말이 있다

재물에 임해서는 구차스럽게 얻으려고 하지 마라. 이것이 무구득(毋苟得)이다. 어찌 재물뿐이겠는가. 권력과 명성 앞에서도 의젓해야 스스로를 더럽히지 않는다. 그래서 재물이나 권력 앞에서는 가장 먼저 의(義)를 생각하라 했다.

옳고 바르다는 것[義]은 무엇인가? 내가 나를 부끄러워할 줄 알면 그 순간 의(義)가 비롯된다. 그러나 무엇이 부끄러운 것인지를 모르면 그 순간 불의(不義)가 생긴다. 의를 일러 깨끗하다 하고, 불의를 일러 더럽다 한다.

나를 취하면 의가 멀어져 더러워지기 쉽고, 나를 취하지 않으면 의가 가까워져 절로 깨끗해진다. 무엇이 깨끗해진다 함인가? 내 마음이 깨끗해진다는 것이다. 그러니 선(善)은 결국 내 마음이 맑고 깨끗해야 이루어진다. 의(義)는 선의 보루와 같다.

구차하게 재물 앞에 비굴할 것 없고, 명성 앞에 굽실거릴 것도 없다. 참으로 못난 짓은 자신을 스스로 구차하고 비굴하게 하는 짓이다. 나를 내가 귀하게 하고 싶다면 예(禮)를 떠나지 말라 했다. 왜 그런가? 예는 구차하게 구걸하려는 짓이 얼마나 부끄러운지를 터득하게 하는 까닭이다. 애걸복걸하지 말라는 무구득(毋苟得)은 곧 예를 받들어 살라는 말씀이다. 의롭게 사는 것이 예(禮)이다. 그러려면 내가 나를 당당하고 떳떳하게 갈무리해야 한다.

도(道)는 통하고 흐른다

머묾이 없다〔無住〕. 이는 무엇에 머물러 있지 말라 함이다. 모습이 없다〔無相〕. 이는 무엇을 고집하지 말라 함이다. 변하지 않는 것은 없다〔無常〕. 변함이 없는 절대란 없다 함이다. 여기서 무(無)는 그냥 없다는 뜻으로서의 무(無)가 아니리라.

마음이 머물러 있지 않으면〔心不住在〕 이것을 일러 통하고 흐른다는 것〔通流〕이다. 이렇게 선가(禪家)의 육조(六祖) 혜능(惠能)이 말했다. 머물려 하는 것을 통하고 흐르게 하라. 이것이 곧 무주(無住)이겠다. 고집을 버리고 통해서 흐르게 하라. 이것이 곧 무상(無相)일 것이고, 나아가 무상(無常)일 것이다.

그래서 혜능은 도(道)는 반드시 통하고 흐른다는 지혜를 밝힐 수 있었다. 통하고 흐른다. 이것은 걸림 없이 자유롭다는 경지일 뿐 변덕스럽다는 것은 아니다. 나아가 이랬다저랬다 한다는 것도 아니다. 인간이 짓는 변덕이란 무엇인가? 어리석음이다.

나에게 이로우면 좋고, 나에게 해로우면 나쁘다는 심술이 곧 변덕이다. 이런 심술이 곧 어리석음이다. 이러한 심술로부터 벗어난다면 어리석음에서 벗어날 수 있는 길을 얻는다. 이를 일러 깨우침〔悟道〕이라고 한다. 나를 자유롭게 하는 길이므로 혜능은 통류(通流)라 한 셈이다. 허공에 흘러가는 구름처럼 막힘도 걸림도 없는 마음이라면 무엇을 더 바라겠는가. 더할 것 없다.佛

『논어(論語)』에 있는 군자

『논어(論語)』에는 사람은 사람을 사랑해야 하고, 사람과 사람의 삶을 사랑해야 한다는 길이 있다. 물론 그 길은 공자께서 터놓았다. 공자의 길은 몹시 인간다운 길이다. 그 길을 인의(仁義)라 한다. 인(仁)은 남을 먼저 사랑하라 함이다. 나를 사랑하고 남을 멀리하면 그것이 곧 불인(不仁)이다.

공자의 의(義)는 인(仁)을 철저하게 실천하라 함이다. 사랑으로 행동하라. 이것이 곧 의이다. 나를 사랑하면 이(利)가 되기 쉽고, 남을 사랑하면 인(仁)을 실천하는 의로 통한다. 옳은 것을 사랑하고 믿으며 행동하면 그것이 곧 의이며, 옳지 못한 것을 탐하고 노리면 그것이 곧 불의(不義)인 것이다.

이러한 인의(仁義)의 길을 걷는 사람을 공자는 군자(君子)라고 했다. 사랑하는 방법을 가르쳐 주는 이를 일러 군자라 한다. 군자는 오로지 모든 사람들에게 사랑하는 방법을 몸소 실천하는 사람이다. 그러므로 군자는 옛날에만 통했던 인간형이 아니다. 어느 세상이나 그 세상이 제대로 되려면 사람이 사람을 사랑할 줄 알아야 하고, 사람의 삶을 사랑할 줄 알아야 한다. 그러한 사랑의 방법을 실천해 보이는 사람을 어느 세상이 부르지 않을 것인가. 그러므로 여전히 오늘을 사는 우리도 공자가 밝힌 군자를 부르고 있는 중이다. 다만 그러한 군자가 없어서 세상이 시끄럽고 불안하고 무서울 뿐이다.

　군자는 사람의 힘을 믿지 물질의 힘을 믿지 않는다. 명예나 권력보다 사람을 사랑하고, 물질보다 사람을 사랑하며, 돈보다 사람을 사랑하는 까닭이다. 이러한 군자를 『논어(論語)』에서 만나면 현대인은 누구나 왜소해지고 부끄럽고 쑥스럽게 된다.

　군자와 상대되는 사람을 공자는 소인(小人)이라고 했다. 그러면서 공자는 군자가 의(義)를 밝히면 소인은 이(利)를 밝힌다고 꼬집었다. 『논어(論語)』에서 살아 있는 군자를 만나면 내가 얼마나 소인배인지를 확인할 수 있다. 그런데 오히려 이러한 확인이 곧 나에게 소금이 된다. 그래서 『논어(論語)』의 군자는 나를 썩지 않게 하면서 당당하고 떳떳하게 하는 길을 밟으라고 한다.

　군자는 남을 사랑하고 그 사랑을 실천하는 길을 걷기 위하여 먼저 그 자신을 닦는다. 이를 공자는 수기(修己)라고 했다. 먼저 자신을 닦아라. 소크라테스가 네 자신을 알라고 했던 것 역시 공자의 수기(修己)로 통한다. 사람의 근본 문제는 동서(東西)가 따로 있는 것이 아니다.

　수기(修己)를 위하여 공자는 먼저 예악(禮樂)을 강조한다. 예악(禮樂)이란 마음속에 인(仁)이 충만한가를 스스로 확인하는 것이며, 그러한 충만으로 행동하는 의(義)가 몸에 배어 있는가를 확인하는 것이다. 사람의 가슴속에 인(仁)이 없다면 예(禮)가 무슨 소용이 있으며 악(樂)이 무슨 소용이 있겠느냐고 공자는 반문한다. 그러므로 군자는 인의를 실현하려면 예악으로 몸과 마음을 스스로 닦으라고 한다.

　군자는 왜 수기(修己)하는가? 남을 편안하게 하려고 그렇게 한다. 남을 편안케 하라〔安人〕. 그러면 군자가 된다. 수기(修己)는 안인(安人)으로 통해야 한다. 출세한 사람이 오로지 제 욕심만 차린다면 세상은 더러워지고 만다. 더러운 세상은 항상 법의 심판을 불러오고, 부귀영화를 심판대에 오르게 한다. 이러한 현상은 왜 일어나는가? 수기안인(修己安人)을 멀리한 탓이다. 그래서 공자는 수기는 곧 극기(克己)라 했고, 안인은 곧 복례(復禮)라 했다.

나를 닦는 것〔修己〕은 곧 나를 이겨내는 것〔克己〕이다. 남을 편하게 하는 것〔安人〕은 곧 사랑을 실천하는 마음과 행위로 돌아가는 것〔復禮〕이다. 그렇다면 군자는 누구인가? 남을 편안하게 하고 남을 행복하게 해 주는 사람이 곧 군자이다. 이러한 군자를 어느 세상이 멀리하고 싫어할 것인가.

여래의 보살(菩薩), 노자의 진인(眞人), 공자의 군자(君子), 장자의 지인(至人), 그리고 맹자의 대장부(大丈夫)는 모두 남과 세상을 사랑하는 인간형이다. 다만 노장(老莊)의 진인이나 지인은 사람을 자연으로 돌아가게 하는 대인(大人)이며, 공맹(孔孟)의 군자나 대장부는 사람을 문화(文化)로 향하게 하는 대인일 뿐이다. 노장의 대인이든 공맹의 대인이든 바라는 바의 목적지는 모두 같다. 그 목적지는 어디인가? 보원이덕(報怨以德)의 경지이다.

보원이덕을 쉽게 말하면 원수를 사랑하라는 말로 통한다. 원통하다고 원통하게 갚으면 원한은 두 배로 커진다. 증오를 증오로 앙갚음하면 그 증오는 오뉴월의 서리처럼 목숨을 해치고 만다. 행복은 둘이 나누면 두 배로 늘고, 불행은 둘이 나누면 반으로 준다. 이는 원한을 덕으로 갚는 경우와 같다. 원한마저도 사랑이 되게 하는 것이 곧 덕(德)이다. 그래서 덕은 충(忠)이요, 서(恕)이다.

성실한 마음이 충(忠)이다. 용서하는 마음이 서(恕)이다. 이러한 충서(忠恕)의 마음이 인의를 행하는 군자의 마음가짐이다. 그래서 군자는 사람과 사람을 서로 부드럽게 통하게 하고, 아름답게 어울리도록 길을 닦고 다리를 놓는다.

군자는 남이 몰라준다고 아쉬워하거나 안타까워하지 않는다. 군자는 결코 공치사를 바라지 않는다. 자진해서 비단옷 입고 밤길 걷는 일을 마다하지 않는다. 다만 부끄러워할 줄 알 뿐 칭송받기를 바라지 않으며, 남이 욕한다 해서 성내지 않는다. 그래서 항상 『논어(論語)』의 군자는 드러나지 않고서도 세상의 선생이 된다.

이르되 이르지 않고

말이 헤픈 사람은 실없게 마련이다. 말만 앞세울 뿐 행동이 뒤따를 수 없는 까닭이다. 말만 앞세우는 것은 그림 속의 떡과 같을 뿐이다. 행할 수 없거든 말하지 마라. 이것보다 더 무서운 주문은 없다. 우리는 왜 자주 침묵해야 하는가? 함부로 말을 낭비할 수 없기 때문이 아닌가.

도부도(到不到) 부도도(不到到)라는 말씀이 있다. 이르되[到] 이르지 않는다[不到]. 이는 말을 앞세우지 말라 함이다. 이르지 않되[不到] 이르렀다[到]. 이는 말하지 않았으나 행동으로 옮겼음이다.

말은 이르렀어도 행이 이르지 못함을 일러 도부도(到不到)라 한다. 행은 이르렀으되 말은 이르지 못함을 일러 부도도(不到到)라 한다. 말과 행이 어우러져 다 이르는 것을 일러 도도(到到)라 한다. 부처님의 미소를 어떻게 마주하면 될까? 부처님의 미소야말로 도도(到到)인 셈이다.

함부로 부처님의 미소를 흉내짓지 마라. 너나 할 것 없이 말은 잘하면서 행은 인색하기 짝이 없지 않는가. 정직(正直)이라는 말은 알면서도 정직을 행하기를 꺼려하는 짓들이 세상을 어둡게 한다. 도도(到到), 이 말은 말과 행이 차이가 없음이다. 생각과 행동이 둘이 아니라는 말이다. 도도야말로 불이(不二)가 아닌가. 생각과 행동이 둘이 아니다. 그러면 속 다르고 겉 다른 인간은 없어진다.佛

스스로 제 자랑하는가

　나는 슬기로운 사람이고 나 자신은 항상 현명하다고 생각하는 이가 있다면 그 사람은 천하에서 가장 덜 떨어진 못난 인간이다. 자신이 현명하다고 여기는 순간 어리석어지는 법이다. 인간이 현명하다는 것은 자연스럽다는 뜻이다.

　당신의 생각과 행동이 자연스럽다. 이런 말을 들어야 현명한 사람이다. 그렇지 않고 당신의 생각과 행동이 부자연스럽다. 이런 말을 들을 때는 한번쯤 자신을 솔직하게 성찰해 보아야 한다. 노자가 이렇게 말했다. "자현자(自見者) 불명(不明)."

　자신[自]을 드러내는[見] 사람은 현명하지 않다[不明]. 내가 나를 옳다고 하면 남이 그렇게 인정해 주지 않는다. 내가 부자연스럽기 때문이다. 남이 나를 옳다고 인정해 주는 것이 자연스러운 것이다. 내가 나를 유능하다고 자랑하는 것 또한 부자연스럽다. 제 자랑을 일삼다 보면 공이 없어진다. 그래서 어리석은 자는 공치사를 늘어놓는 법이다. 그래서 노자는 자현(自見)과 자시(自是) 그리고 사빌(自伐)과 자긍(自矜)은 부자연스럽다고 밝혔다.

　스스로 현명하다고 드러내는 것이 자현이다. 자신이 옳다고 스스로 주장하는 것이 자시이다. 제 자랑하면서 공치사하는 것이 자벌이다. 그리고 스스로 잘난 척하면서 뽐내는 짓이 자긍이다. 못난 짓이 곧 부자연이다.道

불가식(不家食)하라

　'자식이 사랑스럽다면 품 안에 끼고 돌지 마라.', '밉다면 떡 하나 더 주고 예쁘다면 매 한 대 더 때려라.' 이런 속담 속에는 거두어 기르는 일을 바르게 하라는 뜻이 숨어 있다. 어리석은 부모는 온실 속의 화초처럼 자식을 키우고, 현명한 부모는 들판의 풀처럼 스스로 자라게 한다.

　『주역(周易)』「대축괘(大畜卦)」에 '불가식(不家食)'이라는 말이 있다. 울타리 안에 가두어 놓고 먹이지 마라. 넓은 초원에 나가 소나 말이나 양이 제 마음대로 풀을 뜯어먹고 살도록 하라. 그러면 저마다의 뜻대로 바람직하게 자랄 것이다.

　공주병이나 왕자병에 걸린 상태로 자식을 내버려둔다면 부모는 가장 고치기 힘든 병을 자식에게 옮겨 주고 있는 셈이다. 자식의 인생을 송두리째 책임진다고 생각하는 부모가 있다면 그런 부모야말로 무모하기 짝이 없다.

　고기를 주지 말고 고기 잡는 방법을 가르쳐 주라는 유태인의 육아법도 따지고 보면 불가식(不家食)에 속한다. 스스로 서서 걸을 수 있어야지 부모에게 안겨서 평생을 살 수는 없는 일이다. 스스로 살아갈 수 있는 능력을 스스로 키우도록 거두고 돌봐 주는 것이 불가식(不家食)의 참뜻이다.

　귀한 자식일수록 멀리 떠나 보내라. 본래 큰물에서 놀아야 큰 고기가 되는 법이다.

혼륜(渾淪)은 탄생이다

우주를 만든 기운(氣運)이 아직 나타나지 않은 때를 일러 태역(太易)이라 하고, 기운이 우주를 만들기 시작한 때를 일러 태초(太初)라 하며, 형상(形狀)을 시작한 때를 일러 태시(太始)라 하고, 성질(性質)을 갖기 시작한 때를 일러 태소(太素)라 한다. 이렇게 열자(列子)는 네 가지의 태(太)를 말했다.

태역(太易), 태초(太初), 태시(太始), 태소(太素)를 하나로 묶어 혼륜(渾淪)이라고 한다. 서로 떨어져 있지 않고 섞여 있는 때를 일러 혼륜이라 하다. 무엇이 섞여 있다는 말인가? 기(氣)와 형(形)과 질(質)이 서로 섞여 있다는 말이다. 혼륜은 혼돈이다. 혼돈은 무질서가 아니라 질서를 짓는 탄생의 자궁과 같다.

기운이 드러나 만물이 생긴다. 어떻게 드러나는가? 음양(陰陽)으로 드러난다. 음양을 암컷과 수컷처럼 생각해도 된다. 암수가 만나 교접을 해야 새 것이 탄생하는 것이다. 무릇 탄생한 것은 저마다 형(形)과 질(質)을 지닌다.

형(形)을 몸〔身〕으로 비유하면 될 것이고, 질(質)을 마음〔心〕으로 비유하면 될 것이다. 그러므로 기(氣)는 만물을 낳는 어버이인 셈이다. 만물은 저마다 모두 형식과 내용을 갖는다. 기운이 만물을 낳는 것을 일러 혼륜(渾淪)이라고 열자는 불렀던 셈이다. 그러므로 열자의 혼륜은 창조하는 혼돈이다. 道

가까이하지 말 것이 있다

"두 가지 일이 있다. 도를 배우는 사람은 그것을 가까이하지 마라. 그 두 가지란 욕심을 버리지 못하고 즐거움을 탐하는 것이다. 그 두 가지는 비천한 법으로서 온갖 괴로움의 실마리이다. 그 실마리가 이른바 두 가지 일이 있다는 것이다."

부처께서 이렇게 말했다. 위의 두 가지 일을 가까이하지 않으면 마음은 저절로 평정을 얻는다. 그러면 마음에는 맺음도 없고 원한도 없고, 성냄도 없고 다툼도 없게 된다. 욕심이 이런저런 맺음을 지어 무엇은 좋고 무엇은 나쁘다고 패를 가른다. 그러면 다시 원한이 생겨 적을 만든다. 그러면 적은 다시 다툼을 불러오고, 다툼은 분노와 증오를 불러온다. 이렇게 욕심은 나를 불구덩이 속에서 뒹굴게 한다. 화염 속에서 거미가 거미줄을 치고 고기 한 마리가 차를 끓인다는 화두(話頭)가 생각난다. 아마도 이 화두는 부처께서 말한 두 가지 가까이하지 말 것을 새겨 보라고 명령하는 것 같구나. 욕심도 불구덩이고, 즐거움을 탐닉하는 것 또한 불구덩이다. 그런 불구덩이를 아랑곳하지 않고 그 속에서 거미줄을 치는 거미야말로 불구덩이를 멀리하는 놈이요, 불구덩이를 이용해 차를 끓이는 고기야말로 불길 같은 탐닉을 한 잔의 차로 식혀 훌훌 마셔서 화염을 꺼버리는 놈이 아닌가. 욕심을 멀리하라. 그리고 탐닉을 멀리하라. 그러면 마음이 평정해져 시끄러울 것 없다. 그러나 그러기가 참으로 어렵다.佛

작을수록 커지는 것

큰 것은 크고 작은 것은 작다. 이렇게 잘라서 관계를 단정할 수 없는 것이 있다. 작을수록 커지고 클수록 작아지는 관계가 있는 까닭이다. 인욕(人慾)이 바로 그러한 관계이다. 그래서 사람은 대인(大人)도 될 수 있고 소인(小人)도 될 수 있다.

욕심을 두고 말한다면 인간은 짐승만도 못하다. 짐승의 욕심은 뱃속만 채우면 그것으로 만족하고 한계를 지킨다. 그러나 인간의 욕심은 밑도 없고 끝도 없다. 그런 욕심 탓에 인간은 천하에서 가장 추한 동물로 추락해 버렸다. 한이 없는 욕심꾸러기로 전락할 수 있다는 점에서 인간은 추악한 동물이다.

그러나 인간은 유일하게 부끄러워하고 뉘우칠 줄 아는 존재이다. 인간은 짐승과는 달리 선악(善惡)을 분별하고, 선에서 멀어지면 부끄러워하고, 악에 물들면 뉘우치는 마음을 간직하고 있으므로 위대하다. 그런 마음을 유혹하여 선악의 분별을 망가지게 하는 것이 곧 인욕(人慾)이다.

욕심을 다스릴 줄 모르면 험한 덫에 걸려들고 만다. 특히 지위가 높거나 명성이 자자한 사람이 욕심을 부릴수록 그런 자의 인생은 험상궂고 흉하게 된다. 대통령을 지냈던 한 사람이 제 욕심을 갈무리할 줄 몰랐던 탓으로 개망신을 당하는 꼴을 보면 인간은 왜 저마다 제 욕심을 다스려야 하는지를 알 수 있다.

대권을 쥔 자가 욕심을 사납게 부리면 나라가 위태로워진다는 것은 변함없는 진리다. 하지만 우리는 탐욕을 즐기는 무리처럼 돌변하고 있는 증세를 두려워할 줄 모르고 막되게 사는 형편이다. 대통령이 도둑질을 하면 백성은 죄를 범해도 부끄러워할 줄 모르게 된다. 예부터 임금이 훔치면 신하는 빼앗는다고 했다. 훔치고 뺏는 세상보다 더한 위기(危機)의 현실은 없다. 지금 우리는 그런 위기를 마주하고 있는 셈이다.

전직 대통령 하나를 감옥에 보낸다고 우리가 처한 위기가 사라지는 것은 아니다. 참으로 지난 20세기 동안 우리가 불륜(不倫)의 인생을 살아왔다는 것을 뉘우치지 않는다면 지금 겪고 있는 위기를 이겨낼 수 없는 까닭이다. 저마다 품고 있는 욕심을 다스리지 않는 한 우리가 살아갈 세상은 언제나 벼랑 끝에 매달린 꼴이 되고 만다.

진정 의(義)를 뒤로하고 이(利)를 앞세우는 짓을 하면 빼앗지 않고서는 만족하지 못한다. 맹자(孟子)께서 이렇게 이(利)에만 관심이 있는 임금에게 고해 준 적이 있다. 무조건 이익이 난다고 잘살 수 있는 것은 아니다. 의롭지 못한 이익은 오히려 삶을 망치기 때문이다. 이런 줄 모르고 설쳐댄 우리는 지금 부끄럽기 짝이 없다.

본래 인륜(人倫)을 지켜주는 도덕 정신의 핵심은 사(私)를 적게 하고 욕(欲)을 덜어내게 하는 데 있다. 그래서 세상을 헤쳐 가는 데 누구나 사유(四維)를 떠나지 말라고 관자(管子)는 말해 두고 있다. 사유(四維)는 예의염치(禮義廉恥)를 말한다.

예의 없고 염치없는 사람을 '놈'이라고 부르게 된다. 추해서 더러운 인간은 놈이라는 욕을 먹는다. 저만 알고 남을 모를 때 인간은 무례(無禮)하고, 악을 범하고도 부끄러워할 줄 모르면 인간은 불의(不義)에 빠져 맑고 깨끗하게 사는 것[廉]을 모르고 부끄러워하는 마음[恥]을 잊어버리게 된다. 그렇게 타락한 인간을 '막된 놈'이라고 부른다.

대인(大人)은 막된 놈을 두려워하지만 소인(小人)은 막된 놈을 무서워하지 않는다. 왜냐하면 대인은 욕심이 적고 소인은 욕심이 많기 때문이다. 누구나 욕심이 있게 마련이다. 그 욕심을 줄이려고 노력하는 순간 인간은 대인의 이웃이 될 수 있지만 제 욕심을 양껏 채우려고 발버둥치는 순간 인간은 누구나 소인배의 대열에 끼게 마련이다.

외로 가든 모로 가든 부자만 되면 그만이라고 생각하는 풍조가 만연할 때 대인은 등신이 되고 소인배는 우상으로 둔갑해 버린다. 도둑의 소굴에서 도둑질 잘하는 놈이 큰소리치듯이 세상이 썩어난다면 아무도 편히 살 수 없는 법이다. 남의 것을 훔치고 빼앗아서 몇천 억을 수중에 넣었다고 인생이 행복해지는 것은 아니다. 오히려 불행의 극을 달리게 된다. 훔치고 빼앗은 재물은 반드시 하늘이 벌을 내리기 때문이다.

마음을 부끄럽지 않게 하면 마음이 한없이 편안하다. 그 편안함을 일러 하늘이 내린 상(賞)이라고 한다. 그러나 마음이 부끄럽게 되면 불안해진다. 이러한 불편함을 하늘이 내린 벌(罰)이라고 한다. 부정부패를 저지른 사람들은 백성의 눈총이 따가워 초조해 밤잠을 설치면서 불안한 마음을 떨칠 수 없을 것이다. 이런 것을 두고 천벌(天罰)을 받는다고 한다. 천벌은 백성이 내리는 벌이다.

천벌을 받지 않으려면 무엇보다 욕심을 줄일 일이다. 참으로 행복하게 살고 싶다면 그 또한 욕심을 줄일 일이다. 욕심이 커지면 행복은 작아지고, 욕심이 작아지면 행복은 커지는 법이어서 인간은 본래 예(禮)를 떠나 살 수 없다는 것이다. 그러나 현대인은 한사코 이런 말을 믿으려 들지 않는다. 그래서 적금 통장에 잔고가 아무리 불어나도 현대인은 마음속에 즐거운 인생을 담지 못한다.

부자는 누구인가? 만족할 줄 아는 자이다. 이러한 노자(老子)의 밝힘은 지금 살고 있는 우리가 귀담아 들어 두어야 하는 잠언(箴言)에 속한다. 만족할 줄 안다는 것은 욕심을 다스릴 줄 안다는 것이고, 만족할 줄 모른다는 것은 사나운 욕심이 꺼질 줄 모른다는 것임을 안다면 막된 놈이라는 욕을 먹지 않을 수 있을 것이다. 이는 곧 욕심이 작으면 그만큼 산다는 행복이 커진다는 말씀으로 들어도 된다.

왕(王)과 패(霸)는 다르다

　왕(王)은 덕(德)이다. 그러나 패(霸)는 역(力)이다. 어진 마음이 바로 덕이다. 그러나 어진 척하는 것은 역(力)이다. 그래서 맹자는 힘으로 어진 척하는 것〔假仁〕을 일러 패(霸)라 하고, 덕으로 어진 마음을 행하는 것〔行仁〕을 일러 왕(王)이라 한다고 했다.

　왕은 강(强)하다. 무엇을 강하다 하는가? 극기(克己)를 일러 강이라고 한다. 남을 이기려 하지 않고 내가 나를 이기려고 할 때 바로 나는 강하다. 그래서 왕은 남과 다투지 않으므로 벗을 얻는다. 그러나 패(霸)는 강(强)을 멀리하고 오로지 역(力)을 좇는다. 무엇을 역이라 하는가? 극인(克人)을 일러 역이라 한다. 남을 이기려는 힘이 곧 역(力)이다. 그래서 패는 항상 남과 다투어 이겨야 하므로 적(敵)을 얻는다.

　왕도는 덕으로 다스리는 길이고, 패도는 힘으로 다스리는 길이다. 덕은 군림하지 않는다. 그러나 힘은 군림하고 정복하려 한다. 힘은 몸을 사로잡아 복종을 강요할 뿐이다. 그러나 덕은 마음을 사로잡아 진실로 순종을 이끌어 낸다. 기꺼이 순종하는 마음은 어머니의 사랑을 받는 것과 같다. 그래서 왕(王)을 일러 공(公)이라고 하는 것이다.

　패도는 공복(公僕)이라는 것을 부정한다. 백성을 위해 봉사한다는 마음이 없다면 공복은 불가능하다. 오로지 백성 위에 군림하면서 백성을 몰아치려는 패도는 반드시 끝이 험하다.

삼거(三去)를 행하면 그만이다

　당신은 진정으로 행복하고 싶은가? 그렇다면 노자의 삼거(三去)를 잊지 말라. 당신은 진정으로 당당하고 떳떳하고 싶은가? 그렇다면 노자의 삼거를 명심하라.

　이러한 노자의 삼거(三去)는 어떤 것인가?

　거심(去甚), 거사(去奢), 거태(去泰), 이것이 노자의 삼거이다.

　지나친 짓〔甚〕을 범하지 마라〔去〕. 그러면 용서할 줄 알고 도울 줄 알며 받들 줄 알게 된다. 공자의 중용(中庸)이 곧 노자의 거심(去甚)이다. 알맞게 하라. 많으면 덜어내고 적으면 보태라. 그러면 알맞게 되어 허물이 없고 탈이 없다. 사치스러운 짓〔奢〕을 범하지 마라. 그러면 검소할 줄 알고 소중한 줄 알아 아까워할 줄 안다. 돈이 많다고 아까워할 줄 모르면 결국 거렁뱅이로 전락한다. 사치는 허세요, 허영이다. 오죽 못났으면 뽐내려 하겠는가. 공작은 날갯짓을 뽐내다 살쾡이의 밥이 된다. 게으른 짓〔泰〕을 범하지 마라. 그러면 성실할 줄 알고 귀하게 여길 줄 알아 부지런히 일할 줄 안다. 게으름은 거만하고 오만한 짓거리로 허풍을 떨려고 한다. 여기서 거짓이 나오고, 남을 속여먹는 버릇이 나온다. 누구나 게을러지면 못된 놈이 되게 마련이다. 부끄럼 없이 살고 싶다면 부지런하라.

　노자의 삼거(三去)는 참으로 우리를 찔끔하게 한다. 심하게 굴고 사치 부리고 게으름 피우며 살지 말라니 뜨끔하다. 道

번뇌의 공장을 파괴하라

　자성(自性)은 본래 깨끗하다. 마음 그 자체는 더럽지 않다는 말이다. 본래 더러운 물이란 없다. 다른 것들이 물속으로 들어와 물이 더러워진 것뿐이다. 마음도 그러하다.

　마음이 색(色)을 만나면 파도가 일게 마련이다. 마음속에 이는 파도를 욕(欲)이라고 한다. 색욕(色欲)은 곧 심란(心亂)을 일으킨다. 색욕은 성욕(性慾)만을 뜻하지 않는다. 온갖 물욕을 다 포함하면서 온갖 번뇌를 만들어 내는 공장이다.

　온갖 번뇌를 만들어 내는 공장을 사정없이 파괴하라. 말로만 파괴하지 말고 번뇌의 공장을 파괴하는 행동을 서슴없이 실천하라. 이러한 실행을 일러 선정(禪定)이라 한다.

　밖으로 모양을 떠는 것을 일러 선(禪)이라 하고〔外離相曰禪〕, 안으로 어지럽지 않은 것을 일러 정(定)이라고 한다〔內不亂曰定〕. 이 상(離相)의 상(相)은 사물이 짓는 온갖 모습을 말한다. 시비(是非)와 분별(分別), 차별(差別) 등이 모두 사물과 내가 맺는 관계이다. 상(相)이리는 짓거리에서 떠나라〔離〕. 이것이 선(禪)이다. 선(禪)하면 정(定)이 온다. 온갖 상(相)을 떠났는데 어찌 마음에 파도가 일겠는가.

　마음은 이런저런 생각을 내고 애증(愛憎)의 연극을 펼치려 한다. 사랑하고 미워하고 좋아하고 싫어하는 연극을 멈춰라. 그러면 정(定)이다. 佛

다투어 이겨서 뭘 하겠나

  시비를 걸고 힘을 겨루어 인생을 마치 씨름판처럼 여기기 쉽다. 씨름처럼 인생을 다루려 하면 항상 승패가 문제된다. 이기면 살고 지면 죽는다고 생각하면 사는 일마다 막막할 것이다. 그러나 인생은 승패의 놀이도 아니요, 투전도 아니다.

  흔무구승(很毋求勝). 이는 예를 다하는 하나의 덕목이다. 다투면서[很] 이기기[勝]를 구하지 마라[毋求]. 사실을 사실대로 서로 인정하고 긍정하면서 상대의 입장으로 돌아갈 줄 알면 다툴 일이 없어진다. 그러나 상대를 무시하고 나만 옳다고 주장하면 다툼이 벌어지게 마련이다. 다툼이 일어났을 때 반드시 이겨야 된다고 다짐하면 누구든 모질게 된다. 모진 인간은 굶주린 들짐승보다 더 사납게 표변한다. 그러면 인간은 거칠고 사납고 잔인해진다. 우리 모두가 남을 누르고, 남을 궁지에 몰아넣어 내가 이겨야 한다는 생각을 갖는다면 세상은 온통 싸움의 불구덩이가 되리라.

  어찌 나만 이기려 하겠는가. 내가 이기겠다면 상대도 이기겠다고 기세를 올릴 것이 아닌가. 그러면 서로 싸움을 하게 되고, 아무도 이기지 못하는 꼴로 끝을 맺는다. 그러므로 정말로 이기고 싶다면 싸움을 걸지 말라는 것이다.

  다투어야 할 때 한 발 물러서라. 그러면 지는 것이 아니라 저절로 이기게 된다. 儒

머리 위에 머리를 얹지 마라

　한때 성철(性徹) 스님이 산은 산이요, 물은 물이다〔山是山 水是水〕라는 법어로 세상을 일깨운 적이 있다. 물을 보고 산이라 우기고 산을 보고 물이라고 고집하는 주장이 통하는 세상을 두고 한 법어여서 사람들이 다 움찔했던 셈이다.

　머리 위에 머리를 얹지 마라. 부리에 부리를 더하지 마라. 그저 그냥 다른 의견만 내지 않으면 산은 산이요, 물은 물이요, 승(僧)은 승(僧)이요, 속(俗)은 속(俗)이다. 당 나라 때도 희운(希運) 선사가 이미 이렇게 설파해 놓았다. 희운 선사가 살던 때도 역시 이런저런 견해가 시비를 걸어 세상을 아프게 했던 모양이다.

　알면 안다 하고 모르면 모른다 하는 것이 앎〔知〕이다. 이렇게 공자가 설파했다. 공자의 말씀도 역시 산은 산이요, 물은 물이다로 통한다. 이러한 말씀은 관심(觀心)해 보라는 부탁인 셈이다. 남의 마음을 떠보려고 눈치 볼 것이 아니라 오로지 자신의 마음속을 솔직하게 들여다보라는 것이 관심(觀心)이다. 내가 나를 속일 수는 없다는 것이 바로 자성(自性)은 본래 깨끗하고 맑다는 증거가 아니겠는가. 말로써 말을 꾸미고 더하고 더는 잔재주를 부리지 마라. 산을 산으로 보고 물을 물로 본다면 어느 것 하나 밝고 깨끗하지 않은 것이 없다. 그래서 있는 그대로 보면 바로 면목(面目)이 분명하다 한다. 제 얼굴을 제가 알아두는 것이 지혜의 출발이 아닌가.佛

잃은 것과 얻은 것

● ● ●

　잊은 것을 다시 알아내기도 어렵고 잃은 것을 되찾기도 어렵다. 사소한 것을 잊었다면 모르고 넘어가도 그만이고, 하찮은 것을 잃었다면 없는 대로 지나쳐도 표나지 않는다. 그러나 중요한 것을 잊었으면 되살려내야 하고, 소중한 것을 잃었으면 반드시 찾아내야 한다. 물론 이러한 깨우침과 뉘우침은 무엇을 잊었거나 무엇을 잃었음을 알게 되었을 때나 가능한 일이다. 가장 소중한 것을 잃어버리고도 잃었다는 사실조차 잊어버리는 것보다 더 큰 탈은 없다.

　인간의 물질문명은 자연의 은혜를 인간이 독점하려는 쪽으로 몰아왔다. 이러한 발길은 결국 공포의 길을 밟게 만들고야 말았다. 자연의 은혜를 잊어버리고 그 혜택을 잃어버리게 된 것을 뒤늦게 알아차리고 발버둥쳤지만 이미 자연은 상처를 입었다. 설 땅이 썩고 마실 물이 썩고 쉴 바람이 썩으면 온갖 목숨은 발붙일 곳을 깡그리 잃어버리고 만다. 이렇게 무서운 사실을 잊었으니 물질의 풍요를 누린들 어찌 행복할 것인가. 한강물을 마시고 물고기가 떼죽음을 당하면 사람도 떼죽음을 당한다.

　인간은 이제 사람마저 잃었다. 인력 자원이라는 말을 서슴없이 부끄럼 없이 천연덕스럽게 사용한다. 인간도 이제는 하나의 자원이요, 자본이다. 사람값을 돈으로 따질 때 이미 사람은 사라지고 하나의 물건처럼 취급되게 마련이다. 능력에 따라 대접받고 일하는 시간에 따라 수당을 주면 사람을 쓸 수도 있고 살 수도 있다고 믿는 세상이 되어 버렸다.

이제 사람은 얼마를 줄 것이냐고 흥정하는 장사꾼의 심리로 무장하지 성찰(省察) 따위는 하지 않는다. 자기 속을 짚어 보고 부끄러움이 없는지를 스스로 살펴보는 일[省察]을 아주 귀찮아하고 싫어하는 세태가 된 지 오래다. 염치 부리면 흥정에서 밑지고 패배한다는 배수진을 치고 제값을 받아내려고 거침없이 자기 능력을 과시하거나 과대 포장하여 선전한다.

'사람과 짐승은 다르다[人獸之辨]'는 말은 이제 멀리 갔다. 제 욕심만 앞세우면 사람도 하나의 밥통에 들어간 두 마리 개의 입처럼 되고 만다. 이쯤 되었다면 아무리 휴머니즘을 떠들어도 그것은 빈말일 뿐 사람됨을 잃어버린 꼴이다. 올무에 걸려든 짐승은 세 걸음만 물러날 줄 알면 산다. 그러나 풀려나기 위해 한사코 전진만 하는 통에 덫은 더더욱 옥죄어 제 숨통을 제가 끊는 어리석음을 범하고 만다. 그렇게 지금 우리는 욕망이라는 덫줄에 목을 걸고 앞으로 앞으로만 돌진하려고 덤빈다.

인간의 숨통은 하루가 다르게 막혀 가는 중이다. 초등학생을 성폭행하고, 남의 아이들을 훔쳐다 팔아 넘기고, 회칼로 사람을 생선처럼 회를 쳐서 죽이고, 무슨 일을 빨리 하기 위해서는 급행료가 필요할 정도로 썩어 버린 세상을 어이하리. 이 모는 꼴이 바로 욕망이라는 덫이 놓은 함정이다.

호랑이는 가죽을 남기고 사람은 이름을 남긴다. 인간은 참으로 뉘우칠 줄 모르는 존재인 모양이다. 여전히 인간은, 무슨 수를 써서라도 이름을 날리면 인기를 얻고, 인기를 얻으면 명성을 누리고, 명성은 돈을 안겨 준다는 방정식을 확신한다. 이러한 방정식의 놀이가 바로 현대인의 신앙처럼 되어 가고 있다.

이제 영웅은 없고 스타만 있는 세상이라고 말하는 이도 있다. 하지만 따지고 보면 너도나도 영웅 심리에 도취되어 있는 세태가 엄연하다. 호랑이가 가죽을 남기는 것은 가죽에 붙은 털 때문이지 가죽 때문이 아니다. 호랑이 가죽에 붙은 털을 밀어 버리면 개가죽이나 다를 바가 없다. 남기려는 사람의 이름도 그와 같다.

사람값은 욕망의 확대가 아니라 축소에서 올라간다. 그래서 공자는 마음에 인(仁)이 없다면 아무것도 소용이 없다 했고, 노자는 덕(德)이 없다면 무슨 소용이냐고 말했다. 그러나 이러한 말은 낡은 것으로 돌리고 나를 사랑해야지 왜 남을 사랑하느냐고 우리는 반문한다. 그래서 우리는 만물을 이롭게 하는 덕(德)을 잃었고, 나보다 남을 먼저 사랑하라는 인(仁)을 터무니없다고 팽개치려 한다.

지나치면 모자람만 못하다. 지나치게 많이 먹으면 몸을 상하게 하는 것처럼 지나친 욕심은 마음을 썩게 한다. 그러니 절제하라. 이렇게 성현들이 타이르지만 아무도 이런 말을 믿지 않는다.

물질만 소유하려 하다 사람을 잃어버린 존재로 전락한 것이 인간이다. 빈 손으로 왔으니 빈 손으로 간다는 여래(如來)의 말씀은 낡았는가? 있는 것이면 다 없는 것으로 되돌아간다는 노자의 말씀은 낡았는가? 옳지 않은 부(富)라면 차라리 가난을 택한다는 공자의 말씀은 낡았는가? 행복은 빈 방에 가득한 햇빛 같다는 장자의 말씀은 낡았는가? 이런 말씀들을 곰곰이 헤아려 보면 우리는 자연을 잃었고 인간을 잊었다는 공포 앞에 새삼스러울 것이 아닌가.

실(實)하면 그만이다

　공맹(孔孟)은 실(實)을 근본의 모습으로 말했다. 여기서 근본이
란 곧 하늘의 뜻으로서 성(性)을 말함이다. 그러나 노장의 실(實)
은 자연의 모습을 뜻한다. 그래서 실자륜(實者倫)이라고 했다. 윤
(倫)은 무리를 뜻하고, 그 무리는 곧 만물을 말한다. 만물은 곧 자
연의 모습이다. 저마다 있는 그대로 충실한 것이 곧 노장의 실(實)
이다.

　자연에 이르는 초입을 일러 휴즉허(休則虛)라고 했다. 휴(休)는
무위(無爲)를 뜻한다. 그리고 허(虛)는 허심(虛心)을 뜻한다. 나아
가 허심이란 곧 무욕(無欲)이다. 그래서 휴(休)는 곧 허(虛)인 셈이
다. 무위는 곧 무욕인 까닭이다.

　무위(無爲)란 무엇인가? 욕심이 하는 일이 없음을 일러 무위라
한다. 욕심 없는 일이란 무엇인가? 자연이 하는 일이다. 그렇다면
욕심이 있는 일이란 무엇인가? 사람이 하는 일이다. 그러므로 무위
라 해서 하는 일 없이 그저 그냥 가만히 있는 것을 뜻하지 않는다.

　무위는 실(實)이고, 인위(人爲)는 욕(欲)이다. 산자락에 있는 진
달래는 실이지만 산에서 캐다가 정원에 심어 놓은 진달레는 실(實)
이 아니라 욕(欲)이다. 산에 그저 핀 진달래를 아름답다고 인간이
판단하고, 그 아름다움을 소유하려고 정원에 심어 둔 까닭에 진달
래의 입장에서 보면 마땅치가 못하다. 마땅치 못하면 불륜(不倫)이
다. 오로지 실해야 윤(倫)이다.道

상(相)에서 벗어나라

　부처께서 갠지스 강가에 있는 모래를 예로 든 적이 있다. 강변의 모래는 온갖 보살을 포함해서 깨우친 무리들이 밟고 지나간다 해도 기뻐하지 않으며, 소나 양, 벌레, 개미가 밟고 지나간다 해도 성내지 않음을 비유하려고 강변의 모래를 예로 들었다.

　강가의 모래는 보배나 향기를 탐하지 않으며, 똥오줌 같은 더러운 것도 싫어하지 않는다. 마음이 강변의 모래 같다면 그 마음이 곧 무심(無心)이다. 무심한 마음을 일러 모든 모양〔一切相〕을 떠난 것〔離〕이라고 한다. 이별(離別)이라 함은 떠나라 함이다.

　조선조악(造善造惡). 선을 짓고〔造善〕 악을 짓는다〔造惡〕. 왜 인간은 이런 짓을 되풀이하는 것인가? 인간은 날마다 착상(着相)하는 까닭이다. 착상이란 무엇인가? 온갖 상(相)에 집착하는 짓이다. 상(相)이란 무엇인가? 이런 것 저런 것, 이런 생각 저런 생각이 모두 상(相)이다.

　마음이 상(相)을 붙들면 유심(有心)이고 버리면 무심(無心)이다. 인간은 유심(有心)한 탓에 시비(是非)를 걸어 다투고, 차별(差別)을 일삼아 좋거나 싫다며 패를 갈라 싸운다. 이처럼 우리는 유심하여 속을 태우고 애를 끓인다. 그래서 부처께서는 강변의 모래를 예로 들어 무심할 줄 모르는 인간을 안타까워하셨다. 佛

망령스러운 웃음은 탈이다

　망령되게 사람을 웃기거나 기쁘게 하려고 하지 마라. 겸허하고 신중하고 검소하게 살라. 인생은 가볍지 않고 엄숙하다. 이러한 삶의 뜻을 살펴 불망열(不亡說)이라고 한다.

　웃음을 짜내려고 온갖 재주를 부리는 개그맨을 보면 불망열이라는 말은 이제 설득력이 없다는 생각이 든다. 일부러 허튼 웃음을 만들어 내려고 얼굴을 씰룩거리며 인생을 농담조로 이끌어 가는 모습을 보면 인생이 풍선처럼 둥둥 떠서 철없는 강물로 떠내려간다는 생각을 버릴 수 없다.

　딱 한 번밖에 살 수 없는 인생은 결코 노리개가 아니다. 장엄하고 엄숙한 단 한 번의 시도인 인생은 너무나 소중하고 값지다. 이런 인생을 가볍게 촐랑대면서 사탕발림으로 칠해서는 안 되는 것이 아닌가. 망령된 웃음으로 인생을 웃기려 들어서야 되겠는가. 희극은 위를 가볍게 하려는 것이 아니라 인생을 어처구니없게 하지 말라는 경고로 통한다.

　인생을 낭비하지 마라. 인생을 탕진하지 마라. 인생을 얕보지 마라. 이러한 경고가 곧 불망열이다. 그러니 아무리 세상이 변해도 불망열은 여전히 유효할 것이다. 삶의 정도(正道)는 가볍지 않기 때문이다.

　항상 정중하고 엄숙하면서도 사귐과 기쁨과 즐거움을 주고받는 삶이 살아가는 바른 길〔正道〕이다.

무기(無己)는 어림없다

　대인무기(大人無己). 장자의 말씀이다.

　덕이 지극한 사람을 일러 대인(大人)이라 한다. 대인이나 도인(道人)은 같은 말이다. 무기(無己)는 내가 없다는 말이다. 이런 말을 들으면 우리는 모두 벌컥 화를 낸다. 왜 내가 없느냐고 삿대질을 하는 까닭이다. 만일 무기(無己)라는 말을 듣고 부끄러울 수밖에 없다고 하는 이가 있다면 그 사람이야말로 대인이 될 미래가 있는 셈이다. 나만 앞세우려고 잔재주를 부린 자신을 부끄러워하는 사람은 오만하고 거만했던 자신을 뉘우치는 순간을 맞는다. 매우 어렵겠지만 소인이 대인이 되려면 가장 먼저 뉘우치는 과정을 철저하게 거쳐야 한다. 염치없는 세상에 누가 뉘우치려 하겠는가? 너나 할 것 없이 모두 다 나름대로 저 잘난 맛에 산다는 속셈으로 사는 세상에 어느 누가 뉘우치고 자신을 추스리려 할 것인가? 오히려 모두 목놓아 자신을 절규하면서 내 몫은 커야 한다고 깃발을 올릴 뿐이다. 우리 모두 소인(小人)임을 인정한다면 그만큼 세상은 나아지리라 싶다. 소인이면서 대인인 척하는 인간들이 많아 세상은 시끄럽고 소란스럽다. 힘이 있으면 더러워도 깨끗한 척할 수 있고, 힘이 없으면 할 말이 없는 세상에는 소인배들이 득실거릴 수밖에 없는 노릇이다. 그러므로 소인이 되지 않으려고 애쓰는 사람만 있어도 그 사람이 바로 이 세상의 대인인 셈이다.道

열반(涅槃)은 바깥에 없다

　자성(自性)은 본래 맑고 깨끗하다. 자성은 마음 그 자체, 즉 나 자신을 말함이다. 나는 본래 깨끗했다. 살아가면서 더러워졌을 뿐이다. 이것이 불가(佛家)의 인간관이다.

　식심(識心). 본 마음을 알라.

　견성(見性). 본 마음을 보라.

　무념(無念). 이런저런 생각을 내지 마라.

　무상(無相). 이런 것 저런 것에 걸려들지 마라.

　반야삼매(半夜三昧). 지혜의 황홀함에 들라.

　이러한 말씀들은 모두 열반으로 가는 길을 안내해 준다. 열반을 찾아 밖으로 나가지 마라. 안으로 안으로 철저하게 파고들라. 이를 일러 입정(入定)이라 한다. 어디가 안이라는 말인가? 다름 아닌 바로 마음이다. 마음으로 돌아오라. 돌아와 마음이 더럽다면 사정없이 마음을 빨아라. 그러면 색(色)이 빠지거나 바래서 마음이 하얗게 깨끗해질 수도 있다. 그러면 다시 욕심이 없어지는 마음으로 돌아올 수 있다는 것이다. 여기가 열반의 문턱 근처인 것을 어느 날에나 깨우칠까? 열반을 몰라서 열반에 들지 못하는 것은 아니다. 열반이 무엇인지 입으로는 잘 지껄이면서도 열반의 근처는커녕 문턱 발치에도 가지 못하는 것이 웬일인가? 살아서 열반에 가야 장엄하지 죽어서 열반에 든다는 말을 하지 말라 함이 명철(明徹)이다. 안팎을 분명히 밝혀라. 명철은 살면서 열반의 길에 들라 함이다. 佛

사랑하는 방법을 찾아서

삶이란 어린 시절을 넘어 젊음을 거쳐 장년을 넘어 노년으로 옮겨가게 마련이다. 이렇듯 삶이 마감되기까지는 산다는 것 자체가 여러 의미를 지닌다. 그 의미는 값질 수도 있고 그렇지 못할 수도 있다. 산다는 보람이란 곧 값진 삶의 누림일 것이다.

어린이의 삶이란 꿈 그것일 수도 있다. 어린이의 삶은 스스로 꾸려 가는 것이 아니라 부모의 슬하에 붙어 있는 까닭이다. 그러나 젊은이의 삶은 스스로 자신의 삶을 개척해 가야 하는 출발점에 서 있다. 누구나 스스로에게 맡겨진 삶의 길이 있다. 그 길을 달려갈 때도 있고 서서히 걸어갈 때도 있으며, 서서 가만히 길을 살필 때도 있게 마련이다. 끊임없이 달리기만 하면 숨이 차서 끝까지 갈 수 없고, 항상 느리게 걷는다면 뒤처지게 된다. 삶의 길을 달려야 할 때는 달려야 하고, 걸어야 할 때는 걸어야 한다. 이렇게 자주 살피는 사람은 항상 지혜로울 수 있다. 젊은이의 삶에서는 이러한 성찰이 무엇보다 귀중하다.

삶의 행복을 자신의 밖에서만 구하려는 사람은 삶의 완급을 소홀히 할 위험이 있다. 그러한 위험은 사람으로 하여금 만족할 줄 모르는 병에 걸리게 한다. 누구든 행복한 삶을 바란다면 먼저 스스로 밟아가야 할 삶의 길을 만족할 줄 알아야 한다. 진실로 부유한 사람은 만족할 줄 아는 이라고 노자가 말했다.

자신의 삶에 대하여 항상 불만스러워하고 불평하는 사람은 행복을 스스로 구겨 버리는 자이다. 젊은이는 이 점을 먼저 새겨야 한다. 삶의 길을 달려서 밟는다고 삶의 행복이 먼저 오고, 느리게 걸으면 그것을 놓치게 된다고 여길 것 없다. 삶의 행복이란 스스로 만드는 것이지 그저 그냥 얻는 것이 아니다.

삶의 행복을 만드는 비밀은 어디에 있을까? 사랑하는 방법에 달려 있다고 여기면 거의 틀림이 없다. 왜 성현(聖賢)들은 사랑할 줄 아느냐고 묻는가? 사랑할 줄 알아야 삶의 행복을 누릴 수 있는 까닭이다.

사랑하는 방법은 어떻게 사랑해야 하는가에 달려 있다. 사랑을 요구하는 사람은 그 절반을 잃어버리기 쉽고, 사랑을 주는 사람은 사랑을 곱절로 늘린다. 이러한 사랑의 방법을 추구한다면 어떠한 사랑이든 실패하지 않는다. 그러나 세상은 성공한 사랑보다는 실패한 사랑이 더 많아 불행하다. 사랑을 주는 쪽보다 사랑을 받으려는 쪽에 기울어져 있는 데서 그러한 불행이 닥친다. 요구하면 잃고 베풀면 얻는다.

삶을 사랑하라. 이것은 삶을 소중하게 하라는 말과 같다. 삶을 낭비하는 사람은 삶의 사랑을 모독하고 탕진한다. 삶을 쾌락으로 소모하는 사람은 인생을 아편쯤으로 여기는 꼴과 같다. 허세와 허영, 탐욕과 투기 따위가 바로 인생의 아편덩어리이다. 이러한 아편덩어리에 매달린 이가 있다면 그들은 끝마다 허망한 꼴을 당하고야 말 것이다. 아편 같은 것에는 행복이란 없다.

행복은 밖에서 오지 않는다. 오로지 사랑할 줄 아는 마음에서 생기는 법이다. 이러한 비밀을 아는 사람은 사랑하는 방법을 찾아

탐험하지 않는다. 항구로 돌아와 닻을 내린 배처럼 멈춰 있더라도 사랑을 만드는 비밀을 스스로 찾아내 구축해 간다.

행복은 빈 방에 햇빛이 그득한 것과 같다. 옷을 얼마나 화려하게 입고 보석을 얼마나 많이 지니고 있으며 몇 평짜리 아파트를 지니고 있느냐 등의 재물로 삶의 값을 따진다면 이 세상의 행복은 재벌들이 독점하고 말 것이다. 하지만 행복은 돈 같은 것으로 사고 팔 수 있는 것이 아니다. 이 얼마나 다행한 섭리인가. 자기가 하기에 따라 행복이 오기도 하고 가기도 한다는 것은 얼마나 기대할 만한 일인가.

행복한 삶을 위하여 자신의 삶을 성찰하라. 그렇게 하면 할수록 겉멋 따위로 자신을 위장하고 허세를 부릴 수 없는 자신의 소리를 듣게 된다. 그러한 소리를 스스로 들은 뒤에도 자신의 삶을 사랑할 줄 모른다면 인생의 계절을 덧없이 보내고 있는 셈이다.

무엇을 사랑한다는 것은 노는 것이 아니라 일하는 것과 같다. 내가 해야 할 일을 스스로 열심히 하는 순간 삶의 사랑은 여물어 간다. 잎으로는 햇빛을 열심히 받고 뿌리로는 땅속의 영양을 열심히 끌어올려 가을이 오면 열매를 맺게 하는 나무를 보라. 싱싱한 여름의 나무야말로 젊은이의 초상화와 같다. 젊은이는 자화상을 스스로 그려 가야 한다. 그렇지 않고 남이 그려 주기를 바란다면 삶을 사랑할 줄 모르는 허망한 사람이다. 그대는 열심히 사는가? 그렇다면 모든 것을 사랑하는 주인이다.

혜시(惠施)의 헛바닥이 탈이다

혜시는 세 치 혀로 세상을 흔들고 돌개바람을 피워 먼지를 날렸다. 혜시는 달걀 속에 털이 있고〔卵有毛〕, 닭의 다리는 두 개가 아니라 세 개〔鷄三足〕라고 사람들을 홀리고 어리둥절하게 했다. 참으로 혜시는 주둥이 하나만 믿고 천하를 얕보았던 셈이다.

개를 양이라 해도 된다. 산에도 입이 있다. 눈은 사물을 보지 못한다. 불은 뜨겁지 않다 등등 이상한 말을 해서 세상 사람들을 혼란스럽게 했던 혜시는 주둥이 하나만 믿고 말장난을 일삼았다. 말로써 세상을 흔들어 댔던 혜시는 세상을 속였던 셈이다.

불사비(弗辭費). 말을 함부로 낭비하지 마라. 헛말을 말 것이요, 거짓말을 하지 마라. 말을 만들면 못쓴다. 거짓말이 거짓말을 낳고, 어처구니없는 말이 사람 잡는 칼 노릇을 하는 법이다. 말 한마디가 천금처럼 무겁다. 말 한마디로 천냥 빚을 갚고, 가는 말이 고우면 오는 말도 곱다. 낮말은 새가 듣고 밤말은 쥐가 듣는다. 이는 모두 헛바닥을 함부로 놀리지 말라 함이다.

말을 아낄 줄 알면 사람을 얻고, 미소를 지어 침묵하면 자기를 얻는다 했다. 말 잘한다고 우쭐대는 인간이 있다면 그런 인간은 항상 어디서나 천하게 끝날 뿐이다. 혜시는 정말 천한 놈이다.

마음을 불법승(佛法僧)이라 한다

불법승(佛法僧)이 따로 있다고 생각할 것 없다. 한마음이 다 그것인 까닭이다. 불을 양족존(兩足尊), 법을 이욕존(離欲尊), 승을 중중존(衆中尊)으로 말하기도 한다.

공색(空色)을 떠나라. 이것이 양족존이다. 본질이 어떻고 현상이 어떤지 가릴 것 없다. 그러면 자유 그것이다. 이러한 경지는 부처의 경지이니 참으로 어렵다. 그러니 모른다고 쑥스러울 것 없다. 함부로 부처를 흉내짓하겠는가. 부처는 자유요, 해방이요, 해탈이다.

욕심을 떠나라. 이것이 이욕존이요, 법이다. 무슨 법인가? 욕(欲)을 떠나라. 그러면 애착도 집착도 없어진다. 이런 법이다. 그러므로 이 법은 자유요, 해방이요, 해탈이다.

번뇌를 떠나라. 이것이 중중존이다. 번뇌는 망상이다. 터무니없는 헛된 생각과 행동이 곧 번뇌가 아닌가. 온갖 어리석음을 일러 번뇌라고 한다. 번뇌를 떠나라. 그러면 깨끗하다. 깨끗하라. 그러면 무엇을 두려워할 것이 없다. 그러니 자유요, 해방이요, 해탈이다. 나는 나를 부자유로 이끌 수도 있고, 나는 나를 자유로 이끌 수도 있다. 자유롭고 싶다면 나를 내가 해방시킬 수 있는 방법을 찾아야 하리라.

양족존이나 이욕존, 중중존은 따지고 보면 부처의 한없는 자유를 누릴 수 있는 방편인 셈이다. 그러나 중생은 입으로만 자유라고 할 뿐이다. 욕심을 떠난 인간은 없는 까닭이다.

왜 우리는 무례(無禮)한가

　너도나도 다 무례(無禮)하다. 우리는 자비(自卑)를 철저하게 부정하고 존인(尊人)을 사정없이 거부하려 하는 까닭이다. 나를 존경하고 대접하라. 이렇게 요구할 뿐 이제 우리는 남을 존경하는 데 무식하고, 남을 대접하려는 데 몹시 인색하다.

　내가 나를 스스로 낮추어라. 이것이 자비(自卑)이다. 내가 남을 스스로 존중하라. 이것이 존인(尊人)이다. 무릇 예(禮)란 무엇인가? 나를 귀하게 해 주는 것을 일러 예(禮)라고 한다. 왜 예가 나를 귀하게 하는가? 바로 자비존인(自卑尊人)이 예(禮)인 까닭이다. 존경받고 싶은가? 그렇다면 스스로 낮추어라. 내가 나를 낮추면 나는 저절로 겸허해진다. 내가 겸허하면 당신도 겸허해진다. 당신이 오만하면 나도 오만해져 서로 앙숙이 된다. 그렇지 않고 서로 벗이 되고 싶은가? 그렇다면 예(禮)로 돌아와라. 이를 일러 공자는 극기복례(克己復禮)라 했다.

　건방지고 오만하고 태만한 나를 없애라. 이것이 곧 극기(克己)가 아닌가. 어질고 바른 나를 살려내기 위하여 불인(不仁)하고 불의(不義)하려는 나를 없애라. 이 또한 극기(克己)가 아닌가. 극기(克己)하면 저절로 복례(復禮)한다.

　예로 돌아가라. 공자의 이 말씀은 자신을 겸허하게 하고 남을 높여 받들려는 마음으로 돌아가라는 당부이다. 이런 당부를 무시하는 순간 나는 무례하고 천해진다.

자연(自然)은 상덕(常德)이다

　상덕(常德). 그것은 변함없는 덕이다. 변함없는 덕은 떠나지 않는다. 만물을 다 보살핀다. 어미가 갓난아이를 보살펴 주듯이 상덕은 만물을 빠짐없이 보살펴 준다. 그러니 영아(嬰兒)로 되돌아가라〔復歸於嬰兒〕. 즉 자연의 품으로 되돌아가라.

　상덕은 어긋남이 없다. 상덕은 이랬다저랬다 변덕을 부리지 않는다. 항상 그저 그냥 그대로이다. 그래서 자연(自然)이라 한다. 자연은 곧 상덕이다. 그러니 무극으로 되돌아가라〔復歸於無極〕. 무극은 시비와 차별, 분별을 넘어선 경지이다. 이 또한 자연의 품으로 되돌아가라는 말이다.

　상덕은 곧 만족함이다. 인간은 항상 만족할 줄 모른다. 언제나 인간은 부족하다며 칭얼대고 투덜거린다. 그래서 마음이 편치 못하고, 거지처럼 동냥해 보려고 애걸한다. 행복을 애걸한다고 행복할 줄 아는가? 애걸하는 인간은 갖지 못한다. 온갖 잔꾀를 부려 수작하지 마라. 그래서 노자는 박(樸)으로 되돌아가라 했다. 박(樸)은 다듬거나 꾸미지 않아 있는 그대로의 모습이다. 꾸미지 마라. 더하거나 덜지도 마라. 있는 그대로 그냥 하염없이 마음을 두라. 이것이 마음의 박(樸)이다. 그러면 더할 바 없이 편안하다. 이런 경지를 일러 자연(自然)이라 하고 상덕(常德)이라 하고 영아(嬰兒)라 하고 무극(無極)이라 하고 박(樸)이라 한다. 道

어리석은 부처가 중생이다

개에게도 부처가 될 기미가 있다는데 하물며 사람에게 부처 될 기미가 없겠는가. 어리석으면 범부요, 깨치면 부처라 했다. 그래서 육조(六祖) 혜능은 앞생각[前念]이 어리석으면[迷] 범부요, 뒷생각[後念]이 깨치면[悟] 불(佛)이라고 설파했다.

부처가 따로 없구나. 깨치는 순간 누구나 부처가 되는구나. 그런데 깨치기가 하늘의 별을 따는 것보다 더 어려우므로 여전히 육조의 말은 턱없이 멀다.

무엇이 깨침[悟]일까? 그 해답은 자성청정(自性淸淨)이라는 한마디로 밝혀진다. 자성(自性)은 마음 그 자체이다. 마음 그 자체란 나 자체라는 말로도 통한다. 그러니 나 자신은 본래 청정하다는 것을 깨치면 나도 부처가 된다 함이다.

어찌하면 나는 맑고 깨끗한가? 번뇌를 내지 마라. 그러면 깨끗해진다고 한다. 하지만 말하기는 쉽지 인간이 어찌 번뇌를 떠나 살 수 있단 말인가? 번뇌를 떠날 수 없다 하더라도 번뇌를 줄이려고 노력할 수는 있을 것이 아닌가?

백 원을 바라던 것을 줄여서 오십 원만 바란다면 번뇌는 절반으로 줄 수 있다. 선승(禪僧)들은 이런 흥정을 하지 말고 단박에 깨치라 하지만 중생에게는 어림없는 부탁이다. 번뇌를 끊지 못하겠거든 조금 줄여 보라. 이렇게라도 어리석음을 줄여 가는 것이 정직한 범인들이 할 일이다.佛

철든 사람들

철 없는 인간들이 많으면 세상도 덩달아 철없어 보인다. 미꾸라지 한 마리가 방죽 물을 흐린다는 속담처럼 못난 인간이 하나만 있어도 세상을 어수선하게 한다. 하물며 못난 인간들이 수두룩한 세상이야 두말 할 나위가 없다. 살림살이는 괜찮아졌는데 살기는 점점 더 무서워지는 것은 세상 탓이 아니라 사람 탓이다. 온갖 추잡스런 사건이 날마다 불거져 나와 고개를 들기가 민망스럽다. 온 세상이 거꾸로 매달린 것처럼 보일 만큼 인간들이 환장해 가고 있다는 생각이 들어 두렵다. 제 정신을 차리지 못한다면 GNP 몇만 달러 시대가 된들 무슨 소용이 있을 것인가?

우리 모두 부끄러워할 줄 아는 인간으로 되돌아가야 한다. 물질적으로 보면 살기가 넉넉해 보이지만 정신적으로 보면 살기가 옹색하고 가난하다. 풍요와 빈곤이 맞물려 인간들이 미쳐 가고 있는 것이 두렵다.

어린 소녀 가장을 두고 이웃 청년들이 번갈아 성폭행을 했다는 말을 들을 때, 술 마실 돈을 주지 않는다고 자식이 제 부모를 팼다는 말을 들을 때, 사기를 쳐 속여먹고 남을 못살게 한다는 말을 들을 때, 부정부패가 드러나 쇠고랑을 찬 높은 사람들이 텔레비전에 등장할 때, 인간보다 못난 짐승은 세상에 없다는 생각이 든다.

세상을 서글프고 답답하게 하는 것은 못난 인간들 탓이지만 그래도 철든 사람들이 철없는 인간들보다 훨씬 더 많다는 사실 때문에 살아가는 맛을 다시게 된다. 아무리 세상이 거꾸로 매달린 것처럼 보이지만 선한 사람들이 세상을 바르게 하려고 땀을 흘리기 때문이다.

선한 사람은 철이 들었고 악한 사람은 철이 없다. 어린 것들은 철 모르고 죄를 저지르지만 철없는 인간은 법을 알면서도 법을 어기고, 악인 줄 알면서도 악을 범한다. 그래서 철없는 인간은 어디서나 어긋나고 어기고 못난 짓을 범한다. 옥살이를 해야만 죄인인 것은 아니다. 나이 들어 나잇값을 못해도 그 또한 인생의 죄인이다.

철없는 인간들이 범하는 못된 짓을 보면 정신 나간 살덩어리에 불과하다는 생각을 지울 수 없다. 사람이 어찌 그렇게 못나고 추해지는지 싶어 끔찍해진다. 늑대는 들짐승이지만 늑대를 물지 않는다. 그러나 철없는 인간들은 철든 인간을 사정없이 물어 버리는 짓을 서슴없이 저지른다. 그러니 인간은 이제 짐승만도 못하다는 욕을 먹어도 싸다. 철없는 인간들이 많아진 까닭이다.

철든 사람, 철없는 사람으로 일컫는 것은 인간을 계절에 비추어 본 것이다. 천지에 봄, 여름, 가을, 겨울이 있듯이 인생에도 철이 있다고 본 것이다. 씨를 뿌려 키우고 길러 이삭을 거두어들이는 일거리가 철따라 짓는 농사이다. 인생을 농사짓기로 비유해 철든 사람과 철없는 사람으로 나누어 보는 것이 우리네 인생관(人生觀) 풍속이다.

누구나 땀 흘린 만큼 거두어들이게 마련이다. 한 되의 땀을 흘렸으면 한 되의 열매를 얻을 뿐이다. 한 줌의 땀을 흘리고 한 말의 열매를 얻으려 하는 것은 사나운 욕심이다. 부질없는 욕심이 곧 철없는 짓이다. 그래서 철없는 짓을 범하면 쭉정이만 남을 뿐 여문 열매를 얻기 어렵다. 이것이 인생이 갖는 진실이다. 그런 진실은 인간에게 사람이 되는 방법을 요구한다.

사람이 되는 방법을 터득하게 하려면 철들게 하는 교육이 필요하다. 그런 교육은 입시 교육과 같을 수 없다. 입시 교육은 잘난 사람을 만들려고만 하지 된사람을 길러 내려고는 하지 않는다. 사람이 되는 방법에 관심이 없는 교육은 경쟁심만 유식(有識)하게 부추긴다.

지금 우리는 유식하면서도 몹시 무식(無識)하다. 1+1=2가 되는 지식만 알지 '하나를 보면 둘을 알라' 는 지혜는 팽개치려고 하는 까닭이다. 말하자면 지성(知性)만 무성하고 덕성(德性)은 초라하다. 그러다 보니 요즘 세태는 빈 수레처럼 시끄럽게 굴린다.

무더운 여름이 가고 선선한 가을이 오면 자연은 인간들로 하여금 되돌아보게 한다. 여름에 얼마나 땀흘려 일했는가? 이렇게 스스로 자문해 보라. 철든 사람은 햇볕 아래서 열심히 일했을 것이요, 철없는 인간은 그늘만 찾느라 잔꾀를 부렸을 것이다. 잔꾀를 부리다 보면 인간은 맹랑해져 덕을 잃게 된다.

덕이 없으면 거칠고 모질게 사나워진다. 넉넉하고 너그럽고 흐뭇한 것이 덕이다. 한없이 크고 두터운 사랑이 덕이다. 이런 사랑을 나눌 줄 알아야 사람이 된다는 것을 지금 우리는 믿지 않으려고 한다. 왜냐하면 우리는 이제 도덕적인 것은 대수롭지 않고 물질적인 것만이 중하다는 교육을 받아온 까닭이다.

도덕적으로 생각한다는 것과 물질적으로 생각한다는 것은 서로 다르다. '모든 생명이 다 함께 소중하다는 것'이 도덕적 사고(思考)이고 '내 생명이 먼저 소중하다는 것'이 물질적 사고이다. 그래서 물질적 사고는 인간의 욕망을 부추기고, 도덕적 사고는 그것을 절제하게 한다. 이런 간단한 사실을 무시하고 인간을 줄기차게 욕망의 난장으로 몰고 가 철없는 인간들이 눈사람처럼 불어나는 것 같아 답답하다.

인간의 능력을 위주로 인간을 달아서는 안 된다. 능력은 서열을 따져 차별하게 만드는 까닭이다. 그러나 인간으로 하여금 덕을 소중하게 하면 서로 어울려 살아야 한다는 지혜를 갖추게 된다. 그런 지혜를 갖추어야 인간은 자신을 더럽고 추한 짓으로부터 방어할 수 있는 것이다. 그러나 무엇이 더럽고 추한지를 모를 만큼 인간이 철없어진다는 것이 무엇보다 안타깝고 무섭다.

현덕(玄德)이 있다

낳아 주고〔生之〕 길러 주는〔畜之〕 것을 일러 현덕(玄德)이라 한다. 물론 그렇게만 해서 현덕인 것은 아니다. 노자는 현덕을 다음과 같이 밝힌다. "낳아 주되 갖지 않고〔生而不有〕 도와주되 바라지 않으며〔爲以不恃〕 길러 주되 다스리지 않는다〔長而不宰〕."

현덕은 좁게 본다면 부모의 덕을 말함이요, 넓게 본다면 천지의 덕을 일러 말함이다. 상덕(常德)과 현덕(玄德)은 같다. 덕 중의 덕이다. 그래서 상덕(上德)으로 부른다. 부모가 자식에게 바치는 사랑과 정성보다 더한 덕은 없다는 뜻으로 통한다. 이렇게 덕을 잊지 말기를 바라는 모습을 일러 노자는 영아(嬰兒)로 비유한다. 갓난아이야말로 어머니 품을 떠나서는 살 수 없다. 그러나 성장한 뒤에는 그런 은혜를 잊고 사는 인간들이 너무나 많다. 그래서 현덕은 박대를 당한다.

덕은 무엇에 대한 지식이 아니다. 생명이 소중한 줄 알고 귀하게 받들면 그것이 곧 덕이다. 덕은 말로만 있는 것이 아니다. 행동으로 옮기지 못한다면 그것은 덕이 아니다. 그래서 덕은 생활이지 벽에 걸린 그림이 아니요, 금고에 넣어 두는 보석이 아니다. 살게 하면 덕이요, 죽게 하면 부덕이다. 사랑하면 덕이요, 미워하면 부덕이다. 용서하라. 그러면 덕이다. 복수하라. 그러면 부덕이다. 이처럼 덕과 부덕 사이에는 엄청난 거리가 있다. 그러니 사랑과 미움을 동전의 앞뒤라고 말하지 마라. 道

일 분만 입정(入定)해 보라

　분하고 억울한가? 그래서 칼을 쥐고 실컷 칼질을 하고 싶은가? 원대로 한풀이를 한다고 해서 분이 풀리고 억울함을 벗을 수 있다고 생각하는가? 그렇다면 엄청난 착각이다. 칼은 칼을 부르고 불은 불을 부른다. 그러니 원수짓기를 따라할 것 없는 노릇이 아닌가.

　한 발 물러서라. 그리고 남을 바라볼 것이 아니라 자신을 돌이켜 보라. 그러면 이글거리는 분노가 바로 나 자신을 태우고 있음을 알아차릴 수 있으리라. 불이 났다면 꺼야 한다. 내 마음의 불은 남이 꺼 주는 것이 아니라 바로 내가 꺼야 한다.

　불이 나면 물로 불을 끄게 마련이다. 그러나 마음속에 불이 나면 물로 끌 수가 없다. 마음의 불을 끌 수 있는 비밀을 일러 입정(入定)이라 한다. 들어가〔入〕 가만히 있거라〔定〕. 어디로 들어가라는 말인가? 아무것도 없는 것〔無〕으로 들어가라는 말이다. 이런 일 저런 일을 다 버리면 마음의 불이 태울 것이 없어진다. 실패한 것, 속은 것, 배반당한 것, 잃은 것 등등 마음을 태우는 것은 한없이 많다. 그렇다고 성공한 것, 속인 것, 배반한 것, 얻은 것이 나를 편안하게 한다는 것은 아니다. 이 또한 나를 들뜨게 하여 긴방지게 만들므로 나를 태우는 불길일 뿐이다. 그래서 선악(善惡)은 다 불길이요, 길흉(吉凶)도 다 불길이요, 화복(禍福)도 다 불길이라고 한다.

　하루에 단 일 분만이라도 불길을 꺼라.佛

드러나지 않는 길이 있다

"역(易)은 물을 열어서〔開物〕 일을 이룩하여〔成務〕 천하의 도〔天下之道〕를 덮어 놓는 것〔冒天下之道〕 뿐이다〔如斯而已者也〕."

공자는 『주역(周易)』의 역(易)을 이렇게 단언하고 있다. 성현은 좀처럼 단언하지 않거늘 공자는 왜 역(易)을 단언했을까? 역(易)이라는 것이 드러나지 않고 숨어 있는 까닭에 그랬으리라.

드러나지 않으니 찾아야 드러난다. 구하라. 그러면 얻을 것이다. 두드려라. 그러면 열릴 것이다. 이러한 말씀들은 모두 드러나지 않은 것을 드러나게 하라 함이다. 이는 곧 참 길을 찾아 바르게 살라 함이 아닌가. 역(易)은 곧 그러한 당부인 셈이다.

참다운 것은 드러나지 않는다. 날 좀 보소 하며 남의 눈을 유혹하지 않는다. 그저 수수한 풀꽃처럼 묵묵히 일을 할 뿐이다. 참으로 선하고 어진 일이야말로 개물(開物)이다. 물(物)을 연다는 것은 사물(事物)을 창조하는 일이다. 이러한 창조에 의해서 세상은 변화하고, 인간은 거기서 길흉을 찾아낼 수 있다는 것이 역(易)의 가르침이다. 드러나 있지 않은 것을 일러 미래라 불러도 무방하다. 아직 오지 않은 시간 속에 숨어 있는 일들이 있다. 씨앗 속에 생명이 들어 있는 것을 상상해 보라. 그러면 성무(成務)를 알리라. 낳고 키워 길러 내는 일을 이룩하는 것보다 더 위대한 것은 없다. 날마다 새롭게 하여 일을 해서 드러나지 않은 행복을 찾아내는 일이야말로 중하다.

열어구(列禦寇)를 닮지 마라

　활을 잘 쏜다고 뽐내는 열어구가 백혼무인(伯昏瞀人)을 만났다. 열어구가 팔꿈치에 물을 가득 채운 잔을 얹어 두고 연방 활을 쏘아도 물잔은 흔들리지 않았고, 넋빠진 인형처럼 꼿꼿했다. 이를 본 백혼무인이 말했다.

　"화살을 가지고 하는 궁술일 뿐이네. 화살을 갖지 않고 쏘는 궁술도 있다네. 내 자네를 데리고 높은 산으로 가겠네. 우뚝 솟은 바위 위로 올라가게. 밑으로 백 길 연못이 출렁이는 데서도 활을 잘 쏠 수 있는지 시험해 보겠네."

　백혼무인은 열어구를 바위 끝에 세워놓고 활질을 하게 하였다. 열어구는 무서워 온몸을 벌벌 떨면서 앞을 내다보지도 못하고 뒤로 몸을 틀었다. 그리고는 쭈그려 앉아 온몸에 식은땀을 흘렸다.

　활을 쏘기는커녕 제 몸 하나 어찌할 바를 몰랐던 열어구야! 활쏘는 재주 하나를 빌어 지나치게 뽐내지 마라. 천 길 낭떠러지 난간에 서서도 여전히 척척 화살을 날릴 수 있는 경지는 재주로써 얻어지는 것이 아니다. 재주 하나 믿고 세상을 얕보며 뽐내는 자들이 많다. 있는 대로 제 자랑을 부풀리며 겁 없이 날뛰는 인간들노 많다. 이런 유형의 인간들을 일러 겁 없는 열어구라고 욕해 주어도 된다. 자신을 뽐내지 마라. 남을 칭찬하라. 그러면 열어구처럼 되지 않는다. 道

날마다 관심(觀心)하라

　선정(禪定)은 안으로 고요히 하라는 말씀이다. 이는 곧 마음을 고요히 하라 함이다. 마음을 고요히 해야 잘 살필 수 있다. 어떻게 살필 것인가? 이것은 색(色)이라고 살펴라. 이것은 색의 일어남이라고 살펴라. 그리고 이것은 색의 멸함이라고 살펴라. 부처께서는 이렇게 방편을 밝힌다.

　그러나 어리석은 우리는 색(色)을 참으로 관찰하지 못하기 때문에 색을 즐겨하고 색을 찬탄하며 색을 애착한다. 그래서 색이 미래로 미래로 끊이지 않고 다시 난다. 이러한 색이 우리를 괴롭게 한다는 것이 부친의 커다란 발견이요, 깨침이다.

　느끼고 생각하고 식별하는 마음이 모두 색이다. 색은 일어나는 것이다. 마음이 이런저런 것을 일어나게 하므로 마음은 행복과 불행, 선악, 공포, 슬픔, 번민, 괴로움 등에서 풀려나지 못한다. 그래서 우리는 모두 고(苦)에서 풀려나지 못한다. 우리는 어떻게 하면 풀려날까? 색이 생기지 않는다. 그러면 색에서 해탈한다. 이는 곧 괴로움의 무더기에서 해탈한다는 말이다. 이를 일러 부처는 색의 멸함이라 했고, 느낌과 생각, 식별의 멸함이라 했다. 그러나 부처의 이런 말씀은 어려워 알아듣기 어렵다. 색을 멸하라. 어떻게 멸하라는 말인가. 참으로 어렵다. 그러나 괴로울 때 괴롭게 하는 것을 뿌리쳐 보라. 그러면 멸(滅)이라는 말이 잡힐 것이다. 佛

만족할 줄 아는가

● ● ●

가을 열매는 서리를 맞아야 여물고 익는다. 이는 어려움을 이겨 내야 제 구실을 제대로 할 수 있다는 섭리이다. 인생도 예외가 아니다. 어려움에 시달려 봐야 삶이 얼마나 소중한지를 터득하게 된다. 소중한 줄 알아야 함부로 하지 못한다. 된서리를 맞고서도 정신을 차리지 못한다면 기대할 봄은 없다.

우리는 한강의 기적을 자랑하면서 오랫동안 흥청망청 우쭐댔었다. 소득 만 달러의 선진국 국민이 됐다고 으스대다 1997년 겨울에 결국 된서리를 맞고야 말았다. 검소(儉素)하지 못했던 탓으로 험하고 흉하게 몸서리를 쳤다. 허세와 허영, 오만, 사치, 낭비 등의 열병에 걸렸던 후유증이 얼마나 괴롭고 아픈지를 몸소 사무치게 겪었다.

인간에게 검(儉)보다 더한 보물은 없다. 어느 것 하나 소중하지 않은 것이 없다는 마음가짐이 곧 검(儉)이다. 그래서 맹자도 용지이례(用之以禮)라고 했다. 예에 따라[以禮] 쓴다[用之]는 것이 바로 검이다. 무엇이든 아까워하고 아껴 쓴다면 부족할 것이 없다. 착실하게 벌어 착실하게 쓰면 그 또한 검(儉)이다. 아끼면 부자로 살고 버리면 빚쟁이의 노예가 된다는 것이다. 예부터 돈독이 들면 모래언덕에서 말라죽는다고 했다. 이는 과보(跨父)의 고사(故事)에서 나온 말이다.

돈과 재물이 많으면 부자라고 생각하게 마련이다. 그러나 검소한 사람은 재화(財貨)는 알맞게 있으면 그만이라고 여긴다. 오히려 마음이 편안해야 부유하다고 믿는 사람은 항상 검소하게 마련이다.

조선 말기까지만 해도 시골 할아버지가 손자를 데리고 논밭에 나와 거닐 때는 새끼토막을 들고 손자 뒤를 따라다녔다. 손자녀석이 "할부지! 오줌!" 하면 할아버지는 빨리 손자의 잠지를 내서 오줌줄기가 나오면 얼른 들고 있던 새끼토막을 갖다 댄다. 손자의 오줌이 길가 잡초의 거름이 되는 것이 아까워 할아버지는 손자의 오줌으로 새끼토막을 적셔 오줌에 푹 젖은 새끼토막을 곡식이 자라는 논밭에 던져 준다. 그러면서 할아버지는 손자가 왜 그러느냐고 묻기를 바란다. 그러면 손자에게 오줌이 곡식의 거름이 된다는 것을 가르쳐 주고, 아무 데나 함부로 오줌을 갈기지 말라고 더불어 가르친다. 이렇게 해서 온갖 것이 다 소중하므로 아낄 줄 알아야 함을 터득하도록 신경을 썼던 셈이다. 고기를 손에 쥐여 줄 것이 아니라 고기 잡는 법을 가르치라던 유태인의 교육관도 이와 같은 맥락이리라.

옛날 농부들은 가을걷이를 할 때 낟알 하나 흘리지 않고 싹싹 거두어들이지를 않았다. 백이면 하나쯤은 남겨 두라는 말이 있다. 백의 이삭을 거두었다면 하나쯤은 논밭에 버려 두라는 뜻이다. 논밭이 없는 가난한 집 아낙들이 추수가 끝난 가을볕 아래에서 이삭을 주워간다는 것을 알아서이다. 농부의 낭비벽이 이삭을 그냥 두는 것이 아니다. 가난한 집안의 모자란 겨우내 양식을 조금이라도 더 보태려는 심정이 숨어 있는 것이다.

할아버지의 손에 들린 새끼토막이나 가을걷이를 하면서 그냥 남겨 둔 이삭은 옛날 사람들이 얼마나 삶 앞에 겸손했었는지를 짚어 보게 한다. 이렇게 삶을 마주하는 사람은 허욕에 놀아난 탓으로 모래언덕에서 말라죽는 꼴을 당할 리가 없을 것이다. 경제적으로 된서리를 맞고도 허세와 허욕을 부린다면 우리는 망해도 억울할 것이 하나도 없다. 선진국치고 흥청망청거리는 나라는 이 세상에 없다. 선진국일수록 알뜰하고 콩 한 쪽이라도 나누어 먹는 삶의 지혜를 감추고 있다. 허영과 허세, 과소비, 사치는 덜떨어진 인간들의 난장에 불과할 뿐임을 우리는 좀 더 알아야 한다. 잠시나마 망각했던 삶의 검(儉)을 되새겨 다시 삶의 덕목으로 삼는다면 오히려 우리는 궁한 때를 슬기롭게 극복하는 행운을 얻게 되리라. 국민 소득을 더 높이자고 외칠 것이 아니다. 우리 모두 정신을 차려 착실하게 일해서 저마다 소중하고 바르게 살 수 있도록 검의 덕목을 새삼스럽게 하려는 노력이 더 시급하다.

우리가 겪는 위기를 경제적으로만 생각해서는 안 된다. 검소하고 겸허하게 산다는 마음가짐이 없다면 구멍난 호주머니를 차고 사는 격이 되어 아무리 수출을 많이 해서 달러를 벌어들인다 한들 궁하고 쪼들리는 신세를 면하기 어렵다. 다시는 모래언덕에서 말라죽은 과보처럼 인생을 얕보아서는 안 되는 까닭에 검소히고 겸허하게 사는 마음가짐을 찾아내야 하는 것이다. 겸허하고 겸손한 사람은 만족할 줄 알므로 알뜰하다. 이런 알뜰한 인생을 일러 행(幸)이라고 한다. 바라는 대로 되는 것이 행(幸)이다. 그런 행운을 누리는 것을 일러 복(福)이라고 한다. 2천 원짜리 점심을 먹으면

서 1만 원짜리 점심을 먹던 옛 시절이 좋았다고 푸념할 것 없다. 오히려 수중에 8천 원이 남게 되었다고 생각하는 마음가짐으로 되돌아온다면 다시 1만 원짜리 점심을 먹을 형편이 되더라도 2천 원짜리 점심을 먹는 알뜰함을 누리게 될 것이 아닌가.

세상에 제일 가는 부자는 누구인가? 만족할 줄 아는 사람이라고 노자(老子)가 말했다. 틀림없는 말이다. 아무리 돈이 많아도 만족할 줄 모른다면 게걸스런 거지에 불과하다. 그렇다면 그 만족은 어디서 온단 말인가? 만족은 밖에 있는 것이 아니라 안에 있다고 한다. 여기서 밖은 재물이요, 돈이요, 권세요, 지위 같은 것이다. 여기서 안은 마음가짐을 말한다.

만족하게 하는 마음가짐을 일러 무엇이라고 하는가? 신(信)이라고 한다. 그러한 신(信)의 첫째 덕목이 검(儉)이요, 마지막 덕목이 경(敬)이다. 소중해서 아끼는 마음가짐〔儉〕에서 만족이 오고, 착하고 성실해 악(惡)에 물들지 않는 마음가짐〔敬〕에서 만족이 온다. 이러한 신념(信念)이 곧 동양의 행복론이요, 부자론이며 미래를 자신하는 성공론이다. 이는 궁해서 쪼들려 본 다음 터득하게 되는 변(變)의 지혜인 셈이다. 그래서 『주역(周易)』도 궁하면 통한다〔窮則通〕는 말씀을 하고 있는 셈이다.

당신은 만족할 줄 아는가? 그렇다면 아무리 궁한 세상에서라도 당신은 인생의 재벌이다.

용(勇)이라는 것이 무섭다

옆 사람이 겁 없이 장담할 때 조심하라. 동료가 무섭지 않다며 서둘 때 조심하라. 용(勇)이 넘쳐 탈을 내기 쉬운 까닭이다. 왜 도둑이 만용을 부리는지 아는가? 공자의 말씀을 들어 보면 알 수 있다. "호용질빈(好勇疾貧) 난야(亂也)."

용(勇)을 좋아하면서[好] 가난[貧]을 싫어하면[疾] 난이 일어난다[亂]. 날쌔고 과감해 결단력을 부리는 것이 용(勇)이다. 용맹스럽다느니 용감하다느니 하면서 칭찬받기 쉽다고만 여길 것 없다. 용(勇)이 지나쳐 만용(蠻勇)을 부리면 바로 난리가 나는 법이다.

왜 도둑을 간이 크다고 하는가? 가난이 싫어 만용을 부리기 때문이다. 가난을 싫어하는 자가 권력을 잡으면 천하에 제일 가는 강도가 되기 쉽다. 권력은 만용을 부리는 데 총알 구실을 해 주는 까닭이다. 정수리를 겨누고 있는 권력의 총알 앞에는 누구든 손을 들고 달라는 돈을 내주게 마련이다. 그러면 세상은 썩어 난세가 된다. 어진 사람은 세상을 어지럽히지 않는다. 나아가 겁쟁이는 세상을 어지럽히지 못한다. 오직 만용을 부릴 수 있는 놈이 세상을 난장판으로 만들어 소란을 피운다. 남의 집을 터는 놈만을 도둑놈이라 하시 않는다. 누구든 가난을 싫어하면서도 게으름을 피우면서 남의 것을 탐하고 사촌이 논을 사도 배 아파하는 자가 있다면 그런 자가 곧 도둑이요, 강도요, 못난 놈이다.🈂

내 앞에 있는 당신은 누구요

　양(梁) 나라 무제(武帝)가 달마(達磨)를 만났다. 달마를 마주한 무제가 대뜸 이렇게 물었다. "무엇이 가장 성스러운 것입니까?"

　달마가 대답했다. "텅텅 비어서 성스러울 것이 없습니다."

　무제가 알아들을 리 없었다. 뚱해진 무제가 퉁명스럽게 되받았다. "내 앞에 서 있는 당신은 누구시오?"

　달마가 이렇게 대답했다. "모르겠습니다."

　임금 앞에 가면 누구나 머리를 조아려야 한다. 그러나 달마 선사는 그렇게 하지 않았던 모양이다. 임금 앞에 의연하게 서 있는 달마에게 당신이 누구냐고 물었는데 모르겠다고 하니 어이가 없었을 것이다. 부처를 팔아 권세를 부려 보려던 무제가 달마를 만나 무슨 흥정을 할 수 있었을 것인가. 흥정할 것은 하나도 없는 법이다.

　부처를 팔아먹는 자가 많다. 그래서 끔찍한 말이 생겼다. "부처를 만나거든 부처를 죽이고, 조사를 만나거든 조사를 죽여라."

　아마도 달마 앞에 서 있던 무제는 부처를 팔아 세상을 호령하려던 야심을 달마에게 자랑하고 싶었을 것이다. 부처를 파는 인간에게 달마가 무엇을 말하리오. 없습니다. 모르겠습니다. 이렇게 받아넘기고 달마는 양 나라를 떠나 차라리 벽을 마주하고 입을 다물었다. 소인배는 공치사를 하지 못하면 좀이 쑤신다. 쥐꼬리만 한 공을 세우고는 제 몫을 크게 하려고 행패를 부린다. 나는 누구다라고 뽐내려 말라는 게다.

누가 무서운 사람인가

　어진 사람, 착한 사람, 선한 사람. 이렇게 사람을 알아보는 방법은 무엇일까? 장자의 말을 들으면 그 방법을 찾아낼 수 있을 법하다. 장자가 이렇게 말했다.

　"자기 생각과 같으면 옳다 하고 자기 생각과 다르면 그르다고 한다."

　이러한 인간은 선악을 철저하게 자기를 중심으로 결정한다. 나에게 좋으면 선이고, 나에게 나쁘면 악이다. 이는 곧 소인배의 선악관(善惡觀)이다. 나에게 좋으면 남에게 악이 될 수도 있고, 나에게 나쁘면 남에게 선이 될 수도 있다. 이는 대장부의 선악관이다. 소인은 자기 중심으로 세상을 바라보지만 대인은 남을 중심으로 세상을 바라본다. 자기 중심이 곧 욕심을 솟게 하는 샘이다. 이런 샘물을 마시고 사는 인간은 항상 목말라하면서 게걸스럽다. 욕심이 마음속으로 갈증을 불러내 목마르게 한다. 그러나 남을 중심에 두고 물정을 살피는 사람의 마음은 목마름을 모른다. 어질고 착한 사람의 마음은 단비를 맞아 싱싱한 잎새 같기 때문이다. 어진 사람은 패거리를 만들지 않는다. 굳이 자기 생각과 같은 사람을 모을 필요가 없으므로 패를 갈라 싸울 일이 없다. 그래서 어진 사람은 다투지 않는다. 옳은 것과 그른 것을 아는 이에게는 네 탓이다 내 탓이다 싸우는 일이 부질없다.

마음이라는 것은 무엇인가

마음이 무엇이고 어떤 것인지 알고 싶은가? 그렇다면 나옹 선사가 여주 실륵사에 모인 청중을 향해 던진 말씀을 들어보기 바란다.

"무엇을 마음이라 합니까? 그것은 여러분 각자에 있습니다. 자기라 부르기도 하고 주인공이라 부르기도 하지요. 언제나 그것에 의해서 부려지고, 어디서나 그것의 시도에 따릅니다. 하늘을 이고 땅에 사는 것도 마음이요, 바다를 지고 산을 떠받치는 것도 그것이며, 여러분에게 입을 열고 혀를 놀리게 하는 것도 그것이요, 여러분에게 발을 들고 걷게 하는 것도 그것입니다. 이런 마음은 항상 눈앞에 있지만 보아도 보이지 않고 들어도 들리지 않으며 찾아보되 그럴수록 더 멀어지는 것입니다."

마음 아닌 것이 없다. 만물을 다 마음으로 본다면 세상은 그만큼 편안할 것이다. 그러나 우리 모두는 세상을 물질로 보는 탓에 항상 안절부절못한다. 마음은 소유할 수 없지만 물질은 소유할 수 있는 탓으로 너도나도 더 갖자고 아우성을 치는 통에 죽을 맛이다.

하루도 마음 편할 날이 없다. 무거운 짐을 지고 마음이 질식할 상태에 있지만 돈 나와라 뚝딱, 돈 나와라 뚝딱 난장을 벌이느라 몸 둘 바를 모른다. 정신 없이 사느라고 세월 가는 줄 모른다고 자랑하면서 얼씨구 좋구나, 지화자 죽겠네 흥흥거리는 인간들이 얼마나 불쌍한가? 천지가 다 마음인 것을 모르고 산다. 佛

알묘(揠苗)라는 말이 있다

억지를 부리는가? 아니면 공연한 일을 긁어서 덧나게 하는가? 그렇다면 당신은 알묘(揠苗)의 어리석음을 범하는 꼴이다. 알(揠)은 억지로 뽑아 올려 늘인다는 뜻이다. 그러니 알묘는 새싹을 억지로 뽑아 올려 잡아늘인다는 말이다.

"억지로 잘해 보자고 하는 짓은 싹을 억지로 뽑아 올려 늘이는 짓에 불과하다." 이런 말을 맹자가 남겼다. 장자도 알묘에 관한 우화를 남겼다.

욕심 많은 농부가 옆집 곡식보다 덜 자란다 싶어 밤에 몰래 제 밭 곡식의 싹을 억지로 뽑아 올려 놓고는 아들에게 자랑했다. 옆집의 곡식보다 내 것이 더 잘 자랐다고. 아들은 아버지가 한 짓을 알아차리고 농사를 망쳤다고 생각했다.

그냥 되거나 억지로 되는 일은 없다. 하물며 무리해서 욕심 부린다고 해서 잘될 일이란 하나도 없다. 그러나 사람들은 자신도 모르게 알묘의 어리석음에 빠지기 쉽다. 저마다 제몫을 늘리려는 속셈 때문에 억지와 고집을 부린다. 안 될 일을 되게 하려고 잔꾀부리지 마라. 그러한 잔꾀가 바로 알묘의 어리석음이요, 험해지는 빌미이다. 모든 일에 성실하면 그만이다. 꾀를 팔지 말고 묵묵히 자신에게 성실하면 된다. 이보다 더 확실한 인생은 없다. 알묘하지 마라. 儒

미래를 만드는 힘

● ● ●

과거, 현재, 미래로 시간의 흐름을 재는 것은 인간의 뜻에 따른 것일 뿐이다. 자연의 시간에는 그런 갈래가 없다. 오직 인간이 시간을 갈래지어 저마다의 뜻(志)을 섬기려고 한다. 뜻이 없는 인간은 없다. 뜻을 세워 성취하려는 것을 일러 미래라고 한다.

뜻을 어떻게 섬길 것인가? 이에 대한 해답을 공자(孔子)가 명쾌하게 밝혀 놓았다. "온고이지신(溫故而知新)."

온고(溫故)는 과거의 것을 살피는 뜻이고, 지신(知新)은 미래의 것을 알고 성취하라 함이다. 그러므로 미래를 만들어 내는 힘은 입지(立志)에 있다. 과거를 살펴 거기에 안주(安住)하는 정신은 늙는다. 그러나 과거를 살펴 미래로 나아갈 방향을 찾는 밑천으로 삼는 정신은 젊고 싱싱하다. 본래 뜻(志)이란 마음이 가는 바이다. 마음이 어디로 가는가? 과거로 향해 되돌아가면 늙은 뜻이요, 미래를 향해 나아가면 젊은 뜻이다. 젊고 늙음을 나이로 판단하지 마라.

미래를 만들어 내려는 뜻이 있으면 힘을 얻을 수 있고, 길이 열린다. 위대한 인물이나 천재만 미래를 만들어 내는 뜻을 간직한 것은 아니다. 누구든 오늘보다 내일을 낫게 하겠다는 뜻이 있다면 그런 사람이 곧 미래를 향하는 주인이 될 수 있다. 그런 사람이 새로운 삶의 장(場)을 연다.

변화하고 발전하겠다는 것이 곧 미래를 만들어 내는 뜻이다. 변화와 발전은 무엇으로 증명되는가? 과거에 없던 것을 새로 만들어 내 새로운 삶을 성취할 때 증명된다. 그러므로 인간이 만들어 내는 미래는 내일이나 내년을 말하는 것이 아니라 새로운 가치를 이루어 내는 것 자체이다.

창조하는 마음이 곧 미래를 만드는 마음이다. 미래를 만든다고 함은 새로운 것을 만들어 낸다는 말이다. 새로운 것이란 미래를 뜻하기 때문이다. 낡은 것이나 헌 것은 과거의 것이다. 그러므로 뜻을 세운 사람은 도전하고 응전하면서 새로운 미래를 만든다. 이를 일러 창조력의 실현이라고 한다.

신라 때 설총이 이두(吏讀)를 만들어 낸 것, 세종대왕이 한글을 만들게 한 것, 율곡(栗谷)이 십만 양병(養兵)을 주장한 것, 다산(茶山)이 수원성을 축조할 때 기중기를 만들어 사용한 것 등 오랜 옛날부터 미래를 만들어 내는 뜻이 역사의 줄기를 열었다. 꼭 위대한 업적만 창조적인 것은 아니다. 사소한 것일지라도 미래를 만드는 뜻이 될 수 있다.

일제(日帝) 때 내가 살던 마을에 한 노인이 있었다. 그는 가을만 되면 마을 사람들에게 모두 산에 가서 산밤과 도토리를 열심히 줍게 했다. 그렇게 주운 밤은 말려서 빻아 껍질을 벗겨 자루에 담고, 도토리도 울궈 내서 떫은맛을 걸러 내고 가루로 빻아 독에 넣어 두게 했다. 그리고 어린아이들에게는 논밭둑에 있는 메뚜기를 잡아서 삶아 말려 독에 모으게 했다. 감은 홍시와 곶감으로 만들어 저장하고, 감껍질은 가루로 빻아 역시 독에 저장하게 했다. 그 덕분에 우리 마을은 보릿고개가 닥쳐도 굶지 않고 배고픔을 이겨낼 수 있었다.

　지금 생각해 보니 그 노인은 참으로 창조적이었다. 예술가나 발명가에게만 창조 능력이 있는 것은 아니다. 미래를 향해 헤쳐나갈 뜻을 가꾸고 있는 사람이라면 누구나 창조력을 발휘해서 성취하는 주인이 될 수 있기 때문이다.

　창조적인 세계를 형성하는 것이 곧 미래를 향한 시대 정신의 모습이다. 조선 시대의 시대 정신은 온고(溫故)에 근거를 두고 과거적인 것의 반복과 모방을 일삼아 미래를 잃었다. 그러나 21세기를 맞은 우리의 시대 정신은 지신(知新)에 기반을 두고 가치를 창조하려는 뜻을 앞세우고 있는 중이다. 오늘에 가치 있는 것으로 만족하지 않고 내일에 가치 있을 것을 추구하고 탐구하려는 뜻이 있으면 21세기를 현명하게 헤쳐 나갈 수 있을 것이다.

　이제 인간이 이끄는 모든 분야의 미래는 새로운 가치를 만들어 내는 데 달려 있다. 여기서 미래를 내다보는 시대 정신이 어떠리라는 것은 자명(自明)해진다. 기계 문명의 엔진과 전자 문명의 컴퓨터를 생각해 보라. 엔진은 하드웨어로서 그 우열이 결정난다. 그러나 컴퓨터는 소프트웨어로서 우열이 결정난다. 하드웨어가 몸뚱이라면 소프트웨어는 두뇌에 속한다. 소프트웨어는 인간으로 하여금 줄기차게 아이디어를 생산할 것을 요구한다.

　여기 두 대의 컴퓨터가 있다고 치자. 하드웨어의 입장에서 본다면 똑같은 기계이다. 그러나 소프트웨어의 입장에서 본다면 사용자의 두뇌에 따라서 서로 판이하게 다른 가치를 생산해 내는 별개의 기계가 된다. 컴퓨터를 사용하는 두뇌에 따라 같은 기계일지라도 가치를 생산하는 데 엄청난 차이가 드러난다.

미래를 만들어 내는 정신은 하드웨어처럼 정해져 있는 것이 아니라 소프트웨어처럼 두뇌 활용을 요구하며, 새로운 가치 창조를 추구하려는 지향성(志向性)을 간직하게 될 것이다. 앞으로 인간은 고정(固定)보다는 변화를, 정지(停止)보다는 생존을 새롭게 하려고 할 것이다. 새로운 가치를 만들어 내려는 정신이 곧 미래성(未來性)이다. 과거는 이러한 미래성을 의심했지만 이제는 확신한다. 온고이지신(溫故而知新)은 이제 지신(知新)을 위하여 온고(溫故)라는 자료 구실을 할 뿐이다. 그렇게 해야 미래를 만들어 내는 힘을 얻게 된다.

아무것도 구하지 않는다

많이 아는 사람이 상대를 무섭게 한다. 오히려 덜 유식한 사람이 상대를 편하게 한다. 사람을 편하게 하는 것은 지식이 아니다. 지식은 사람을 불편하게 하는 경우가 허다하다. 그래서 알면 병이요, 모르면 약이라는 말이 생겼다. 조금 안다고 건방떠는 사람은 스스로 자신을 천하게 만든다.

지성(知性)은 모가 나지만 불성(佛性)은 둥글다. 이것이다 저것이다 분별을 넘어선 마음은 아는 것을 앞세우지 않는다. 백 가지를 알아 아는 것이 많다고 자랑할 것 없다. 알기로 말한다면 어찌 우주 삼라만상을 다 헤아릴 수 있겠는가.

무념(無念). 이는 아는 것을 구하려 하지 않음이다. 무엇을 모른다고 애걸할 필요도 없다 함이다. 이것저것 분별하거나 시비를 가려내려고 하면 싸울 수밖에 없다. 내가 맞고 네가 틀린다고 말해 보라. 그러면 싸움이 벌어진다.

무념(無念)하라. 그러면 싸울 일이 없다. 싸움이 없으니 저절로 평화롭다. 평화롭기 그지없는 마음보다 더한 행복이 어디 있겠는가? 그러므로 무념은 행복으로 통하는 길이다. 부처의 미소를 보라. 거기에 무슨 불안이 있겠는가. 부처는 무념하므로 공색(空色)이 따로 없다. 무념은 바로 부처의 미소로 통한다.

부처께서 꽃 한 송이 들어올리자 가섭이 미소를 지었다. 佛

공손한 사람은 누구인가

당신은 남을 업수이 여기고 얕보려고 하는가? 그렇다면 당신은 오만한 사람이다. 당신은 남을 귀하게 여기고 존대하려고 하는가? 그렇다면 당신은 공손한 사람이다.

공손한 마음은 사람을 모욕하지 않는다. 이는 맹자의 말씀이다. 검소(儉素)하다. 겸손(謙遜)하다. 겸허(謙虛)하다. 공손(恭遜)하다. 이 말씀은 모두 같은 뜻이다. 남을 먼저 받들고 모시려는 마음가짐으로 통하는 까닭이다.

마음이 공손하면 남을 모욕하지 않는다. 마음이 검소하면 남의 것을 빼앗지 않는다. 사회가 어지럽고 도둑이 들끓고 있다는 것은 너도나도 마음가짐이 불공(不恭)하고 허세로 가득 차 있는 까닭이다. 왜 우리는 점점 거칠어지고 있는가? 덕(德)을 멀리하는 까닭이다.

덕을 멀리하면 할수록 염치(廉恥)를 잊어버린다. 염치없는 세상에는 항상 엄한 형벌이 난무하게 마련이다. 형벌로 다스리는 세상은 사람을 영악하게 만든다. 별별 잔꾀를 부려 법망(法網)을 피해 가려고 한다. 나쁜 짓을 범하고도 부끄러워할 줄 모르고, 뻔뻔스럽게 거짓말을 일삼으려 한다. 형벌로 다스리면 사람들이 염치가 없어지고, 덕으로 다스리면 사람들이 염치를 차리고 산다. 공손하고 겸손한 마음가짐은 후덕(厚德)해 나쁜 짓을 범하지 않는다. 佛

약자(弱者)가 이긴다

부드럽고 약한 것이 굳고 강한 것을 이긴다. 이러한 노자의 말은 상식에 어긋나게 들린다. 누구나 다 강하면 이기고 약하면 진다고 믿는다. 이러한 믿음을 노자가 뒤집는다.

굳고 단단한 흙을 비집고 돋아나는 새싹을 보라. 새싹은 온갖 고난을 겪어 내면서 꽃을 피우고 열매를 맺어 씨앗을 얻는다. 이처럼 연약한 것이 이기게 하는 것을 일러 도의 작용이라고 한다. 도의 작용을 일러 노자는 유무(有無)라고 했다.

유무는 있음[有]과 없음[無]의 대립이 아니다. 있으므로 없고 없으므로 있다는 생각을 일러 유무라고 한다. 그래서 노자는 유생어무(有生於無)라고 했다. 유(有)는 무(無)에서 나온다. 즉 무가 유를 낳는다. 내 어머니가 나를 낳았다. 나는 어머니에게 유인 셈이고, 어머니는 나에게 무인 셈이다. 이러한 모자(母子)의 관계를 생각해 보라. 그러면 왜 약자가 이기는가를 살필 수 있을 것이다.

어머니의 한없는 사랑이 곧 자(慈)이다. 어머니의 사랑은 항상 부드럽고 한없이 줄 뿐 요구하지 않는다. 거침없이 사랑하는 마음은 약자의 편에 설 뿐 강자의 편에서 호령하지 않는다. 물이 바위에 구멍을 뚫는 현상을 생각해도 되리라. 그러므로 강해야 이긴다는 생각은 사랑이 아니라 정복하려는 야욕일 뿐이다. 야욕은 결국 망해서 흉하게 되는 법이다. 道

제 마음을 볼 줄 아는가

오로지 나만이 내 마음속을 들여다볼 수 있다. 아무도 내 마음속을 들여다볼 수 없다. 부처님도 내 마음을 들여다볼 수 없다. 그래서 스스로 깨치지 못하면 아무도 깨칠 수 없다고 한다. 깨치는 것도 내가 깨치는 것이지 남이 깨친 것을 나에게 줄 수 없다. 그래서 견자본성(見自本性)이라 한다.

자기의 본래 성품〔自本性〕을 보라〔見〕. 바라보려면 닫힌 것을 열어야 한다. 열어서 무엇을 보자는 것일까? 이에 대하여 육조혜능(六祖惠能)은 이렇게 일러 준다. "불지견(佛知見)을 열어라〔開〕."

그렇다면 불지견이란 어떤 경지인가? 깨우침〔覺〕이다. 깨침을 열어라. 이것이 개(開)이다. 깨침을 보여라. 이것이 시(示)이다. 깨침을 깨달아라. 이것이 오(悟)이다. 그리고 깨침으로 들어가라. 이것이 입(入)이다. 열어라〔開〕. 보여라〔示〕. 깨달아라〔悟〕. 그리고 들어가라〔入〕.

어디로 들어가라는 말인가? 한곳〔一處〕으로 들어가라. 그 한곳을 일러 불(佛)이라고 한다. 삿된 마음〔邪心〕, 번뇌(煩惱), 독한 마음〔毒心〕, 덧없는 짓〔塵勞〕, 허망한 짓〔虛妄〕, 어리석고 의심하는 짓〔愚癡〕이 마음을 휘감아 더럽기 짝이 없다. 사심(邪心), 번뇌(煩惱), 독심(毒心), 진노(塵勞), 허망(虛妄), 우치(愚癡)를 쓸어 내면 누구의 마음이든 청정해진다. 깨침이란 바로 이런 것들을 싹 쓸어 내 버린 다음 맑고 깨끗한 마음일레라.佛

급(給)은 참으로 무섭다

　공자의 제자인 자공(子貢)이 예(禮)를 물었다. 그러자 공자는 다음처럼 말해 주었다.

　"경(敬)이라도 예에 맞지 않으면 야(野)이고, 공(恭)이라도 예에 맞지 않으면 급(給)이며, 용(勇)이라도 예에 맞지 않으면 역(逆)이다. 그중에서도 급(給)은 어질고 사랑하는 마음을 빼앗아가 버린다."

　공경(恭敬)은 예의 근본이다. 받들어 모시고 존경하는 마음이 없어서는 예가 성립될 리 없다. 정직하고 성실한 마음가짐〔愼〕이 없다면 예는 없다. 그러므로 예에 맞지 않는다 함은 속이는 짓을 암시하는 셈이다.

　급(給)은 아첨하는 짓을 말한다. 야(野)는 버릇없는 거친 짓을 말하고, 역(逆)은 힘 하나만 믿고 포악을 부리는 짓을 말한다. 야(野)나 역(逆)보다 더 급(給)이 무례하다고 한 것은 상대를 속여먹는 짓거리를 태연하게 연출하는 인간의 짓이기 때문이다.

　아첨하는 사람은 등 뒤에 가서 칼을 뽑아들기 쉽다. 겉으로는 굽실거리면서 속으로는 약점이 어디인지를 살펴 물고늘어지는 사심(邪心)을 버리지 않는 인간성을 일러 급(給)이라고 한다. 이 얼마나 무서운 놈인가. 주변에 급(給)을 일삼는 놈이 있다면 결별하는 편이 나을 것이 분명하다. 아첨꾼 옆에 있다가는 오물 세례를 받기 쉬운 까닭이다.

하늘 같은 사람들

사람은 선할 수도 있고 악할 수도 있다. 사람의 마음속에는 천사도 있고 악마도 있다. 누구는 선한 사람이고 누구는 악한 사람이라고 못박을 수는 없다. 선한 일을 하는 순간 선한 사람이 된다. 악한 짓을 범하는 순간 악한 사람이 된다.

소리소문 없이 선한 일을 하는 사람만큼 아름다운 존재는 없다. 그렇게 아름다운 사람들을 우연히 알게 되면 나와 아무 인연이 없다 해도 그 사람은 나를 기쁘게 한다. 남의 마음을 기쁘게 하는 사람이 곧 아름다운 사람이다. 아름다운 마음이 곧 선(善)이다. 선미(善美)는 같은 말씀인 까닭이다.

대전 어디, 김밥 할머니로 통한다는 한 할머니가 우리의 마음을 기쁘게 한 적이 있다. 삼십 년을 하루같이 김밥을 말아 팔았다는 그 할머니가 한평생 모은 재물을 가난한 학생들에게 주라고 어느 대학에 내놓았다는 소식이 세상에 퍼지면서 세상은 겨우 할머니를 알게 되었다. 이름도 사진도 내지 말라는 부탁을 하고 남 앞에 나설 것 없다고 했다는 그 할머니가 우리를 부끄럽게 한다.

얼굴값 한다는 말이 있다. 잘난 얼굴을 미끼로 남을 아프게 하는 사람은 장미꽃에 숨어 있는 가시와 같다. 한때는 배우까지 했었던 최모(崔某)라는 미녀가 유학원을 차려서는 수십 억의 돈을 챙겨 미국으로 도망갔다고 한다. 막된 말로 부유층 자제들의 약점을 이용해서 돈을 좀 후려냈지 불쌍한 사람을 등친 것은 아니지 않느냐고 변명할는지도 모르겠다. 그러나 최모 여인은 못난 도둑일 뿐이다. 이 세상에서 가장 추한 놈은 누구일까? 제 욕심을 채우려고 남의 것을 훔치는 도둑놈이다. 부정부패의 도둑이 더럽고, 사기치는 도둑이 추하다. 더럽고 추한 것을 악(惡)이라고 한다.

김밥 할머니의 얼굴은 분명 주름져 쭈글쭈글해 볼품이라곤 하나도 없을 게다. 손은 김밥을 마는 데 지쳐 더덕 껍질처럼 거칠거칠해져 있을 것이다. 반대로 유학원을 차려 부유한 집을 등치고 도망갔다는 그 여인의 얼굴과 손은 무척이나 고왔을 것이다. 김밥 장사를 하는 할머니와 사기를 친 미녀 중에서 누가 아름답고 누가 추한가? 이처럼 선악은 마음에 있지 몸뚱이에 있는 것은 아니다.

주말이면 명동 골목에서 노래를 부르던 수와진이라는 쌍둥이 가수가 있었다. 이들은 심장병 어린이의 수술비를 모금하기 위하여 주말만 되면 명동성당 앞 길목에서 기타를 치며 노래를 불렀다. 한두 번 쇼로 그친 것이 아니라 여러 해를 그렇게 하여 모금한 돈으로 수십 명의 어린 심장을 고쳐 주었다. 눈물겨운 수와진 젊은 두 사내가 우리를 겹으로 즐겁게 한다. 노래를 불러 즐겁고 병든 어린 심장을 고쳐 주려는 마음이 눈물겹다. 그런 그들이 한때는 형 하나만 나와서 노래를 부르던 때가 있었다. 어느 날 밤 아우가 양아치한테 뒤통수를 얻어맞아 크게 다친 까닭이다. 다행히 목숨은 건졌지만 언제 어디서나 악이 선을 못살게 한다는 말이 새삼 생각난다. 수와진의 아우를 때린 그놈은 어떤 놈일까? 천하에 못난 악한이요, 지옥이리라.

선한 사람들을 못살게 구는 추악한 인간들이 득실거린 지 이미 오래이다. 세상을 암울하게 하는 추하고 더러운 인간들이 세상을 아프게 한다. 그러나 선량한 사람들이 월등히 많아 세상은 날마다 열리고 삶이 아름답고 선하다.

죄를 범한 사람은 하늘에 빌 면목이 없다고 한다. 부끄러워 고개를 들 수 없는 까닭이다. 예부터 하늘이란 선량한 백성을 말한다. 김밥 할머니와 수와진 같은 사람들을 일러 하늘이라고 하는 법이다. 백성의 가슴을 뭉클하게 하는 눈물겨운 사람들을 두고 맑고 밝은 하늘이라고 부른다.

우리 주변에는 눈물겨운 사람들이 얼마나 있을까? 각박한 세상이어서 거의 없다고 여길는지 모른다. 그러나 의외로 추악한 인간들보다는 눈물겨운 사람들이 많은 것이 세상이다. 다만 드러나지 않게 숨어서 살맛 나게 하는 일을 하기 때문에 눈에 뜨이지 않을 뿐이다. 왼손이 하는 일을 오른손이 모르게 하라. 이러한 말을 눈물겨운 사람들은 소중히 여기고 선하게 산다. 모란은 화사하지만 향기도 없고 꿀샘도 없다. 풀섶에 숨어 피는 풀꽃일수록 수수하지만 짙은 향기와 깊은 꿀샘으로 벌과 나비를 먹여 살린다. 눈물겨운 사람들은 수수하게 숨어서 피는 풀꽃 같은 하늘들이다.

김밥 할머니는 삼십 년 만에야 세상이 알게 되었고, 수와진은 노래를 불러 모금을 해야 했기에 어쩔 수 없이 알려졌을 뿐이다. 공치사를 받자고 그렇게 하지 않는다. 향기를 품고 꿀을 담고서 숨어 있는 풀꽃 같은 인간들은 아름답고 선한 하늘이다. 그런 하늘 덕에 우리는 숨을 쉬고 산다.

이것이 곧 적멸(寂滅)이다

눈으로 색(色)을 본다. 귀로 소리를 듣는다. 코로 냄새를 맡고 혀로 맛을 본다. 몸으로 감촉(感觸)하고 마음은 이런저런 뜻〔意〕을 만든다. 이런 것을 생각이라 하고, 마음의 기록이라 한다. 나아가 이런 생각이나 기록을 일러 말이라 한다.

말은 덧없다. 지어낸 것이 말이다. 왜냐하면 바라는 바 인연 따라 일어난 의도(意圖)가 말이기 때문이다. 말하지 마라. 침묵하라. 이는 곧 덧없는 짓을 범하지 말라 함이다.

괴로움이란 무엇인가? 바람으로 인연하여 생긴 것이리라. 그렇게 생긴 괴로움은 머물고 멸하는 과정을 끊임없이 거친다. 정을 끊어라. 인연을 끊어라. 이는 곧 괴로움을 끊고 버리라 함이다.

"괴로움을 남김없이 끊고 버려라. 그렇게 다하여 욕심을 떠나고 쉬어 마치면 다른 괴로움이 다시 새로 이어지지 않아 생기지 않으니 이것이 곧 적멸이요, 승묘(勝妙)이니라. 이것은 일체의 애욕이 다하여 욕심이 없고 멸해서 다해 버린 열반이니라."

이렇게 부처께서 비구니들에게 설했다고 『아함경(阿含經)』은 전하고 있다. 그러나 사람은 느낌과 생각과 의도를 버리지 않고 나는 나라고 주장을 앞세운다. 그렇게 하지 말라고 부처께서 여러 설법을 마련해 놓았지만 저마다 입으로만 적멸, 적멸할 뿐이다. 佛

달팽이 뿔 위에서 싸워서야

달팽이 뿔 위에 두 나라가 있었다. 왼쪽 나라는 촉씨(觸氏)였고 오른쪽 나라는 만씨(蠻氏)였다. 그 두 나라는 날마다 싸움을 벌였다.

이는 하찮은 일로 다투는 짓을 꼬집어 빗대는 말이다. 이런 우화가 『장자(莊子)』「즉양편(則陽篇)」에 나온다.

와우각상지쟁(蝸牛角上之爭). 와우는 달팽이를 말한다. 각상은 더듬이가 나 있는 달팽이의 머리인 셈이다. 그런 머리 위에 난 두 뿔〔角〕을 두 나라로 치고 왼쪽을 촉(觸), 오른쪽을 만(蠻)이라고 이름을 붙여 장자는 우화를 만들어 놓았다.

달팽이 머리가 넓어 봐야 얼마나 넓겠는가. 거기서 땅을 더 차지하겠다고 싸움을 벌이는 꼬락서니를 인간들은 마다하지 않는다. 인간들이 목숨을 걸고 싸우겠다는 짓거리를 곰곰이 살펴보면 별것 아닐 때가 허다하다. 따지고 보면 사소하기 짝이 없는 것을 두고 인간들은 칼부림을 마다하지 않는다. 몸뚱이만 남은 살덩이 인간들이 많아서이다.

조금만 생각해 보면 촉씨나 만씨 같은 나라를 떠날 수 있다. 나아가 남의 입장으로 돌아가 한번만 생각해 보면 싸워야 할 일이 거의 없어질 수도 있는 일이다. 이모저모 깊이 생각해서 인생을 신중하게 경영한다면 싸울 일은 거의 사라지게 되리라. 그러면 달팽이 뿔 위의 두 나라는 평온을 찾을 것이다.道

충(忠)은 중(中)이다

　지공무사(至公無私). 지극히 공평하다〔至公〕. 그래서 사사로움이 없다〔無私〕. 공평하다는 것은 나나 너나 다 같을 뿐 다를 것이 없다 함이다. 동고동락(同苦同樂)이라는 것이 곧 공평한 삶이다. 너나 할 것 없이 다 같이 함께 살 수 있다면 티격태격 다툴 일이 없다. 공평하면 무사하고, 무사하면 절로 공평해진다.

　공평도 중(中)이요, 무사도 중이다. 중은 참으로 알맞음이다. 기쁨도 알맞으면·좋고, 슬픔도 알맞으면 참아 낼 수 있다. 기쁨이 지나치면 화가 되고, 슬픔이 지나치면 괴롭기 짝이 없어 견딜 수 없게 된다. 그래서 중을 버리면 호사다마(好事多魔)를 당한다. 좋은 일에 들뜨다 보면 궂은 일이 생기게 마련이다.

　충(忠)을 중정이라 해도 된다. 중(中)은 곧 정(正)인 까닭이다. 속이지 않는 것이 정(正)이다. 마음속에 숨긴 것이나 감춘 것이 없는 그런 마음가짐을 일러 성(誠)이라고 한다. 성실(成實)한 사람은 항상 인생 앞에 충실(忠實)하다.

　충(忠)은 사람을 한없이 귀하게 한다. 충은 굽실거릴 줄 모른다. 비겁하고 아첨하려는 무리가 굽실거릴 뿐이다. 충은 꼿꼿할 뿐이다. 검으면 검다 하고 희면 희다할 뿐 변명하지 않는다. 그래서 충 앞에서는 임금도 조아리는 법이다. 삶 앞에 성실하다면 그보다 더한 충(忠)은 없다. 儒

"

범천(梵天)과 파순(波旬)이 혼이 났다

범천(梵天)은 온갖 욕심에서 벗어나 항상 깨끗하고 맑고 밝아 조용한 곳이다. 파순(波旬)은 살자(殺者)나 악자(惡者)라고도 한다. 파순은 마왕(魔王)인 셈이다.

파순이 범천이라고 자칭하다가 부처께 들켜 도망을 쳤다. 그런 다음 범천이 나타나 부처께 아뢰었다. "잘 오셨습니다. 큰 선인이여, 이곳은 항상 있고, 이곳은 항상 좋고, 이곳은 길이 존재하고, 이곳은 훌륭하고 묘합니다."

이에 세존은 이렇게 말씀하셨다. "범천이여, 너는 항상 있지 않는 것을 일러 있다고 하고, 항상 좋지 않은 것을 일러 좋다 하고, 존재하지 않는 것을 일러 존재한다고 하며, 요긴하지 않는 것을 일러 요긴하다 하는구나. 범천이여, 너에게는 이런 무명(無明)이 있다."

무명은 어리석음이다. 범천은 세존의 설법을 쭉 듣고서야 이렇게 다시 세존께 여쭈었다. "중생들은 존재를 사랑하고 존재를 즐기며 존재와 친합니다. 그러나 세존께서는 존재의 근본을 뽑아내었습니다. 왜 그런가 하면 여래(如來) 무소착(無所著) 등정각(等正覺)이기 때문입니다."

그리고 범천은 이렇게 노래불렀다. "존재(有)에서 두려움을 보고 존재의 소견이 없으면 두려워하지 않네. 그러니 존재를 즐거워하지 마라. 존재를 어찌 끊지 않으리라."

있어서 탈이다. 중생은 이를 모르고 발버둥친다. 佛

뽐낼 것 없다

오죽 못났으면 제 자랑을 늘어놓겠는가. 못난 것이 잘났다고 제 자랑을 늘어놓으면 더 못난 인간으로 추락한다. 그렇다고 잘난 얼굴 하나 밑천 삼아 세상 무서운 줄 모르고 촐랑거리면 곧은 나무 꼴이 되고 마는 법이다.

『장자(莊子)』「산목편(山木篇)」에 직목선벌(直木先伐)이라는 말이 있다. 곧은 나무〔直木〕는 먼저〔先〕 잘린다〔伐〕.

사람의 입장에서 보면 곧은 나무는 쓸모가 그만큼 많다. 그래서 사람은 곧은 나무를 골라 베어다가 재목으로 쓴다. 그러나 나무의 입장에서 본다면 곧다는 것이 하나도 좋을 것이 없다. 곧은 탓에 일찍 죽어야 하는 까닭이다. 굽어서 재목으로 쓸 수 없는 나무가 오래 살 수 있는 행운을 얻는다. 그러니 나무의 편에서 보면 곧은 것은 하나도 자랑할 것이 못된다.

인간 세상에서도 이처럼 잘났다고 방정떨다 덜미를 잡히는 어리석은 치들이 많다. 특히 알량한 재주 하나 믿고 세상을 얕보다 흉한 꼴을 당하는 인간은 곧다고 자랑하다 잘리는 나무 꼴과 같다.

잘났다고 제 자랑을 하지 마라. 그러면 원숭이가 나무 타는 재주 하나만 믿고 까불다 화살에 맞아 죽는 것처럼 화를 자초하게 마련이다. 곧은 소나무는 재목으로 잘려 나가고, 이리저리 굽은 소나무는 제자리에서 수명을 누린다. 道

우리 모두 어질어지려면

어질고 순해빠지면 세상일에 어둡지만 영악하고 약삭빠르면 세상일에 밝아진다. 이런 생각이 생존의 상식처럼 되어 있다. 어진 사람이 영악한 사람보다 못나고, 약삭빠른 사람이 순한 사람을 밀쳐 내는 세상은 사납고 거칠다.

사람이 사나워져 세상이 거칠어진 것이지 세상이 거칠어 사람이 사나워진 것은 아니다. 인생은 사람들의 마음에 달린 것이지 땅이나 공중에 매달린 것은 아니다. 살벌한 세상은 인간들이 살벌해진 까닭이다. 지금 우리는 무엇보다 좀 어질고 순해져야 한다. 그러나 우리는 그럴 줄 모르고 있는 까닭에 탈이다.

예부터 네 가지 악(惡)만 피하면 누구든 어질 수 있다고 했다. 극(克)·벌(伐)·원(怨)·욕(欲)이 바로 그 네 가지 악이다. 남을 지게 하고 내가 이겨야 한다는 것이 극(克)이다. 남을 제치고 나를 자랑해야 하는 것이 벌(伐)이며, 남의 탓이지 내 잘못은 없다고 앙심을 품는 것이 원(怨)이고, 세상일이 내 뜻대로 되기만을 고집하는 것이 욕(欲)이다. 그러나 지금 우리는 이 네 가지를 악으로 보려고 하지 않는다. 여기서 우리는 거칠어지고 사납고 영악해질 뿐 어질지 못하게 된다.

어질다 함은 나보다 남을 소중히 하려는 마음에서 출발한다. 그런 마음을 간직하기란 매우 어렵기 때문에 공맹(孔孟)은 나를 닦으라〔修己〕 했고, 노장(老莊)은 나를 버리라〔舍己〕 했다. 왜 나를 닦거나 나를 버리라 했는가?

남을 편안하게 해 주는 것〔安人〕을 위해서 그렇게 하라고 한 것이다. 그러나 지금 우리는 이런 말을 웃기는 소리라고 팽개친다. 그리고 내가 편해야지 왜 남이 편해야 하느냐고 반문하려고 한다.

남을 이기려 하지 않고 조금만 물러선다면 그 순간 나는 어질어진다. 나를 앞세워 자랑할 것이 아니라 남을 칭찬하게 되면 그 순간 나는 어질어진다. 일이 잘못되었을 때 남의 탓이 아니라 내 탓으로 돌리면 그 순간 나는 어질어진다. 또한 세상은 내 바람대로 될 리가 없다는 이치를 터득하면 그 순간 바로 나는 어질어진다. 이와 같은 인간관계는 세상이 어떻게 변하든 변하지 않는다. 그러나 지금 우리는 어질면 손해만 보고 망한다는 속셈을 감추고 산다. 그래서 세상은 거칠고 사납게 드러난다.

욕심을 줄이면 바보가 되고 욕심을 부려야 내 몫이 커진다고 다짐하면 할수록 살맛이 덜어진다. 내가 욕심을 부리면 남도 질세라 욕심을 부린다. 내가 욕심을 덜 부리면 남도 따라 욕심을 덜 부린다. 이런 간단한 진리를 한사코 부정하고 남의 밥에 있는 콩이 더 커 보인다며 아우성이다. 바로 이런 아우성이 지금 우리가 앓고 있는 가장 무서운 병이다. 이런 병은 무섭고 엄한 법으로 고칠 수 있는 것이 아니다. 오직 우리 마음가짐을 고치지 않는 한 살맛을 빼앗아 가는 욕심의 불길을 잠재울 수 없다.

자기 중심(自己中心)의 성취욕(成就慾)을 최상의 미덕으로 삼고 있는 한 절제와 금욕은 불가능하다. 절제와 금욕 없이는 사람이 어질 수 없고, 따라서 세상 또한 화목할 수 없다. 지금 우리는 자기 중심의 욕망을 다스리려 하지 않는 탓에 어질지 못하게 하는 네 가지 악을 마치 선인 양 착각하게 된 셈이다.

남을 진정 이기고 싶다면 먼저 내가 지면 된다. 내가 지는 것이 내가 이기는 것으로 되는 경우를 두고 극기(克己)라고 한다. 남에게 칭송받고 싶다면 먼저 남을 아낌없이 칭찬하라. 이를 일러 겸허(謙虛)라고 한다. 남을 탓하면 원수를 사지만 나 자신을 탓하면 벗을 얻는다. 이를 용서(容恕)라고 한다. 욕심을 채우면 막다른 골목을 향하게 되지만 욕심을 줄이면 그 순간 통하는 길이 열린다. 이를 절제(節制)라고 한다.

지금 우리는 극기할 줄 모르는 탓에 사납게 되었고, 겸허할 줄 모르는 탓에 뻔뻔스럽게 되었으며, 용서할 줄 모르는 탓에 거칠게 되었고, 절제할 줄 몰라 험하게 되었다. 이렇게 된 우리의 실상(實像)을 부끄러워할 줄 모르게 되어 의(義)가 질식되어 가고 있는 중이다. 달리 말하자면 우리는 지금 의(義)를 멀리 멀리하고 이(利)만을 좇고 있는 존재로 돌변해 가고 있다.

의리(義利)는 함께해야 한다. 이(利)라는 것은 선이 될 수도 있고, 악이 될 수도 있다. 의(義)를 저버리지 않는 이(利)는 선이지만, 의를 저버린 이는 악이다. 한 예로, 열심히 일한 뒤에 받는 봉급은 의를 저버리지 않은 선한 돈이지만, 뇌물을 받아 치부를 하려고 뇌물로 받은 돈은 의를 저버린 이이므로 악이 된다. 봉급은 자랑스러운 돈이지만 뇌물로 받은 돈은 부끄러운 돈이다. 부끄러운 짓을 범하지 않는 것을 두고 의(義)라고 한다.

지금 우리는 의를 멀리하는 탓에 어질지 못하고 소인(小人)이 되어 서로 아옹다옹 힘겨루기를 하려고 한다. 서로 의심하고 서로 경쟁하려고 하면 인간은 결코 어질 수 없다. 어진 인간은 도덕적 인간을 말한다. 도덕적이란 무슨 뜻인가? 생명을 소중히 하고 사랑하는 방법을 찾는 마음이 곧 인간의 도덕심(道德心)이다. 그러므로 어진 사람이란 도덕심을 삶의 중심으로 삼는다.

지금 우리는 왜 구조적인 부정부패의 사슬에 얽혀 벗어나지 못하는가? 법이 없어서 그런 것이 아니라 어진 사람이 되어야 한다는 도덕심에서 멀리 떨어져나가 자기 중심의 물질적 이익만 챙기면 된다는 반도덕적 인간으로 추락해 버린 탓이다.

어진 사람은 누구인가? 남을 사랑할 줄 아는 사람이다. 그를 인자(仁者)라고 한다. 인자는 대인(大人)이다. 공자는 인자를 군자라 했고, 맹자는 대인을 대장부(大丈夫)라고 했다. 지금 우리는 대장부를 멀리하고 저마다 졸장부(拙丈夫)가 되어 제 욕심만 챙기려고 아우성이다. 이런 사실을 깨우치는 날 우리는 어질어질 것이다.

남의 허물을 잡지 마라

　군자는 불우인(不尤人)한다고 맹자(孟子)가 말했다. 군자는 남의 허물을 잡지 않는다. 우(尤)는 허물을 잡는다는 뜻이다. 다만 소인이 남의 허물을 잡아 입질을 한다.

　남의 허물을 잡게 되면 덩달아 헐뜯게 된다. 헐뜯는 것은 결국 욕이 된다. 욕먹는 사람보다 욕하는 사람이 더럽다. 소인은 이런 줄 몰라서 뻔뻔스럽고 염치없이 산다. 그리고는 군자를 흉본다.

　잘못이 있다면 핑계대지 마라. 사람은 누구나 실수하게 마련이다. 완벽하다면 어찌 인간이겠는가. 군자는 이러한 인간의 약점을 잘 알고 삶을 조심할 뿐이다. 약점을 알고 있으므로 고칠 수 있다. 그러기 위하여 군자는 자신에게 엄격하다. 군자는 낡은 인간형이 아니다. 아무리 세상이 바뀌어도 군자는 인간의 이상형이다. 자신을 다스려 남에게 관대하고 자신을 다스려 남을 사랑할 줄 아는 군자야말로 인간의 모범일 뿐이다. 그래서 맹자는 군자를 대장부라고 했다.

　소인은 저만 알 뿐 남을 모른다. 주변을 생각할 줄 모르고 저만 살면 그만이라는 속셈을 감추고 소인은 영악하게 살아간다. 이러한 소인을 군자는 경멸하지 않는다. 군자는 다만 소인이 있다는 것을 알고 스스로 더욱 조심하면서 세상을 밝고 맑게 하려고 남을 이해하고 용서하려는 마음을 닦는다. 儒

상덕(上德)과 하덕(下德)이 있다

노자가 말했다. "상덕부덕(上德不德)."

자연의 덕은 사람의 덕이 아니다. 상덕은 자연의 덕을 말한다. 하덕은 사람의 덕을 말한다. 상덕은 공치사를 않는다. 그러나 하덕은 한사코 공을 드러내 제몫을 찾으려고 한다. 그래서 노자는 이렇게 말했다. "하덕불실덕(下德不失德)."

하덕은 한사코 덕을 잃지 않으려고 한다. 말하자면 하덕은 공치사를 앞세운다는 것이다. 왼손이 한 일을 오른손이 모르게 하라. 그러면 하덕은 화를 낸다. 감사패나 감사장이라도 받아야 한다. 생색이 나지 않으면 하덕은 인색하기 짝이 없다.

베풀되 드러내지 마라. 그러면 상덕이다. 자연은 자랑하지 않는다. 단비를 내렸다고 으스대는 하늘을 보았는가. 자연은 베풀되 자랑하지 않는다. 그러나 사람은 쥐꼬리만 한 공을 세우고는 태산 같은 공을 세운 듯이 활개를 치려고 한다.

대가를 바라고 베푸는 것은 전혀 베풂이 아니다. 뒤를 바라고 돕는 짓 역시 전혀 돕는 것이 아니라 흥정해서 이득을 보려는 장삿속일 뿐이다.

자연은 저울질하지 않는다. 손익(損益)을 따져 이익이 되면 돕고 손해가 나면 모른 척하는 위선은 사람에게만 있다. 그래서 자연은 크고 사람은 작다고 한다. 道

달마(達磨)는 네 가지를 부탁했다

안심(安心)하라. 발행(發行)하라. 순물(順物)하라. 방편(方便)하라. 이것이 달마의 네 가지 부탁이다.

안심하라. 마음을 편하게 하라. 마음을 어떤 것에 묶어 두지 마라. 마음을 구속하지 마라. 마음을 애끓이지 마라. 마음을 열어라. 통하는 마음은 걸림이 없다. 걸림이 없으니 자유롭다. 자유, 해방, 해탈, 이런 것이 다 안심이다.

발행하라. 행동하라 함이다. 말만 있고 행동이 없으면 일깨움이란 불가능하다. 깨침도 먼저 일깨움이 스스로 있어야 하느니 용감하게 떨쳐나라. 어디서 떨쳐나라는 말인가? 어리석음에서 떨쳐나라 함이다. 그러면 절로 안심이 따라온다.

순물하라. 어긋나지 마라. 불응하지 마라. 응하라. 그러면 서로 어울린다. 너는 너 나는 나 이렇게 상대를 짓고 아옹다옹하지 마라. 오손도손 손에 손을 잡고 벽을 헐어라.

방편하라. 실천에 옮겨라. 우물쭈물 미루지 마라. 주저하지 말고 실천하라. 못 이겨서 하는 것이 아니라 기꺼이 하라.

안심, 발행, 순물은 남이 시킨다고 하는 것이 아니다. 안심도 스스로 하고 발행도 스스로 하고 순물도 스스로 할 뿐이다. 자유를 누리는 자가 어찌 남의 명에 따라 하겠는가. 달마의 네 가지 부탁은 종의 것이 아니라 주인의 것이다. 자기면목(自己面目)이 분명해야 한다.佛

그런 일은 참으로 어렵다

　사기종인(舍己從人)하라. 나〔己〕를 버리고〔舍〕 남〔人〕을 따르라〔從〕. 이보다 더 어려운 명령은 없다. 나이 육십을 이순(耳順)이라 한 것을 보면 알 만하다. 남의 뜻을 따른다는 것이 이순이다. 맹자의 사기종인은 공자의 이순인 셈이다.

　사기(舍己)란 나만 옳고 너는 글렀다고 하지 말라 함이다. 줏대 없이 굴라는 것은 결코 아니다. 어차피 시비를 가리려면 서로가 자신에게 냉정해야 한다. 감정에 사로잡혀 욱하지 말고 냉정하게 자신을 돌이켜보고 상대의 입장으로 돌아가 잘 생각해 보라. 이것이 진정한 사기(舍己)이다. 그러면 남을 이해하게 된다.

　남을 이해하고 용서할 수 있는 그런 마음가짐이 곧 종인(從人)이다. 이를 달리 말한다면 복례(復禮)인 셈이다. 나를 이겨내고 예로 돌아가라〔克己復禮〕. 이러한 공자의 부탁은 맹자의 사기종인(舍己從人)으로 통한다.

　내 주장을 뒤로하고 상대의 의견을 존중하면 성사되게 마련이다. 그러나 내 주장만 앞세우려고 하면 될 일도 안 되는 법이다. 내가 상대를 존중하면 상대도 나를 존중한다. 서로 존중하게 될 때 어려운 일도 쉽게 풀리는 길을 찾는다. 그러한 통로를 사기(舍己)라 하고 종인(從人)이라고 할 뿐이다. 서로 고집하다 일을 그르치지 마라. 그러면 둘 다 어리석게 될 뿐이다. 🔲

무위(無爲)는 박(樸)이다

　복귀어박(復歸於樸). 박(樸)으로 돌아가라. 노자의 말씀이다.

　이는 자연으로 돌아가라는 말이다. 그렇다고 해서 문명을 버리고 들짐승처럼 살라는 것은 결코 아니다. 다만 꾸미고 살지 말라 함이다.

　박(樸)은 사람이 손대지 않은 나무등걸이다. 꾸미거나 다듬지 않은 있는 그대로의 것을 일러 박(樸)이라 한다. 그러니 박은 자연이요, 무위를 말하는 셈이다.

　꾸미고 다듬지 마라. 검소하고 분수에 맞춰 겸허하게 살라. 그러면 박(樸)의 삶이다. 자연은 수수하고 소박하다. 그냥 있는 그대로일 뿐 수식하지 않는다. 산천에 꽃이 핀다고 해서 자연이 장식하는 것은 아니다. 다만 그렇게 할 뿐이다.

　자연에는 편리한 것도 없고 불편한 것도 없다. 자연에는 선악(善惡)도 없고 미추(美醜)도 없고 진위(眞僞)도 없다. 선이니 악이니 따지는 것은 인간의 짓이요, 아름다움과 추함을 분별하는 것도 인간의 짓이며, 참이다 거짓이다 따지는 것 역시 인간의 짓이다. 이러한 것을 일러 노장(老莊)은 인위(人爲)라 했다.

　무위는 자연이요, 인위는 문화이다. 자연은 만물을 편하게 하고 인위는 만물을 괴롭힌다. 인간들 탓에 땅이 썩고 바람이 썩고 물이 썩는다. 천지가 입는 공해(公害)를 보라. 천지를 있는 그대로 내버려두라. 그래야 만물이 살고 인간도 산다. 道

동양 정신의 미래성(未來性)

● ● ●

동양의 도덕 정신(道德精神)과 서양의 과학 정신(科學精神)은 서로 다르다. 그러나 그렇기 때문에 서로 보완될 수 있다. 과학적 사고와 도덕적 사고는 서로 떨어져 있을 수 없다는 것이다. 특히 자연 과학이 이룩한 물질 문명이 생존의 명암(明暗)을 간직하고 있는 까닭이다.

서양의 물질 문명이 물질적 풍요를 이룩해 온 반면 그것이 생명적 위기를 초래했다는 인식에 이르러 물질 문명이 안고 있는 결함을 극복하려는 방향을 모색하고 있다. 물질 문명의 결함을 물질 문명으로 해결하려고 하면 할수록 부작용이 더해질 뿐이다. 공해(公害)를 제거하기 위해서는 다시 새로운 공해를 낳는 악순환이 반복된다. 그러므로 과학 문명의 부작용은 도덕적 사고방식으로써 극복될 수 있다.

과학적 사고방식은 천지(天地)는 인간의 것이라는 인식을 바탕으로 전개된다. 그런 인식에서 인간은 온갖 것을 물질(物質)로 인정한다. 물질은 인간의 필요에 따라 마음대로 가공해 활용되는 인간의 소유물로 취급된다. 그리하여 물질 문명은 인간으로 하여금 자원·자본(돈)의 물질화(物質化)를 추구하게 한다.

그러나 도덕적 사고방식은 천지는 인간의 것이 아니라는 인식을 바탕으로 전개된다. 천지는 온갖 물질을 보관하고 있는 창고가 아니다. 천지는 모든 생명의 모태(母胎)와 둥지로서 있을 뿐이다. 그

리고 생명은 소유되는 것이 아니라 천지로부터 빌린 것으로 인식된
다. 그리하여 섭생관(攝生觀)을 통하여 모든 목숨은 다 소중하다.

도덕(道德)이란 노자(老子)의 말을 빌리면 자연(自然)이고, 공
자(孔子)의 말을 빌리면 인의(仁義)이다. 도덕은 만물을 차별하지
않는다. 귀하지 않은 것이 없고, 소중하지 않은 것이 없다. 다 생
명에 속하며 다 같이 소중하다는 정신이 도덕의 핵심이다. 인간의
생명만 소중한 것이 아니라 지렁이의 생명도 다 같이 소중하다.

물질을 중심으로 인생을 경영하는 것은 물질화(物質化)이며, 생
명을 중심으로 인생을 경영하는 것은 도덕화(道德化)이다. 물질화
는 인간의 욕망을 자극하여 성취의 극대화를 추구하지만 도덕화
는 인간의 욕망을 절제하여 성취의 정도(正道)를 잃지 말라 한다.
그러한 정도를 노장(老莊)은 무위(無爲)라 하였고, 공맹(孔孟)은
인의(仁義)라 하였다. 그러므로 정도(正道)는 모든 생명을 존엄하
게 한다.

서양의 과학 문명은 인간을 물질의 노예로 전락시켰다. 말하자
면 생명보다 돈이 소중하다는 생각을 갖게 하여 물질 문명은 돈을
살리고 생명을 죽이는 짓을 얼마든지 범했다. 물질 문명의 부작용
인 공해(公害)를 생각해 보면 물질 때문에 생명이 죽는다는 사실
을 알 수 있다. 이는 물질 문명이 빚어낸 생명 경시의 공포이다
이러한 공포를 극복할 수 있는 열쇠는 과학적 정신에 있는 것이
아니라 도덕적 정신에 있다는 것이다.

이제 기계 문명은 전자 문명으로 변화되고 있음을 아무도 의심
하지 않는다. 21세기는 전자 문명에 의한 정보화 사회라는 점 역

시 의심하지 않는다. 전자 문명 역시 물질 문명이라는 점에서는 같다. 전자 문명의 공포는 인간의 두뇌 작용마저 물질적 개념으로 가치화하려고 하므로 인간의 물질화가 더 가속될 수 있다. 새로운 생각(idea)은 곧 자본이며 자원이라고 인식하고 정신 작용마저 물질적으로 계량(計量)하려는 것이 전자 문명이 빚어낼 가공할 물질화이다. 이러한 물질화의 공포는 기계 문명보다 더 인간성을 물질화(物質化)로 끌고 갈 것이다.

동양의 도덕 정신은 수천 년 전에 이미 인화물(人化物)을 경고했다. 인화물은 말 그대로 인간의 물질화를 말한다. 인간이 그렇게 되면 남의 것을 빼앗지 않고서는 만족하지 못하는 야수(野獸)로 표변한다고 이미 경고했다. 그러므로 무슨 일이 있어도 인간의 물질화를 막아야 한다고 『예기(禮記)』의 「악기(樂記)」에 나와 있다.

그러나 서양의 과학 정신은 물질적 탐구를 통하여 인생의 질을 높이고 확대할 수 있다는 관점에서 생명이 소중하다는 가치관보다 물질이 소중하다는 가치관으로 치우쳐 생명의 소중함은 말뿐이고 물질의 소중함을 극대화하려고 한다.

홍수처럼 범람하는 물질의 바다에 표류하고 있는 인간에게 구명대를 던져 줄 수 있는 인생관과 세계관을 동양의 도덕 정신에서 찾을 수 있다는 것은 의심할 여지가 없다. 왜냐하면 도덕 정신은 물질화를 극복하고 생명화를 누릴 수 있는 정신의 지평을 열어 두고 있기 때문이다.

도덕 정신이 무시되거나 경시되어 온 것은 물질 문명이 안고 있는 반생명적인 부작용에 대한 불감증에서 비롯되었다. 그러나 전자 문명의 미래를 앞두고 인간에게 생명을 부정하려는 인간의 물질화에 대한 공포가 핵공포보다 더 무섭다는 인식이 퍼지고 있는 중이다. 이러한 과정에서 도덕 정신을 신비주의(神秘主義)라고 무시하고 경시하려 했던 과학 정신의 오류가 절로 드러나게 되었다.

동양의 도덕 정신은 생명이 물질보다 소중하며, 생명이 근본이고 물질이 말단이라는 생명주의(生命主義)에 속한다. 그러한 생명주의를 동양 정신은 천명(天命) 내지 자연(自然)이라고 한다. 과학 정신이 빚어낸 인간의 물질화를 인간의 생명화로 궤도 수정하려면 동양의 도덕 정신이 아니면 안 된다. 바로 그러한 사실 때문에 도덕 정신은 21세기의 미래성(未來性)을 안고 있다. 다만 이러한 미래성이 물질주의에 젖어 버린 인간의 탓에 밀쳐져 있을 뿐이다. 그러나 그 미래성은 생명의 새싹과 같아서 거친 물질주의를 헤치고 돋아나게 마련이다.